创意城市学刊

CREATIVE CITY JOURNAL

2022 年第 2 期　总第 162 期

杭州市社会科学界联合会　杭州市社会科学院／编

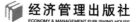

经济管理出版社

ECONOMY & MANAGEMENT PUBLISHING HOUSE

目 录 CONTENTS

创意城市学刊

2022 年第 2 期（总第 162 期）
Vol. 162，No. 2，2022

编辑委员会

主 任 卓 超

副主任 张旭东 朱学路
 章 琪 何善蒙
 杨 毅 周小忠

委 员 孙立波 梁 坤
 方晨光

主 编 何善蒙

执 行
主 编 方晨光

时 间 每季末出版

地 址 杭州市解放东路 18 号 D
 座 909 室

邮 编 310026

电 话 （0571）87024625

网 址 http：//www.hzsk.com

邮 箱 595815172@qq.com
 hzyj85811580@163.com

汇聚时代智慧
构建新型智库

启事

　　《创意城市学刊》是杭州市社会科学界联合会、杭州市社会科学院主办的学术集刊，由经济管理出版社出版。为CNI名录集刊，被中国知网、中国集刊数据库、超星学术期刊、维普资讯中文期刊服务平台等全文收录。

　　《创意城市学刊》秉承学术性、开放性和实践性原则，主要刊发创意城市方面的学术论文、研究报告，旨在构建高水平创意城市研究学术平台。主要栏目有特稿、创意经济研究、创意文化研究、创意社会研究、创意人才研究、创意城市研究、治理创新研究、政务创新研究、历史文化研究等。凡在《创意城市学刊》发表的作品，其使用权同时授予《创意城市学刊》编辑部，编辑部有权进行包括数字化传播等在内的应用。

　　投稿规范详见投稿须知。联系电话：0571 - 87024625。邮箱：595815172 @ qq. com，hzyj85811580@ 163. com。

Special Reports

Research on Creative City

Research on Creative Economy

Research on Creative Culture

Research on Governance Innovation

Research on History and Culture

新世纪杭州产业增长动力分析与新动能打造

◎陈小国

提　要：本文通过对21世纪前20年战略机遇期杭州经济动能和运行轨迹的回顾，梳理产业发展的脉络、计量重点产业对经济增长的贡献及产业发展动力变化，分析产业可持续发展中需要关注的突出问题，立足新的时代方位，提出了把握构建新格局机遇以新需求引领产业升级、把握科技变革机遇以新技术推动产业升级、把握要素改革机遇以新红利激发产业升级、把握创新提升机遇以新体系驱动产业升级的打造产业新动能的对策建议。

关键词：产业动能　增长动力　战略机遇期　杭州

作者陈小国，杭州市统计局统计师、经济师。

党的十九届五中全会提出："我国发展仍然处于重要战略机遇期，但机遇和挑战都有新的发展变化。"立足战略机遇期内涵和条件的新变化，在新形势下实现经济持续健康发展，将成为杭州面临的重大考验。产业是城市经济发展的基石，总结回顾杭州21世纪前20年重要战略机遇期产业增长动力变化，分析产业发展面临的问题，对于未来杭州把握新机遇、打造新动能十分必要。

一　经济增长与产业动力

21世纪前20年，根据宏观环境变化和技术变革趋势，杭州适时调整产业政策，促进产业发展更迭，支撑经济持续较快增长，实现综合实力的历史性跨越。GDP从千亿级起步，2019年达到15373亿元，年均增长10.9%，高于全国、全省1.9个和0.7个百分点，占全国比重由2000年的1.4%提高到1.6%，占全省比重由22.6%提高到 24.7%。

（一）第一阶段（2001～2007 年）入世红利期：工业与服务业均衡发展，协同拉动经济快速增长

21 世纪之初我国成功加入世界贸易组织（WTO），成为新一轮对外开放的转折点。杭州推进以"两港三区"（信息港、新药港、国家级高新技术产业开发区、国家级经济技术开发区、杭州高教园区）为重点，建设"天堂硅谷"的一号工程，努力构建以高新技术产业为先导，优势产业为支柱，新型都市工业为重要组成部分的工业格局，以旅游业为龙头，大力发展商贸、物流、房地产、金融等重点服务业，较好联动市内外资源。产业发展特点如下：

外需成为重要推力。杭州建立杭州出口加工区，提升开发区作为对外开放的主导和先行区，发展外向型经济。同时，随着"工业兴市"战略深入推进，杭州制造的成本、性价比等诸多优势得到充分显现，助力工业融入国际市场，分享全球化红利，以出口为导向的外向型制造业成为杭州工业增长主引擎，2007 年，规上制造业出口交货值占销售产值的 24.2%，比 21 世纪初提高 4.2 个百分点，7 年年均增长 31.4%。

行业发展多点开花。2001～2007 年，全市规上工业纺织业、通信设备计算机及其他电子设备制造、交通运输设备制造、通用设备制造、化学纤维制造等前六大行业产值年均增速均在 20% 以上，同时化学纤维制造、纺织业形成规模优势。2007 年，规上纺织企业达到 1396 家（当年规上标准为年销售收入 500 万元及以上企业），总产值 860 亿元，占全国份额 4.6%；化学纤维制造业总产值 573 亿元，占全国份额高达 13.9%，荣盛石化等一批企业成为行业龙头，萧山成为我国化纤产业最重要的聚集地之一。服务业中，除交通运输仓储和邮政业外，批发和零售业、住宿餐饮业等主要行业增加值年均增速均在 10% 以上，其中金融业年均增长 20.6%；大量资金进入房地产市场，房地产业年均增长 18.3%。

工业产能较快扩张。21 世纪初，劳动力、土地等生产要素供给较为充分，农业人口持续向非农就业转移，企业利润积累增加，为工业产能扩张提供了有利条件。2000～2007 年，规上工业年平均从业人数从 68.48 万人增加到 124.45 万人，增长了 81.7%；规上工业企业利润总额从 76.2 亿元提升到 414.55 亿元，增长了 4.4 倍，年均增速达 27.4%。工业投资从 2003 年的 319.5 亿元（2000 年未统计工业投资）提高到 2007 年的 527.1 亿元，增长 65%。

民营经济活力激发。杭州 73 家企业进入全国工商联公布的 2007 年度"中国民营企业 500 强"，占全国的 14.6%，占全省的 38.8%，居全国城市第一，上榜数量达近 20 年次高（最高 2008 年 81 家，2020 年为 39 家），广厦控股、杭州娃哈哈集团、浙江荣盛控股、浙江恒逸集团、华立集团等一大批民营企业强势崛起，成为行业龙头。民营企业的高歌猛进，集聚了大量的民间商业资本，并形成对金融服务的强劲需求，提升了

杭州金融辐射能力；发展民营经济的财富效应，又促进了社会消费及投资需求的扩张。

这一阶段，杭州 GDP 从 2001 年的 1568 亿元提高到 2007 年的 4103 亿元，保持全国大中城市第 8 位，增速处于 12.2%～15.2% 的较快区间，年均增长 14.7%。从产业贡献看，工业增加值年均增长 15%，拉动 GDP 增长 6.8 个百分点、增长贡献率 48.6%，纺织业、电子通信、化学制造等重点行业成为工业增长主导力量；服务业增加值年均增长 14.9%，拉动 GDP 增长 6.3 个百分点、增长贡献率 45.1%，其中金融业、批发零售业、房地产业分别拉动 GDP 增长 1.3 个、1.3 个和 0.8 个百分点。

（二）第二阶段（2008～2011 年）世界金融危机消化期：工业拉动减缓，服务业上升为首位经济

2008 年世界金融危机爆发后，经济运行面临较大下行压力。面对严峻的外部环境，杭州积极实施"一揽子"政策措施保增长，提出以建立"3＋1"现代产业体系为重点（"3"指现代农业、现代工业、现代服务业，"1"指文化创意产业），落实"提升发展传统优势产业、适度发展新型重化工业、大力发展高新技术产业"方针，突出发展十大产业（文创、旅游休闲、金融服务、电子商务、信息软件、先进装备制造、物联网、生物医药、节能环保、新能源），并加快提升开发区、园区等产业平台，实现增长动力的有序衔接。产业发展特点如下：

刺激政策成效明显。金融危机冲击下，外需回落显著，为了防范经济硬着陆风险，国家出台"一揽子"刺激计划（合计约 4 万亿元投资）；杭州全面实施总投资 3275 亿元的新一轮"十大工程"，发放各类消费券、旅游券，开展家电、汽车下乡和以旧换新销售，培育"2＋8"消费模式。2008～2011 年，全市固定资产投资、社会消费品零售总额年均增速均达 18.3%，为近 20 年增长最快的时期，弥补了出口增速回落造成的部分需求缺口，较强内需对产业稳定发展形成支撑。

新兴服务业快速成长。实施"服务业优先"战略，主城区"退二进三"，有效促进楼宇经济、总部经济等现代服务业快速发展，"全国文化创意产业中心""中国软件名城""中国电子商务之都"成为杭州新名片，新兴服务业开始呈现出逐渐超越传统服务业的态势。2007～2011 年信息传输软件和信息技术服务业增加值从 127 亿元提高到 349 亿元，年均增长 28.8%。文化创意产业增加值从 433 亿元提高到 843 亿元，年均增长 18.1%，均显著高于同期 GDP 及服务业增加值增速。

工业支柱行业呈现分化。在世界金融危机冲击中，工业影响首当其冲，2008 年，全市工业增加值增速从上年的 14.8% 回落至 8.7%，2009 年继续回落至 4.7%，此后趋稳回升，但增速较上阶段明显放缓。工业行业中，随着私人汽车的较快增长，投资项目的加快建设，以万向集团为代表的交通运输设备制造业产值年均增长 17.5%，通用设备制造业产值年均增长 11.2%；房地产投资、汽车制造加速发展也带动了化工产品需求增加，化学原料及化学制品制造业产值年均增长 18.9%，这些行业成为

工业稳定增长的主要支撑。而随着市场竞争加剧，纺织业产值年均仅增长 3.9%，纺织服装鞋帽制造下降 0.1%；受东方通信等大企业大幅下降影响，通信设备计算机及其他电子设备制造年均下降 2.5%。

产业平台整合提升。以推进各级高新区、开发区、特色工业功能区建设为抓手，推动高新技术产业由点到面发展。聚力打造新的产业大平台——大江东新城及城西科创集聚区，加快建设杭州高新技术产业开发区、浙江海外高层次人才创新园、临安青山湖科技城等科技创新十大平台。2012 年，大江东产业集聚区实现规模以上工业总产值 549 亿元，形成以汽车、新能源、新材料、先进装备制造等为主导的产业结构。未来科技城累计引进 294 个高科技创新项目，青山湖科技城累计引进企业研发机构和高校科研机构 29 家，萧山区、高新区（滨江）分别成为先进装备制造业、电子信息（物联网）"国家新型工业化产业示范基地"，逐步形成高端产业集聚效应。

这一阶段，全市 GDP 从 2008 年的 4781 亿元提高到 2011 年的 7011 亿元，继续保持全国大中城市第 8 位，增速在 10%~12% 区间，年均增长 13.6%。从产业贡献看，服务业增加值年均增长 13.6%，拉动 GDP 增长 6.5 个百分点、增长贡献率 60.6%，成为经济增长的第一动力，其中金融业年均增长 17.4%，拉动 GDP 增长 1.5 个百分点，信息传输软件业年均增长 28.2%，拉动 GDP 增长 1.1 个百分点；工业增加值年均增长 8.8%，拉动 GDP 增长 3.8 个百分点、增长贡献率 34.8%，工业行业增长点明显变化，交通运输设备制造、化学原料及化学制品制造等重点行业较快增长，纺织化纤及电子通信拉动则明显减弱。

（三）第三阶段（2012 年以后）高质量发展转型期：服务业领跑格局继续巩固，数字经济与新制造业"双引擎"加快形成

随着我国进入"三期叠加"新常态，经济从高速发展转向高质量发展。杭州牢固树立新发展理念，积极打造"创新活力之城"；2014 年杭州率先提出发展信息经济；2018 年全力推进数字经济"一号工程"，建设"全国数字经济第一城"；2019 年又适时推出"新制造业"计划，提出工业"六倍增"目标，推动"三化融合"（数字产业化、产业数字化、城市数字化），着力构建现代化产业体系，打造高质量发展新引擎。产业发展特点如下：

数字经济引领增长。近年来，在以信息化全面引领创新、以信息化为基础重构核心竞争力的新阶段，杭州较好把握数字革命浪潮，推动电子商务、移动互联网、云计算、大数据、新零售等新技术新产业新业态发展。2019 年，数字经济核心产业达到 3795 亿元，占 GDP 比重为 24.7%，相关产业中，电子商务、云计算与大数据、数字内容、软件与信息服务产业增加值均超千亿元规模，分别达 1847 亿元、1381 亿元、2505 亿元和 2889 亿元。2012~2019 年，杭州信息传输软件和信息技术服务业增加值年均增长 25.7%，高于 GDP 增速 17.4 个百分点，占 GDP 比重从 2011 年的 4.9% 大

幅提高到 2019 年的 18%，接近金融业和房地产业占比之和。

工业转型持续推进。2012~2019 年，高端制造成为工业增长的主要支撑，高技术产业、战略性新兴产业、装备制造业等高端制造业增长明显快于规上工业，计算机通信和其他电子设备制造业及医药制造业年均分别增长 15.8% 和 14.8%，对这一时期工业产值增长贡献率达到 73% 和 19.5%，合计超过 90%。而传统产业继续承压，受产能过剩、行业竞争加剧、出口市场不振、成本上升、环境等多重因素制约，部分传统优势行业萎缩。2019 年规上纺织业、化学原料和化学制品制造业产值分别比 2011 年减少 278 亿元和 181 亿元；黑色金属制造业、造纸和纸制品业产值分别减少 369 亿元和 84 亿元。

产业生态不断优化。杭州以"最多跑一次"为牵引，持续推进重点领域改革，建设国际一流营商环境，商事登记、投资项目审批周期显著提速，"网上办""掌上办"快速普及，提升了市场主体活跃度。2012~2019 年，全市市场主体从 52.44 万户增加到 129.78 万户，其中企业从 21 万户增加到 68.38 万户，分别增长 1.5 倍和 2.3 倍。金融服务更趋高效，2019 年末全市上市企业达到 192 家，数量居全国城市第四，比 2011 年末增加 99 家，直接融资比例显著提高。高端人才吸引力明显增强，人才净流入率、海外人才净流入率、互联网人才净流入率连续位居全国第一。

创新驱动显著增强。杭州大力推进国家自主创新示范区建设，成为继北京、上海之后批复的第三批国家新一代人工智能创新发展试验区。服务贸易、跨境电商、新零售等新业态新模式发展均领先全国。2019 年，全市全社会研发经费支出 530.4 亿元，比 2011 年增长 1.6 倍，与地区生产总值之比为 3.45%，达到创新型国家研发投入水平，比 2011 年提高 0.62 个百分点；发明专利授权量从 2011 年的 4511 件增加到 2019 年的 11748 件，增长 1.6 倍。

这一阶段，在优化产业结构、提升发展质量的同时，杭州经济延续稳中向好态势，2019 年全市 GDP 达到 15373 亿元，居全国大中城市第九，2012~2019 年年均增长 10.2%。从产业贡献看，服务业增加值年均增长 10.4%，拉动 GDP 增长 5.8 个百分点、增长贡献率 69.4%，信息传输软件和信息技术业在服务行业中表现亮眼，年均拉动经济增长 2.4 个百分点；工业增加值年均增长 6.3%，拉动 GDP 增长 2.3 个百分点、增长贡献率 28.5%，增长点集中在计算机通信和生物医药两大行业。

二 推进产业可持续发展需关注的几个方面

（一）外部环境更趋复杂，制约因素明显增多

需求是产业发展的直接动力，要素及配置效率决定产业潜在增长能力。21 世纪前 20 年，杭州从外需拉动转向内需支撑，要素驱动转向创新驱动，但风险挑战明显

增加。

一是出口形势复杂严峻。21 世纪初至金融危机前，是杭州出口快速扩张的"黄金时代"，2003 ~ 2006 年全市货物贸易出口增速连续四年保持在 30% 左右，2006 年出口依存度达到 60%。但近年来，因全球经济衰退和贸易环境恶化，出口面临越来越大的不确定性，近五年杭州货物出口按美元计价增速均在 2% 以下。2019 年杭州规上工业出口交货值占销售产值比重为 13.4%，比 21 世纪初下降 6.1 个百分点，产业链间接影响更大。

二是内需制约持续显现。21 世纪以来，杭州工业经济增长的产品需求推力，从第一阶段"衣着""家电""手机"为代表的关联需求向第二阶段"房""车""基建"、第三阶段"医药""电子产品"转变，第三阶段带动的关联行业偏少，大部分传统行业产能利用率不高，随着出口环境的恶化，需求不足矛盾更为凸显。

三是要素条件变化显著。随着老龄化的加剧和劳动力人口的减少，杭州用工成本已高于成都、武汉、重庆等中西部大城市 20% 以上，土地供应长期趋紧。相关研究表明，根据要素水平预计的"十四五"我国潜在增长率在 5% ~ 6%，比"十三五"时期下降约 1 个百分点，杭州情况基本类似。

四是创新机制有待完善。2019 年，杭州开展创新活动的规上企业比重为 48.4%，低于全省 3.4 个百分点，创新投入集中在大企业，覆盖面不广，传统企业利润缩减，较难承担创新成本及风险；原始创新能力偏弱，基础研究投入占全部 R&D 经费比重仅 6.2%，基本处于全国平均水平，其中规上工业企业基础研究经费支出仅占其 R&D 经费的 0.1%。

（二）工业短板日益凸显，增长后劲亟须提振

随着工业化进程的推进，服务业经济发展加快，对经济增长贡献提高符合经济发展的一般规律，但近 20 年，杭州工业增长乏力，增势放缓，给经济平稳增长带来明显压力。2019 年，杭州 GDP 增速比 2001 年回落 5.4 个百分点，其中工业拉动回落 3.9 个百分点是主要原因，自 2015 年起，工业增加值增速已连续五年低于全省。从行业趋势来看，未来发展仍不乐观。2016 ~ 2019 年，全市规上 31 个制造行业，17 个行业产值负增长，具有百亿元以上规模且年均实现两位数增长的仅 5 个行业：其一，化学纤维制造业，杭州龙头企业多、集群优势明显，2019 年营业收入占全国份额达到 13.5%，但行业总体处于产业链的弱势端；其二，非金属矿物制品业，近四年占全市规上工业总产值比重从 3.2% 提高到 4.6%，但随着杭州亚运、地铁等大型基建项目陆续竣工，混凝土、水泥等产品需求增长空间有限；其三，仪器仪表业，有望稳健增长，而规模能级不足，2019 年产值仅占规上工业的 2.5%；其四，医药制造；其五，计算机通信和其他电子设备制造业，既有较大规模，又具有较好的成长性，但近三年医药制造行业固定资产投资年均仅增长 3.6%，短期内缺乏新产能，且国家带量

采购政策对行业扩大增量带来一定影响；计算机电子行业受中美经贸关系影响，存在较大风险和不确定性。

（三）服务业总体势头较好，结构风险仍然存在

总体来看，21 世纪前 20 年战略机遇期，杭州服务业实现了跨越式发展，服务业增加值占 GDP 比重相继突破 50% 和 60%，但内部结构仍需优化。

一方面，金融房地产比重提升较快。2001～2019 年，杭州占 GDP 比重提高的服务行业主要为房地产业、金融业及信息传输软件和信息技术服务业。但房地产业和金融业比重提升过快增加实体行业的经营成本。同时，杭州房地产业平稳增长的机制仍待完善，房地产业最高拉动杭州 GDP 增长 1.5 个百分点（2006 年），最低则下拉 0.4 个百分点（2018 年）。

另一方面，生活娱乐相关服务业成长滞缓。近四年，教育文化娱乐占居民消费性支出比重仅小幅提高 0.1 个百分点，文体娱乐业增加值年均下降 5.2%，居民服务和其他服务业增加值年均增长 2.3%，均大幅低于服务业平均增速。

同时，服务业行业结构不均衡加大经济波动风险，若杭州信息传输软件和信息技术服务业从 2018 年、2019 年 16% 左右增速回落至 10% 左右，将影响杭州市 GDP 增速 1 个百分点左右。

（四）领先全省优势缩小，多数核算行业增速落后

21 世纪以来，杭州经济发展从高速向中高速转变，三个阶段年均分别增长 14.7%、13.6% 和 10.2%，全省为 13.2%、10% 和 7.7%，走势基本一致，但从 2001 年领先全省 1.5 个百分点，放缓至与全省基本同步，个别年份（2013 年、2018 年）甚至低于全省。21 世纪初，工业、批发零售业、金融业等主要行业增速均领先全省，2019 年增速较快的则主要为信息传输软件和信息技术服务业。

三　把握新机遇打造新动能

经过 21 世纪前 20 年战略机遇期的发展，杭州经济总量、富裕程度、人口规模实现标志性突破，城市发展的基础不断夯实。迈向全面建设社会主义现代化国家新征程，杭州既要主动适应新变局，也要积极把握新机遇，加快产业新动能的形成和成长，促进经济健康可持续增长。

（一）把握构建新格局机遇，以新需求引领产业升级

构建形成以国内大循环为主体、国内国际双循环相互促进的新发展格局是国家积极应对世界百年未有之大变局和当前国内外经济形势变化的战略之举。2019 年，杭州城乡居民收入分别在副省级城市中位列第一和第二，有较大的潜在消费市场，新兴消费活跃，贸易创新走在前列，可通过提升供需匹配性，以激发新需求助力产业

升级。

一是挖掘消费升级潜力。优化消费促进政策，着力释放中高端汽车、智能家电等权重商品的升级需求潜力。大力引进首店和国际知名品牌总店，促进新消费业态集聚，积极打造国家消费中心城市，促进进口替代消费。

二是促进投资增量提质。在产业方面，瞄准投资活跃主体，在战略性新兴产业特别是"卡脖子"领域，推动一批重大工程和项目落实落地。在基础设施领域，随着杭州亚运、地铁等项目竣工，提前做好下阶段大型基础设施项目谋划。在新基建领域，着力提升杭州产业园区功能，完善新型基础设施配套，促进园区生态化、数字化、智能化运作。在新型城市化建设方面，建立城镇教育、就业、医疗卫生等基本公共服务与常住人口挂钩机制，根据人口集聚规模及产业规划，配置社会资源。

三是大力发展服务贸易。世界贸易组织指出，由于数字技术带来的远程交易量增加及相关贸易成本降低，服务贸易在全球贸易中所占份额未来 20 年将继续快速增长。对杭州而言，一方面，作为全国 17 个开展深化服务贸易创新发展试点的城市之一，杭州服务贸易发展已具备一定基础，2019 年杭州服务贸易出口额 124.9 亿美元，接近货物贸易的 1/4。另一方面，杭州部分信息服务领域已出现产能过剩倾向，如全市智慧城市建设类企业有数百家之多，有企业反映获得订单难度极大，公司业务已往西部偏远地带转移，亟须拓展新市场。

（二）把握科技变革机遇，以新技术推动产业升级

"十四五"时期正处于第四轮科技产业革命的边缘，新科技将成为最关键的变量，未来五年，多个技术领域将出现重大应用落地，5G、物联网、工业互联网、生物科技、人工智能、区块链等领域有望取得重大突破，以产业互联网为代表的各个行业的信息化、数字化、智能化将加速推进。近十几年，杭州是信息技术变革的受益城市之一，未来是否在相关科技领域中实现超前布局，是经济能否保持稳中求进的关键。

一是强化新兴领域项目招引。杭州当前制造业的发展潜力不足，急需大力引育新兴产业。建议集中优势资源，围绕杭州产业链基础较好的计算机电子、医药制造、化纤制造、通用设备制造等行业，在关联的信息技术、生物技术、新材料、高端装备、智能汽车等重点领域中筛选潜力产业，制定招商目录，实施资本招商、人才招商、市场招商等新模式引进优质项目，推动产业链升级。

二是拓展数字经济新动力。杭州信息软件与信息技术传输业增加值增速从 2016年的 30% 左右放缓至 2019 年的 16% 左右。数字经济经过近十几年的高速发展，在充分发育和扩散后形成新均衡，城市间差距缩小成为必然，下阶段，要着力塑造数字体育、数字娱乐等新场景，培育新的数字消费热点；在 5G 技术应用上抢占先机，大力发展数字化制造，对标全球灯塔工厂，打造一批传统优势行业数字化改造标杆企业。

三是服务大企业战略升级。随着市场化的深入，头部企业越来越大、腰部企业互相挤压、尾部企业被迫出清的格局日益凸显，大企业将成为城市经济竞争力的基本盘。要着力围绕大企业未来战略升级做好对接服务，推动新兴项目在杭落地、关键供应商来杭集聚、重大技术在杭应用，促进城市与企业共成长。

（三）把握要素改革机遇，以新红利激发产业升级

相比 21 世纪初，生产要素的供需关系已发生显著变化，我国"十四五"规划中提出要素改革，其中调节劳动力和生产力分布的户籍制度改革、新土地改革等，有助于优化要素配置，成为激活城市产业新一轮增长的新制度红利。

一是率先探索要素市场改革。把要素配置市场化改革作为杭州"十四五"期间改革的核心任务，围绕土地、数据、能源、环境容量等重点要素市场改革攻坚突破。加速推进土地要素城乡流动，完善"标准地"制度，提高土地利用集约化水平；发展新要素市场，完善数据产权保护机制，探索培育数据要素市场，继续扩大技术交易，不断提升技术、数据、管理和人才等现代要素市场配置效率。

二是完善人才引进机制。随着人口红利消失、人才价值日益凸显，关键是要放大可利用的人口基数。建议推动市场化引才，在杭州高层次人才分类评级中，赋予企业更多人才评价权；把握疫情导致的国际人才流动契机，搭建高端人才信息平台，促进供需对接，打造海外人才回流"蓄水池"；根据杭州劳动力人口、抚养比变化（总抚养比由 2010 年的 25.6% 提高到 2019 年的 34.6%），全力统筹养老保险、医疗保险的支付能力及企业用工，继续降低落户门槛，促进更多年轻人才落户。

（四）把握创新提升机遇，以新体系驱动产业升级

党的十九届五中全会强调，要"坚持创新在我国现代化建设全局中的核心地位"，提出"十四五"期间我国的创新能力还要"显著提升"，到 2035 年我国要"进入创新型国家前列"。2019 年杭州研发投入强度已达到 3.45%，特别是企业创新主体地位稳固，各类企业经费支出占全部研发投入比重达到 82.7%，创新成果转化效率较高，可充分发挥这一优势。

一是推行创新型企业分类。为了激发企业的创新活力，建议把亩均研发投入、亩均专利等创新指标放到与亩均税收等效益指标同等重要地位，开展创新型企业的分类评价，依据评价结果，在用地、用能及产业基金等方面给予创新型企业倾斜，引导企业创新项目在杭孵化、创新成果在杭转化。

二是加强创新政策协同性。针对企业创新制约因素，建议进一步优化企业研发费用加计扣除、高新技术企业和高端人才所得税减免、人才培育、科技金融、首台套采购支持等政策，并加强各部门政策统筹协同性，使政策贯穿创新活动的全流程。

三是推进创新市场开放。打造城市新领域开放的"机会清单"，通过应用场景项

目化、指标化、清单化，向企业集中定期发布供需信息，让城市更多的场景具象成为可感知、可视化、可参与的城市机会，形成浓厚的创新氛围。

参考文献

黄群慧：《"十四五"时期深化中国工业化进程的重大挑战与战略选择》，《中共中央党校（国家行政学院）学报》2020 年第 2 期。

李国庆：《"十四五"时期中国发展环境与上海重大发展思路》，《科学发展》2020 年第 6 期。

陈伟雄、郑蔚、李成宇：《"十四五"时期中国区域经济高质量发展前景展望》，《经济研究参考》2020 年第 10 期。

门洪华：《百年变局与中国战略机遇期的塑造》，《同济大学学报（社会科学版）》2020 年第 2 期。

袁巧凤：《"准确把握重要战略机遇期的内涵和条件的变化"的研究》，《中共云南省委党校学报》2017 年第 6 期。

（责任编辑　方晨光）

建设世界一流数字自贸试验区的实践与思考
——以浙江自贸区杭州片区滨江区块为例

◎李志龙

提　要： 建设世界一流数字自贸试验区是浙江自贸区杭州片区滨江区块的重要目标。本文在总结浙江自贸区杭州片区滨江区块建设推进情况的基础上，对建设世界一流数字自贸试验区的优势与短板进行分析，对各地建设世界一流数字自贸试验区的实践进行借鉴，最后提出了建设世界一流数字自贸试验区的对策建议。

关键词： 自贸区　数字化　跨境电商　高新区　杭州滨江

作者李志龙，杭州市高新区（滨江）管委会主任、区长。

高新区（滨江）作为浙江自贸区杭州片区的重要组成部分，如何发挥国家高新区、自主创新示范区、跨境电商综试区等多重国家战略叠加优势，顺势而为、乘势而上，打造世界一流数字自贸试验区，是一个重大课题。

一　浙江自贸区杭州片区滨江区块建设推进情况

挂牌以来，浙江自贸区杭州片区滨江区块新增注册企业 3175 家，占全市自贸区 70% 以上，资源要素集聚和配置能力进一步增强，"双创"活力进一步迸发。

一是全省首推"数字自贸"应用场景，列入全省自贸区态势感知中心多跨场景应用项目，探索构建数字自贸评价指标体系，得到省商务厅高度认可。

二是揭牌首批银行自贸试验区支行，首批 46 个金融服务产品上线，累计办理跨境收支业务 301 笔、47.29 亿元。

三是制度创新案例成果持续涌现，知识产权集成服务改革、企业 e 服务平台"上马石"应用、外贸外汇收支便利化试点、企业创新积分试点入选第一批自贸区杭州片区制度创新优秀案例，知识产权集成服务改革入选省级十佳制度创新案例。

二　建设世界一流数字自贸试验区的优势与短板

浙江自贸区杭州片区滨江区块具有"高新"基因，在"数字 + 自贸"上拥有明显先发优势。

一是数字产业"强"，国际竞争优势明显。"硬件 + 软件""底层技术 + 应用技术"的数字产业生态日益成熟，2020 年实现数字经济核心产业增加值 1300 亿元，增长 14%，占 GDP 比重达 76%，综合评价总指数居全省首位。海康、大华在全球视频监控市场份额持续保持第一、第二。

二是数字技术"硬"，科创成效支撑显著。围绕数字产业需求布局北航杭州创新研究院、浙大滨江研究院、杭州电子科技大学滨江创新中心等一批"小精尖"新型研发机构。全区 R&D 投入占 GDP 比重始终保持 10% 以上，是全国平均水平的 5 倍，浙江省的 4 倍，杭州市的 3 倍，深圳市的 2.5 倍，全国高新区整体均值的近 2 倍。

三是数字贸易"优"，战略平台多层叠加。获批跨境电商综试区、国家数字服务出口基地，集聚网易、连连科技、PingPong 智能等行业龙头企业。2020 年，全区服务贸易出口额达 45.15 亿美元。

四是数字金融"全"，服务生态全面加强。区科技金融服务中心集聚各类金融机构 190 家，为不同类型企业提供针对性投融资服务。2021 年已新增上市企业 7 家，累计达 60 家，成为"浙江资本第一区"。

五是改革举措"先"，营商环境蝶变发展。从"办事不过江、收费归滨江"，到体制机制改革、商事登记改革，再到"亩均论英雄"、"最多跑一次"、知识产权"一件事"改革，始终做好全市全省全国改革试验田。2020 年，率先启动"企业创新积分"试点，获科技部推广。

当前，自贸区杭州片区滨江区块也面临不少困难和挑战。现有体制机制、管理模式尚不能完全匹配自贸区发展需求，形成有效制度供给。在"数字 + 自贸"方面，还没有围绕自由贸易构建形成数字化、一体化、现代化、国际化治理体系；在"开放 + 监管"方面，还没有在企业自由贸易便利化需求和加强风险监管防范两方面取得平衡。调研中，企业希望能够制定有竞争力的税收及人才政策、实现国际物流可视化、统一安排返修通道、合理安排滞销产品返回、实行研发材料与设备的先进后查等。此外，除少数龙头企业具有一定国际竞争力之外，大部分企业不熟悉国际竞争规则，"走出去"参与全球竞争的经验、人才技术储备和风险防范能力仍有不足。

三　各地建设世界一流数字自贸试验区的探索实践

我国自上海自贸区诞生起，先后设立广东、天津等 21 个自贸区，形成了一批典型做法和先进经验。

一是借助优秀的港口基础设施建设和便利化的通关政策，突出全球物流重要节点和枢纽功能。上海自贸区创新"先进区、后报关"海关通关方式，通关时间缩短至 3 ~ 5 分钟，物流成本平均减少 10%；设立张江跨境科创监管服务中心，优化生物材料入境检疫查验流程和进口药品审评审批流程。广东自贸区创新"一颗公章管审批"的事中事后监管模式，将 7 个部门的主体审批业务划转至行政审批局；探索"互联网＋海关"模式促进贸易便利发展，首创原产地证智慧审签、"智检口岸"、"全球中心仓"等制度。

二是借助金融投资政策、科技创新竞争力等集聚全球资源，突出全球供应链价值网络核心功能。北京自贸区强化外籍人才引进，试点开展外籍人才配额管理制度，探索建立过往资历认可机制、推荐制人才引进模式；推进服务业扩大开放，提出允许区内银行为境外机构人民币银行结算账户（NRA 账户）发放境外人民币贷款、探索开展文化知识产权保险业务、优化航材保税监管措施等举措；强化数字经济发展，探索创制数据确权、数字资产、数据服务等交易标准及数据交易流通的定价、结算、质量认证等服务体系。

四　建设世界一流数字自贸试验区的对策思路

（一）聚焦运作机制，率先推出一批制度改革项目

一是率先探索人才服务改革制度。允许取得永久居留资格的国际人才创办科技型企业、担任科研机构法人代表，对拟长期在滨江工作的高端外籍人才，放宽年龄、学历和工作经历限制，一次性给予 2 年以上工作许可。

二是率先探索数字金融改革制度。支持连连科技、PingPong 智能等金融科技企业探索多元化支付清算服务，争取开展数字货币试点，探索开展知识产权证券化等新型金融产品。

三是率先探索数字智能口岸监管制度。通过电子围网等技术拓展海关特殊监管区域，试行保税监管方式下全球维修、检测等业务。

四是率先探索数字贸易规则创新制度。加快建立与国际投资贸易通行规则相衔接的制度体系，鼓励企业参与数字经济领域国际规则、标准研究制定，推动标准行业互信互认。

五是率先探索营商便利化改革制度。对标世行标准和先进地区，全力构建审批最少、流程最快、效率最高的极简服务新模式，探索建立面向自由贸易的企业信用等级制度。

（二）聚焦数字特色，率先推进一批产业创新项目

一是进一步发展具有未来引领力的数字硬核技术。全力推进重大创新平台建设，引导和支持"链主型"企业牵头组建创新联合体，实施关键核心技术攻坚行动。推动标准试验验证服务平台建设，开展数字制造基础共性标准、关键技术标准、行业应用标准研究与全过程试验验证。

二是进一步壮大具有国际竞争力的数字产业集群，探索数字安防全产业链保税维修、关税保证保险"一张保单"通用、原产地证海外仓办理等政策。加快产业项目储备，探索通过突破当前产业发展"瓶颈"吸引企业落户，如针对数字健康产业，力争开展医疗器械注册人制度试点。

三是进一步培育具有全球影响力的数字贸易体系。加快推进国家数字服务出口基地升级，引导海康威视、大华科技等龙头企业以"硬件＋软件＋服务"一体化模式对外输出整体解决方案。深化杭州跨境电商综试区建设，集聚跨境电商综合平台、金融支付平台、国际物流平台、金融融资平台等，着力打造跨境电商产业链和生态链。争取浙江数据交易所落地，争创全国数据资源交易中心。

（三）聚焦功能提升，率先建设一批服务平台项目

一是加快自贸大厦建设。落地一批自由贸易优质企业，集聚一批国际知名中介服务机构。建设自贸会客厅，定期开展自由贸易专题研讨会、创新论坛等，宣讲政策、展示成果、扩大影响。

二是加码保税仓功能。通过配备生命健康产品储存功能等完善保税仓建设。探索构建"一区多功能，一仓多形态"，实现非保税货物与保税货物、出口贸易与进口贸易、小额交易与大宗贸易、外贸与内贸"四个同仓"。积极试点行业龙头企业进口零部件 VMI 库存管理模式。

三是加速数字贸易平台建设。借助一达通、阿里巴巴国际站、1688 等，不断打响跨境贸易品牌。搭建基于区块链技术的跨境贸易服务平台，探索区块内用户便利化访问境外网络资源和应用境外网络服务。探索建设统一的跨境电商综合服务平台，促进企业通过 B2B 直接出口、出口海外仓等模式开展线上交易。

（四）聚焦快速推进，率先落地一批要素保障项目

研究制定具有高新特色的世界一流数字自由贸易试验区专项支持政策，在管理权

限、专业人才、财税金融、规划土地、产业发展、住房保障、基础设施等方面争取更多支持。参考上海等地做法,争取整合市区两级税收、土地出让收入、基础设施配套费及市区两级专项资金,建立滨江区块专项发展资金。探索联合企业等多方主体实施共治,如以服务外包形式聘请第三方服务机构提供数字监管服务。探索与萧山区块、钱塘区块等建立联动发展机制,共享保税仓、物流等公共设施。

(责任编辑　方晨光)

逆向创新飞地经济现象的效应与对策
——以衢州海创园为例

◎丁伟伟　接栋正

提　要：创新在我国现代化建设全局中已经占据核心地位。以创新发展为导向，欠发达地区主动进入发达地区进行经济开发，创造出逆向创新飞地经济新现象。文章首先对创新飞地的主要特征进行了归纳，然后以衢州海创园为例，详细研究了其产生原因和具体效应。研究发现，创新飞地作为"逆向跳跃式创新资源优化配置模式和空间"，能够帮助欠发达的飞出地通过"两次跳跃"实现异地借势借智，激发后发优势，实现经济赶超，同时推动区域协调发展和共享发展。研究认为，创新飞地具有较强的正面效应和可复制性，理应在科学论证的前提下积极予以推广，采取优化构建循环创新系统、提高市场化运作水平、改善软硬环境等措施解决创新飞地发展中的个性和共性难题。

关键词：飞地经济　逆向创新　区域协调　衢州海创园

作者丁伟伟，浙江之江经济发展战略研究院助理研究员；接栋正，杭州国际城市学研究中心副研究员，博士。

区域发展不平衡是我国的基本国情，也是需要坚持下大力气解决的关键问题。飞地经济作为一种创新型、嵌入式的区域经济合作模式，可有效突破行政区划壁垒和属地化管理原则限制进行跨区域的经济开发，顺应了区域合作的时代背景，如今在全国范围内得到广泛的实践。飞地经济实现了经济要素向优势区位的合理转移，将成为引领我国区域经济发展的全新模式，为区域体制改革和区域经济协调发展提供新思路。2017年6月，国家发展改革委等八部门联合发布《关于支持"飞地经济"发展的指导意见》（以下简称《指导意见》），体现了国家层面优化重构全国地域产业分工和经济地理格局的宏观思想。

理论上，飞地经济可以是将发达地区的项目和产业疏解到欠发达地区，也可以是欠发达地区主动进入发达地区进行经济开发和运作。但是在以往的实际规划建设和学术研究中，均是把重点集中在发达地区飞入欠发达地区这种顺飞模式上，事实上近年来我国出现了越来越多的从欠发达地区飞入发达地区的"逆向创新飞地经济"现象，典型的有杭州未来科技城衢州海创园。逆向创新飞地经济契合如今创新发展的宏观背景，对于推动地方创新事业发展，加快区域协调进程具有重要意义。本文以逆向创新飞地经济为研究对象，尝试对其进行解读。

本文借鉴飞地经济的概念对"逆向飞地经济"[1]进行界定：欠发达的行政地区逆向打破行政区划限制，跨空间在另一个发达的行政地区进行经济开发，实现两地资源互为补充、经济协调发展的区域经济合作模式。逆向飞地经济的最特别之处在于从欠发达地区主动进入发达地区设立经济飞地。虽然关于逆向飞地经济的研究已经逐渐增加，但总体上研究成果仍较为缺乏。逆向飞地经济的产生原因、现实效应、有何影响、是否遇到发展问题、如何解决，这一系列问题从已有研究中还未能找到详细、准确的解释。为了完善飞地经济的研究理论和指导实践，本文尝试对上述问题进行回答。

一　逆向创新飞地经济的主要特征

我国进入新发展阶段，要贯彻以创新为代表的新发展理念，构建新发展格局，推动实现高质量发展。实施创新驱动发展战略和发展创新型经济对传统生产要素，如土地、低技能劳动力的需求越来越低，更加依赖于人才、知识、技术、数据、信息等高端软性要素，但是与发达的区域中心城市相比，三、四线城市等欠发达地区在高端生产要素和优质项目的招引中优势薄弱，创新发展的动力严重不足。因此，近年来，我国部分欠发达地区创造性地利用飞地的形式，逆向进入科技、资本、高端人才丰富的发达地区，建立以引资引智为目的的"创新飞地"[2]（见表1）。

表1　逆向创新飞地经济典型个案介绍

名称	飞出地	飞入地	批准时间	面积（平方米）	主导产业	空间范围
浙江（衢州）中关村创新飞地	衢州市	北京中关村	2017年12月	—	集成电路、生物医药	跨省合作
上海张江（衢州）生物医药产业孵化基地	衢州市	上海张江高新技术开发区	2013年	6840	生物医药	跨省合作

续表

名称	飞出地	飞入地	批准时间	面积（平方米）	主导产业	空间范围
衢州绿海飞地（深圳）产业园	衢州市	深圳前海区	2018 年 5 月	4000	总部经济、高端金融	跨省合作
杭州绿海飞地	衢州市	杭州市余杭区	2018 年	20000	集成电路、生物医药、新材料及互联网、高端金融	省内合作
柯城科创园	柯城区	杭州未来科技城	2016 年 7 月	20000	新材料、新能源、健康医疗、智能制造、网络信息、高端金融	省内合作
杭州丽水数字大厦	丽水市	杭州未来科技城	2013 年 4 月	68600	互联网、云计算、电子商务、大数据、物联网	省内合作
慈溪创新创意（杭州）飞地	慈溪市	杭州钱江新城	2017 年 6 月	10000	IT 产业、智慧家电	省内合作
UNI 科创森林	长兴县	杭州市西湖区	2016 年 6 月	20000	新型电池、新能源汽车及关键零部件、高端装备制造、现代纺织、电子信息、生物医药、新材料	省内合作
常熟（北京）创新中心	常熟市	北京市海淀区	2018 年 5 月	2000	智能技术、芯片和系统研发、健康药物研发	跨省合作

资料来源：笔者整理。

（一）飞出地亟待创新转型，飞入地创新优势突出，通过创新飞地实现两地联动、合作共赢

飞出地集中于东部地区，有一定的经济基础并处于创新发展的转型时期，如慈溪、常熟均名列中国经济百强县（市）前列。可选择的飞入地不多，均是我国高发展水平、高首位度的区域中心城市，并且位于其高端智力、创新资源最丰富的区域，如北京中关村、上海张江、深圳前海、杭州未来科技城。创新飞地出现的时间较晚，基本只有短短几年的发展时间，但这恰是近年我国经济从高速度增长向高质量发展转变、强调转换发展动力、实现创新驱动的真实反映。

飞出地有一定的经济基础但受制于自身的发展环境和量级，在谋求创新引领的跨越式转型发展中动力明显不足，创造性地通过"逆向飞地"模式借用发达中心城市的高端智力和创新资源，强化飞入地在创新创业方面的辐射引领作用，带动飞出地创新转型，实现两地互动、优势互补、互利共赢。另外，创新飞地可跨越更广阔的空间范围，实现跨省市合作，如衢州突破地市、省域界限在北上深杭构建了包括衢州海创

园在内的多个创新飞地。

（二）通过"飞地＋本地"，探索"研发孵化在飞地，产业化在本地"的发展新模式

创新飞地园区的建设面积明显远小于顺飞模式的工业型飞地园区，较大的有数万平方米，较小的仅有数千平方米，属于"小空间，大平台"式的楼宇经济模式。创新飞地的业态更高端，对高端人才和创新要素的需求更强烈，同时要求与飞出地本身的产业基础和产业发展规划相契合。各园区具体的实践细节存在差异，但一般是采用"飞地＋本地"的联动方式，搭建发达地区和欠发达地区之间深度经济合作的桥梁，探索"研发孵化在飞地，产业化在本地"的经济发展新模式，实现两地资源效用最大化（见图1）。

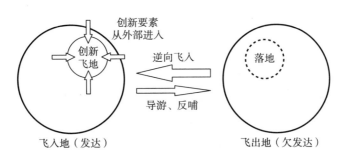

图1　逆向创新飞地经济示意图

特别是飞出地能够更好地对接中心城市的科技、信息和人才资源，以创新创业服务产业，借助创新飞地重点培育有利于本地区域产业升级、产业链完善和企业发展的创业方向，利用本地区域的空间和市场资源推动飞入地的科技产品产业化和创新成果转化，为创新发展增加动力。

二　逆向创新飞地经济的成因分析

（一）衢州海创园基本情况

杭州、衢州是浙江山海协作结对城市，多年来，两地互帮互补互学，形成了合作效益不断提升、山海共赢的局面。衢州海创园是杭衢深化山海协作的新成果和样板工程，是浙江省第一个跨行政区建设的创新飞地，位于杭州未来科技城腹地。

2012年8月，衢州市政府和未来科技城管委会签订合作协议，衢州在未来科技城借用一块"飞地"，2013年1月衢州海创园开工建设，2015年7月竣工验收，2016年4月正式投入使用。园区一期占地25亩，建筑面积6.76万平方米，A、B、C三栋楼以科技企业孵化器为主，负责创新产业研发和孵化，D楼是"产业＋资本"的多

业态融合平台，负责创业投资和吸引金融资本。二期项目位于一期南侧，占地面积 48.96 亩，建筑面积 13 万平方米，已于 2018 年 10 月开工建设。衢州海创园通过"逆向跳跃"，进入未来科技城，获得了创新发展的基本区位和势能，从被动接受创新极辐射带动，变为主动参与创新体系建设，强化了未来科技城作为区域创新增长极的集聚、扩散效应。

（二）根本驱动因素

实现"闭环式"提高经济密度的过程。加快经济建设、提高经济密度是城市发展的核心要务，创新经济发展同样依赖于提高经济密度。目前，衢州的经济密度远低于杭州和全省平均水平。衢州逆向飞入未来科技城建设衢州海创园的直接驱动力就是通过集中招引高端项目、人才，提高创新产业集中度和经济密度，获取创新经济发展需要的中间投入和知识溢出效应，进而拓展市场、降低成本、加速创新。在提高衢州海创园的经济密度后，接着导流具有商品化、产业化条件的项目回衢，"二次飞出"后落地衢州（衢州绿色产业集聚区和衢州西区），提高衢州本地经济密度。

实现"闭环式"缩短与高端生产要素距离的过程。创新经济发展对高端生产要素的需求更加旺盛，包括高精尖的科学技术和设备、浓郁的创新文化、丰富的高素质人才。距离创新生产要素过远，不利于提高创新生产效率，即距离会稀释创新经济发展。衢州创新禀赋不足，建设衢州海创园的目的之一是扭转衢州难以获得中心城市创新辐射，与创新要素距离过远的弱势局面。在缩短高端生产要素和衢州海创园的距离之后，继续缩短创新要素再次进入衢州本土的距离。

弱化杭衢两地经济分割。衢州属于传统的浙西南欠发达地区，杭衢经济发展不平衡，两地人均 GDP、地均 GDP 均相差较大，经济分割现象明显。新发展阶段，衢州缺少创新发展的比较优势，如果不能采取有效措施弱化分割，杭衢发展不均衡的问题将更加严峻。加强两地经济交流与合作，弱化经济分割，实现杭衢协调发展同样成为衢州海创园建设的重要驱动力之一。

（三）直接建设压力

双重的集聚经济活动的压力。创新经济遵循现代市场经济发展的基本规律，即追求经济活动的空间集聚。未来科技城目前仍处于创新发展的初级阶段，重点加大研发和人力资本的投入，鼓励人才和技术的有效集聚、自由交易。衢州海创园要在其腹地建设成为新兴业态的新基地、产业转型的新引擎，必须实现创新项目、产业快速有序向园区集聚，获得创新集聚和经济增长相互促进的内生力量，并在之后实现产业导流回衢，在衢州当地集聚。

双重的促进资源要素高效流动的压力。创新生产要素需要在各区域间自由、有效流动，促进资源配置效益最大化。欠发达地区市场化水平低、市场经济制度不健全、市场经济配套改革落后，不是适应创新经济发展的高梯度地区。在逆向创新飞地经济中，发达的飞入地市场机制发育成熟，理性的创新要素流动主体在衡量收益值和流动成本后，有进入飞入地的倾向。衢州海创园应该利用合理的政策措施提高要素流动效率，获得更大的经济效益，并且实现项目的商品化、产业化环节流向和落地衢州。

打造区域经济协作升级样板的压力。新发展阶段，区域经济的发展应更加注重分工协作、相互耦合，防止行政区经济愈演愈烈。自 2002 年山海协作工程实施，杭州和衢州就结成了协作关系，多年来杭衢协作取得明显成效。衢州海创园是杭衢协作的产物，在历史基础上两地应该继续破解行政壁垒和利益藩篱，提高经济整体发展效率，将衢州海创园培育成新的经济增长点，通过携手合作、互利共赢，打造区域经济协同发展的升级样板。

三　逆向创新飞地经济的效应分析

（一）遵循经济发展规律，以"八八战略"为指引开展创新合作

杭州、衢州发展不平衡是经济发展客观规律的真实映照。按照效率优先原则，高端人才、项目、金融资本依然会优先向杭州这样的发达城市流动、集聚。衢州虽然及时做出了转换发展动力、实现创新发展的决策，但吸引高端生产要素较为困难，接受其他创新极的辐射扩散效应也较弱，可能逐渐陷入"创新极化"陷阱，难以依靠自身实现转型发展。如果不设法改变创新资源"极化过度，扩散不足"的现实，两地经济发展差距必然进一步扩大。

2001 年 10 月，浙江提出"山海协作"工程，从省内区域发展不平衡的实际出发，旨在通过浙江沿海发达地区的帮扶，加快欠发达地区缩小发展差距，协调区域发展、实现共同繁荣。2003 年 7 月，浙江省委系统提出"八八战略"，强调"进一步发挥浙江的山海资源优势，大力发展海洋经济，推动欠发达地区跨越式发展，努力使海洋经济和欠发达地区的发展成为我省新的经济增长点"。

山海协作工程是"八八战略"的重要组成部分，两大战略在尊重经济发展客观规律的前提下，通过政府力量的合理引导，让"看得见的手"和"看不见的手"密切配合，从宏观上为浙江各地区经济社会创新发展、区域合作，提供了更多思考和实践的新空间。山海协作工程为衢州海创园的诞生奠定了历史基础，2018 年 1 月，浙江省委、省政府出台《关于深入实施山海协作工程促进区域协调发展的若干意见》，特别提出要支持发展飞地经济，"加快推进衢州（杭州）海创园建设"。

（二）构建完整的制度创新空间

管理体制。衢州海创园的日常行政管理事务由杭州衢海投资管理有限公司负责，包括为园区制定发展方向、战略规划、运营指标，并贯彻执行衢州市政府和衢州市国资委的意见，接受其领导和监督。园区具体的商业运作委托给银江孵化器和衢海百川

资产管理有限公司两大运营商。总体上衢州海创园的管理以衢州方为主，未来科技城起到辅助作用（见图 2）。

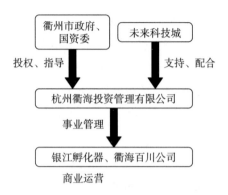

图 2　衢州海创园管理体制示意图

产业机制。第一次跳跃：以"人才 + 资本"为核心，发展创新型产业。与飞地经济"顺飞"模式主要承接产业转移，发展资源密集型和劳动密集型的传统工业经济不同，创新飞地适应新经济发展趋势，以"人才 + 资本"为核心，通过发展高端创新产业增强区域竞争力。衢州海创园通过主动的第一次"逆向跳跃"，获得创新发展的必要区位，空间上层层嵌套的关系，尤其是未来科技城的集聚、扩散效应使衢州海创园吸引创新资源具有很强优势，特别是对高端人才和金融资本具有强大吸引力。通过人才、资本等创新要素的培植和协同，适应未来科技城高精尖的产业环境，园区迅速集聚了一批创新项目，以发展生物医药、电子信息、新材料、高端装备制造等高新产业为主，同时重点引进和培育数字经济、智慧产业和科技金融类产业，形成产业良性循环和优化升级。第二次跳跃：以"杭州研发孵化 + 衢州落地产业化"模式，联动"飞地 + 本地"。衢州海创园采用市场化模式运营管理，A、B、C 三栋楼是科技企业孵化器，由银江孵化器进行运作，通过搭建专业的"众创空间—孵化器—加速器—产业园"全科技孵化产业平台，利用完善的服务体系满足入驻企业不同成长阶段的需求，企业孵化毕业、初现雏形进入商品化、产业化阶段后再将生产基地引入衢州，通过"二次跳跃"实现向欠发达地区输送高端人才和先进技术，"反哺"飞出地的目标。衢州海创园导流回衢的产业化项目，衢州优先保障项目用地和实施场地，并在政策和服务上给予优先保障，例如成立领导专班、组织相关职能部门进行对接落实，积极引导本地企业以直接投资、股权投资、固定资产投资等多种方式，为孵化项目注入动力，通过产业纽带及资本纽带实现两者间的无缝对接和优势互补。

政策机制。衢州海创园构建了系统的政策扶持体系，包括人才政策、产业政策和基金政策等。人才政策方面，包括对引进人才提供奖励津贴、住房保障、配偶安置和子女就学等服务。产业政策方面，包括对引进项目给予创业启动资金奖励、财政奖励、租金补助、投融资支持等。基金政策方面，包括对引进金融投资基金企业给予财政贡献奖励、基金人才奖励等。2018年5月，衢州市出台《关于促进衢州市创新创业平台发展的若干政策意见》，明确了针对市外"创新飞地"入驻企业的一系列奖励扶持政策。

服务机制。加快公共服务全覆盖是创新飞地优化发展环境、塑造新优势的重要环节。衢州海创园通过"功能配套服务＋运营服务"模式搭建独特的创新型服务体系。功能配套服务包括打造开放式办公空间、商务服务空间、生活娱乐空间、"一站式"公共服务空间等。运营服务包括提供投融资服务、基金管理服务、创新创业服务、政策项目申报服务等。

（三）创新飞地重构两地资源要素分布和产业结构，加快杭衢一体化发展

打造杭衢有机联动、合作共赢的增长极。区域经济发展在本质上具有非平衡性。杭州作为浙江和长三角的重要先进城市，创新极化效应明显。衢州如果不能把握住新一轮经济发展的机遇，受回荡效应影响，将始终难以摆脱落后的境地。对未来科技城强大的科技创新力量和市场，衢州"不求所有，但求所用"，通过"逆向跳跃"促成双方合作，主动摆脱发达地区辐射带动作用尚不明显的被动局面，以创新产业发展为核心，打造衢州在异地的经济增长极和财税增长点，同时助力未来科技城智力硅谷建设，成为其城市形态和品牌形象的重要组成部分。园内企业孵化毕业后通过"二次跳跃"，产业化部分落地衢州，建设飞出地本土的经济增长极。

加快杭衢之间资源要素和产业结构优化重构。按照效率优先原则，杭州和衢州吸引高端生产要素的优劣势明显，生产要素的不均匀配置直接导致区域经济的发达或落后。建设衢州海创园，衢州在一定程度上扭转了高级要素空间分配不平衡的现实，实现异地引资引智，生产要素区域配置更加合理。衢州也将借助异地发展创新飞地加快新旧动能转换，加速新兴产业置换传统产业的节奏。另外，衢州海创园在未来科技城是"小空间"，但产业化落地衢州将产生明显的人口集聚和城区扩展效应，有助于衢州本土实现人口和城市空间优化、重构。

促进杭衢高质量一体化发展。衢州海创园是杭衢山海协作的新突破，通过双方主动的制度创新推动区域经济合作，以经济融合谋求区域协调发展利益最大化。2018年衢州正式加入杭州都市圈，未来可以继续立足于杭衢天然的地理接近性和优势互补性，完善基础设施（如杭衢高铁），压缩时空距离，使衢州海创园成为杭衢一体化的加速器，以经济一体化推动政治、政策等多元结构重组，让杭衢一体化进入更加理性化、制度化的轨道。

四 逆向创新飞地经济的影响和对策分析

（一）正面效益：帮助飞出地力争经济赶超，推动区域协调发展、共享发展

落后地区在拥有足够创新资源禀赋的条件下，有可能激发后发优势，实现经济赶超。但现实却是我国"效率优先，兼顾公平"的传统创新资源配置方式存在缺陷，尤其"创新极化"现象严重抑制了落后地区后发优势的释放，导致后发优势无从转化，最终加剧我国区域发展不平衡不充分的矛盾。在不违反市场机制、尊重客观规律的前提下，政府可以通过适当的政策干预对我国传统的创新资源配置方式进行修正。逆向创新飞地经济是一种逆向跳跃式创新资源优化配置模式和空间，突破地缘限制和传统创新资源邻近式扩散的弱点，实现创新资源异地集聚和跳跃式跨区域转移、输送，提高落后地区的创新发展效率，帮助其实现创新发展和经济赶超。

区域协调的根本力量是市场机制的自然整合，但政府可以通过有效的制度创新，例如区域协作，实现区域协调的效率提高和效益放大，逆向创新飞地经济即是一种有效的制度创新和区域协作模式。飞出地逆向进入飞入地合作建设创新飞地，弱化行政分割和体制障碍，飞出地获得后发优势实现创新发展，飞入地进一步增强创新资源集聚效应，双方收获合作净收益，最终有助于破解我国区域经济发展趋异化困境，维持地区间在经济社会等方面的发展平衡，增强区域发展的整体竞争力。

共享是包括协调发展在内一切发展理念的核心和归宿，共享发展质量来自于公平的发展机会和发展能力，地区落后的根本即在于发展机会欠缺和发展能力薄弱。创新飞地是在我国新的经济背景下，地方谋求创新发展、共享发展的新型制度构建，有利于区域之间在共建共享中朝着共同富裕的目标前进，特别是给予欠发达的飞出地宝贵的发展平台，通过创新驱动实现知识、技术的升级改造甚至突破性变革，孕育实现经济发展的强大内生动力和可持续发展机制，最终实现区域经济的公平发展和人民的全面自由发展。例如，浙江已经明确要在扎实推动高质量发展、建设共同富裕示范区的过程中，把推进"科创飞地＋产业飞地"双向飞地建设，形成山海互济、携手共富的良好态势作为加快缩小地区发展差距，夯实共同富裕基础的创新性、突破性举措。

（二）挑战：发展过程中面临一系列难题

创新飞地必须构建科学、完善、高效的内部创新系统。创新发展不是单一创新活动或某一创新过程的简单累加、组合，而是追求创新发展诸要素、诸环节的有效耦合、链接，构建创新驱动的良性运行系统。因此，创新飞地虽然是一个"小空间"，但构建科学、完善、高效的创新系统是其挖掘创新潜力、强化创新动力、壮大创新合力，实现高质量发展的根本路径。逆向创新飞地经济面临飞地经济发展的共性难题。

其一，《指导意见》指出要提升飞地园区开发建设、经营管理的市场化和专业化

水平。目前看来，飞地经济发展市场化水平还不高，市场机制配置资源的能力尚未充分发挥。逆向创新飞地经济既要在市场经济发展较成熟的飞入地孕育发展，又要将部分产业化环节二次导入飞出地，对市场化发展的要求更严格，必须通过创新飞地建设统一开放、竞争有序的创新经济市场体系，充分发挥市场机制在调节区域分工、产业空间分布等方面的机能。

其二，软、硬环境对飞地经济可持续发展具有重要的引致作用。"软环境"是指政府和企业所具有的与市场经济相联系的公平竞争意识、服务意识、效率意识、法治意识等；"硬环境"是指与相关产业相配套的基础设施。创新飞地中，飞入地市场经济发展成熟，软硬环境优越，关键是相关项目经过"二次跳跃"后产业化部分进入飞出地，飞出地是否具有足够的承接能力。如果软硬环境建设滞后，将直接增加经济建设的成本，严重拖累创新要素的配置效率，难以实现技术消化和生产效率的提高。

（三）对策

科学推广创新飞地新模式。作为一种能够产生明显合作效益的创新资源优化配置模式和空间，创新飞地能够突破省域界限，但对飞入地选址要求严格，必须是创新资源密集丰富的中心城市，如北上深杭，因此不能像一般飞地经济在全国范围内大面积推广。但是在合理判断飞出地和飞入地发展基础、发展条件的前提下，尤其为了增强飞出地创新发展的内生动力，可以在经过科学论证后积极实践，帮助欠发达的飞出地获取创新资源、力争经济赶超，促进区域协调发展、共享发展。2021 年 2 月，浙江省政府办公厅出台《关于进一步支持山海协作"飞地"高质量建设与发展的实施意见》，明确支持衢州市本级、丽水市本级和山区 26 县到沿海经济发达市县布局建设科创飞地，以增强山区县内生发展动力，进一步解决全省区域发展不平衡不充分问题。

构建创新飞地内部创新系统。针对飞出地整体产业层次不高和经济质量较低的现实，在创新飞地中要以引培高新技术企业为着力点，打造创新型产业集群。引导各方力量向高新技术企业汇聚，实现产业链相关联的产学研用机构有机聚合，使创新型产业集群成为联动飞地和本地，帮助飞出地创新发展的节拍器。在创新飞地内要注重培育创新文化，激发创新热情，营造崇尚创新的价值导向，形成勇于探索、鼓励创新、宽容失败的文化氛围。

提高创新飞地市场化运作水平。处理好政府和市场的关系，坚持政府"搭台"、企业"唱戏"，促进创新飞地有效有序运行。双方政府要实现自身职能转换，主导建设公平开放的市场环境，为区域合作提供政策、制度、法律等方面的全方位高效服务，加强资源要素的跨区域调配力度，保障园区运转顺畅。强化市场机制配置资源的能力，培育一体化的要素和产品市场，促进要素和产品跨区域有序流动。创新飞地位于市场经济成熟的发达地区，可以采用先进的市场化公司管理体制，实现园区市场化运营，运用激励性和制约性制度安排充分调动各方发展创新飞地的积极性，推进创新飞地健康可持续发展。

优化创新飞地发展的软、硬环境。飞出地进入软硬环境优越的飞入地，应该摆脱传统观念的束缚，增强改革、开放意识，积极学习先进的合作意识、效率意识和服务意识，树立合作共赢的观念，更主动地参与跨区域经济合作与竞争。飞出地为更好地承接产业化环节，需要精细化划分园区功能区域，改善生态环境和形象，完善水电、通信及网络设施、物流体系和交通网络，加速新信息和新技术传播，创造产城融合的良好环境，让企业引得来、留得住、发展好。飞出地要善于向飞入地学习，优化本地软环境。探索制定有利于园区建设发展的土地、财税、金融、人才等各项政策，以优质的政策环境吸引更多产业落地。改善制度环境，真正创造鼓励创新、政策制度稳定、准入和竞争公平的环境。深化市场化改革，清除市场壁垒，提高资源配置效率和公平性，加快形成现代市场体系，让市场机制成为经济发展的检验者。

五 结语

作为一种新的经济现象，逆向创新飞地经济是创新驱动发展背景下，高端软性资源要素在经济发展中主导作用上升的必然结果。创新飞地是飞地经济的特殊模式，是一种富有创造性的逆向跳跃式创新资源优化配置模式和空间，特别之处在于：欠发达地区逆向进入发达地区进行经济开发；创新资源要素先从外部向园区集聚流动，再从发达地区流入欠发达地区，通过打破地缘限制实现创新资源的异地集聚和跳跃式转移、输送。

创新飞地在提高密度、缩短距离、弱化分割的根本驱动因素和集聚、流动、区域协作的直接建设压力下产生。通过有机结合市场和政府的双重力量，构建完整的制度创新空间，创新飞地以发展创新经济为核心，获取园区发展的集聚效益，特别是利用独特的"两次跳跃"式产业发展机制帮助飞出地实现异地创新、反哺本地。

创新飞地成功的关键在于对经济社会规律最大限度的遵循以及政府主观能动性的充分发挥，行政导向性较飞地经济顺飞模式更强，未来也必然从地方特色实践上升为顶层设计，例如，2020 年 6 月通过的《中共浙江省委关于建设高素质强大人才队伍打造高水平创新型省份的决定》，明确要"对标国际一流、集全省之力，大胆创新要素集聚模式，打造'创新飞地''人才飞地'和研发总部等集聚区""坚持全省'一盘棋'，发挥杭州、宁波、嘉兴等地优势，建立更多服务全省的'人才飞地'"。创新飞地有利于激发落后地区的后发优势，帮助其实现经济赶超，带动区域经济转型升级和统筹协调发展、共享发展。在遵循一般飞地经济发展规律的基础上，创新飞地必须有效解决建设管理过程中出现的一系列问题。另外，创新飞地发展条件的限制性更强，尤其要求飞入地是创新资源丰富、高度发达的城市地区，这决定其不可能像普通飞地经济一样被大面积复制，但仍应在科学论证的前提下积极实践，发挥其重要的现实价值。

最后，飞地经济（顺飞模式）通常以承接产业转移，发展传统工业经济为主。以衢州海创园为代表的创新飞地的发展经验表明，一般飞地经济（顺飞模式）应该主动适应我国经济进入高质量发展阶段的新趋势，让高端化、创新型产业成为飞地园区的主导产业，提升飞地经济园区的自主创新能力和内生发展动力，尽快走上高质量的创新导向型发展道路。

注释

　　[1] 对这种特殊飞地经济模式的称谓不统一，主要有"反向飞地经济"和"逆向飞地经济"，本文统一称为"逆向飞地经济"。

　　[2] 目前关于这种逆向飞地的称谓不统一，有科创飞地、双创飞地、孵化飞地、人才飞地等，本文统一称为"创新飞地"。

参考文献

魏江、李拓宇、赵雨菡：《创新驱动发展的总体格局、现实困境与政策走向》，《中国软科学》2015年第5期。

姚丹燕、刘云刚：《从域外领土到飞地社区：人文地理学中的飞地研究进展》，《人文地理》2019年第1期。

黄伟、李玉如、华宜：《锦州湾临港"飞地经济"的现状与发展》，《水运管理》2007年第5期。

安增军、林昌辉：《可持续"飞地经济"的基本共赢条件与战略思路——基于地方政府视角》，《华东经济管理》2008年第12期。

连莲、叶旭廷：《京津冀协同发展中的"飞地"经济研究》，《经济问题探索》2016年第5期。

渠涛、郝涛：《黄河三角洲高效生态经济区"飞地经济"发展研究》，《山东社会科学》2014年第10期。

王波：《我国飞地经济发展综评暨对江苏的启示》，《江苏商论》2007年第12期。

白小虎、王松、陈海盛：《一种"飞地经济"新模式——来自衢州到杭州跨地建设海创园的经验》，《开发研究》2018年第5期。

潘家栋、包海波：《创新飞地的发展动向与前景展望》，《浙江学刊》2021年第3期。

李猛、黄振宇：《促进区域协调发展的"飞地经济"：发展模式和未来走向》，《天津社会科学》2020年第4期。

范琦娟：《"反向飞地"新模式调查》，《决策》2018年第7期。

（责任编辑　方晨光）

影子"北上广现象"研究

◎李兴春

提　要："北上广现象"是商品"影子价格"和"机会成本"在城市经济中发挥重要作用而催生的现象，实质是影子北上广现象。由于城市商品的种类数量多、交易量大，更容易有"影子价格"高于成交价格或机会成本低于成交价格而包含的"影子利润"；人们为了追求整体影子利润最大化而趋利避害，这种行为和心理预期就形成了北上广现象。利用影子北上广现象实行"分有制"，使人们的生产资料、劳动、消费和信用中介形成的资本不但可以在商品成交价格中分配利润，还可以在商品"影子价格"或机会成本中"再分配"影子利润。分配和再分配的比例是一种"自相似"的"分形"，通过分形把大城市较为合理的经济结构"复制"到中小城市和乡村经济结构中，最后使居住在中小城市和乡村的人们都能享受影子北上广的隐形好处，这也就是"城市分形主义"的基本理论主张。

关键词：北上广现象　"影子价格"　交易方程式　分有制　城市分形主义

作者李兴春，贵州省毕节市七星关区综合行政执法大队调研员。

中国民间有一句俗话："身在皇城三分贵"，这意思是住在天子脚下、皇城根儿的百姓，身份也会比其他地方的百姓尊贵三分；不仅身份尊贵，房价物价什么的也贵。

历史上也有个典故叫"长安居大不易"，在京城长安居住生活是很不容易的。但为什么再不容易人们都要往北京、上海、广州、深圳这些大城市跑呢？并且跑去了能不回来就尽量不回来，形成了一种"北上广现象"或"北上广深现象"。其实人们往北上广跑，并不只是往北上广的本身跑，同时还往北上广的"影子"里跑；人们不但住在北上广，同时还住在北上广的影子里。

影子"北上广现象"主要是一种经济现象，只是因为经济基础决定了人们的社会地位，决定了人们的政治法律环境，也为人们的社会交往和文化生活等提供了必要条件，研究影子北上广就成为研究北上广现象的核心课题，而影子北上广的含义要先从经济学的一个重要概念"影子价格"说起。

"影子价格"至今尚未有统一而权威的定义，其计算方法也很专业而复杂，这里就以我们最容易理解的内涵来使用"影子价格"概念，而且还可能因此使"影子价格"的内涵得到深化。

一　"影子价格"、机会成本和交易方程式

（一）"影子价格"和机会成本的基本定义

老百姓经常用："恨不得一分钱掰成两半花"形容某个人节俭、节约，"影子价格"就可以使一分钱当成两分钱来花。简单地说，钱也就是货币因为能起一般等价物作用，所以是"一般商品"，本身也有成交价格（通常就是其面值），用它来为其他商品定价的同时，其他商品也反过来为它定了价（对应货币是一般商品，其他商品是"特殊货币"，货币购买商品的同时商品也"购买"了货币），这都是通过一个著名的"交易方程式"来完成的。交易方程式 $MV = PT$ 的等号一端是货币供应量（或货币成交价格）M 乘以货币流通速度（或货币成交量）V，另一端是商品成交价格 P 乘以商品成交量 T。在北上广，人多钱多，货币的交易量大且交易频繁，也就是货币流通的量大，流通的速度也快，使货币成交价格贵，货币升值，这样，老百姓的钱拿到这些地方来用，一分钱就能当两分钱花了。这时升值了的货币的成交价格就是货币的"影子价格"。

虽然大城市里货币的"影子价格"高，但房价物价跟着水涨船高，不也把这个好处抵销掉了吗？从交易方程式来看，物价高的原因是货币多，反过来货币多的原因也是物价高，那么到底是因为货币多而导致物价高还是因为物价高而导致货币多？交易方程式的相等说明了两者是互为因果的，只是因果之间不严格对称，所以交易方程式更应该是一个约等式 $MV \approx PT$。由 $MV \approx PT$ 可以推出相等也可以推出不等，不等又有货币多商品少和货币少商品多两种情况，都可以给人们"投机取巧"获利的可能：

一是货币多商品少的情况，整体上有 $MV > PT$，物价上涨，货币贬值，商品升值；这时应该多用商品换货币，少用货币换商品，因为更少商品能换来更多货币，不应该担心物价会继续上涨而急于花钱购物保值。这时升值了的商品的成交价格是商品的"影子价格"，而贬值了的货币的成交价格就不是"影子价格"而是"机会成本"了。所谓机会成本是指一笔钱不能同时做两件事，用来做这件事而没有做那件事，做那件事得到的收益就是做这件事的机会成本，为了做这件事而失去了做那件事的机会，付出了无形的成本。相对于做这件事得到的收益（等于完成这一笔实际交易得

到的成交价格），机会成本越低，用这笔钱做这件事的选择就越合理，因为用同样的钱做那件事得到的收益（等于完成那一笔虚拟交易得到的成交价格）越小，选择做这件事就越没有什么可后悔的。而在货币贬值的时候花钱，机会成本当然高。

二是货币少商品多的情况，整体上有 $MV < PT$，物价下跌，货币升值，商品贬值；这时应该多用货币换商品，少用商品换货币，因为更少货币能换来更多商品，不应该担心钱少而舍不得花。这时升值的货币花出去就实现了更高的"影子价格"，贬值的商品换货币付出的则是更高的机会成本。

显然，我们这里机会成本和"影子价格"的概念是不一样的，它们紧密联系，但又有微妙差别；甚至可以简单说成：小于或等于成交价格的"影子价格"叫机会成本，大于或等于成交价格的机会成本叫"影子价格"。这样，货币、商品的"影子价格"大于它们的成交价格，或者它们的机会成本小于它们的成交价格，用"影子价格"减去成交价格或用成交价格减去机会成本都可以得到"影子利润"；而成交价格和机会成本中都包含"交易成本"。也就是说，如果"影子价格"越高或机会成本越低，那么"影子利润"越高；如果"影子价格"越低或机会成本越高，那么"影子利润"越低。

每个人都拥有或多或少的货币和商品两种财产形式（人的劳动就是自身天然拥有的一种商品），上述两种可能就是人们利用这两种财产进行投资获得"影子利润"的可能（即使单纯的消费也可视为一种投资，比如买到更便宜的商品，省下的钱就相当于"影子利润"），而且货币和商品的"影子价格"低都可以用其机会成本低弥补。大城市高房价物价抵销掉的只是货币"影子价格"高的好处，不是货币机会成本低的好处，因为大城市通常比中小城市和乡村的货币和商品都多，用货币换商品或用商品换货币的机会也相应增多，两者互相弥补的机会也相应增多，同样数目的货币虽然买不到更便宜的商品（不能使货币的"影子价格"高），但能在更多种类数量的商品中比较选择，可以买到更优质的商品，这样也就相当于机会成本低。比较选择会产生交易成本，但这是"有效交易成本"，最终都可以得到补偿。

（二）交易方程式的等价作用

交易方程式 $MV \approx PT$ 只是定性上等价而不一定是定量上等价，MV 和 PT 的相等在现实中其实很难出现，所以约等才是交易方程式的常态。在定量上等价就是恒等式 $MV \equiv PT$（恒等反而可能在定性上不等价）；既在定性上等价又在定量上等价的交易方程式才是 $MV = PT$。$MV = PT$ 和 $MV \equiv PT$ 都是非常态；常态比非常态容易保持，大城市经济的长处也就体现为更能保持交易方程式的常态。但在常态下定量不等价也要受定性等价控制，不能认为交易方程式约等号左右两端不相等的程度越大越好，机会成本、"影子价格"和成交价格之间的价差越大越好，那样又会造成市场动荡、经济泡沫化，甚至引发金融风险、经济危机，所以交易方程式的约等应该有一个合理的范围,即可以忽略的误差范围,这样定量上不等价的交易方程式通过忽略误差就成为定性上等价的交易方程式,即 $MV \approx PT$ 成为 $MV = PT$(而不是成为 $MV \equiv PT$)。M、V、P、T 四个量作为概念,都有内涵和外延,定性决定其内涵,定量决定其外延;概念内涵和外延呈反比关系,正是这种反比关系在根本上使两个等价概念和等价命题可以定性上等价但定量上不等价,或定量上等价但定性上不等价。MV 和 PT 作为总量的概念其内涵极小而外延极大,组成它们的个量的概念其内涵极大而外延极小,这样我们可以将总量的内涵极小用个量的内涵极大补足,个量的外延极小用总量的外延极大补足;或者将总量的内涵极小"匹配"上个量的外延极小,将个量的内涵极大"匹配"上总量的外延极大,总量、个量综合起来内涵和外延都相当。$MV \approx PT$ 因此成为 $MV = PT$,这个过程也表现为约等号左右两端大致同比变化,并可以分为就高不就低、只增不减的大致同比向上变化和就低不就高、只减不增的大致同比向下变化,最后都使等号左右两端相等,达到均衡,机会成本、"影子价格"和成交价格一致,就成了所谓"均衡价格"(机会成本还是"边际成本","影子价格"和成交价格还是"边际收益",边际成本等于边际收益,均衡价格又是"边际价格")。向上变化使方程相等和均衡时,机会成本、"影子价格"和成交价格之间虽然没有价差,没有"影子利润",但人们已经得到了最大好处。这也就是所谓"一般均衡"的理想状态,即所有商品都能成交,全部市场"出清",这当然是很难出现的非常态。而向下变化达到均衡只是低水平上的均衡,不是一般均衡,这种情况下人们还没有得到最大好处,就失去了用机会成本、"影子价格"和成交价格不一致的价差套利的空间。

　　总结起来,大城市货币多商品多,交易方程式等号左右两端的项就会比在中小城市和乡村的多,项数一多,方程就不容易相等,也就容易变为货币多商品少或货币少商品多(逻辑和概率上可以证明:越来越少的项有个最少的下限就是 MV 和 PT 两项,越来越多的项却没有最多的上限,所以较少的项进行组合使方程相等或不等的概率有多大,较多的项就总有更多的项来进行组合使方程相等或不等的概率比它大,方程相等又能推出约等,约等也是一种不等;只有恒等是时时处处都在定量上严格相等,所以不能推出约等和不等,但无论对于较少和较多的项来说恒等都是不成立的),这样"影子利润"总是存在,人们就可以从中得到更大好处。大城市主要在这一点上优于中小城市和乡村,这也在经济上基本解释了人们都要往大城市跑并且多数不愿回来的北上广现象,是一种很自然很正常的追求整体"影子利润"最大化的趋利避害行为,比如人们在大城市的就业选择、就业机会通常比在中小城市和乡村多,人力资源可以得到最优配置,收入较高;另外,大城市服务业发达,经济结构较合理,不但顺应了第一、第二产业向第三产业转移并吸纳更多就业人口的普遍规律,还有助于在整体上降低交易成本(主要是"无效交易成本")。尽管人们在大城市实际上并不一定都得到利益最大化的效果,但只要得到的利益大于或者相当于在中小城市和乡村的利益,并且能够应付在大城市的居住生活成本，利益最大化的心理预期使人们一般都不会轻易"逃离"北上广。

货币和商品通过市场交易实现整体影子利润最大化，还需要利用一种所谓"分有制"的新型所有制和产权分配制度来进行"再分配"。

二 城市经济的"分有制"

(一) 分有制的基本定义

分有制是把生产资料、劳动、消费和所有市场参与者的信用中介这四种生产要素作为商品的全部生产要素进行"货币化"，形成的"生产资本""劳动资本""消费资本"和"中介资本"构成了商品全部成本，然后按生产资本、劳动资本、消费资本和中介资本在商品成本中所占比例，在商品成交后的成交价格中分享利润或分摊亏损；生产资本、劳动资本、消费资本和中介资本还包括构成政府全部财税资产的公共生产、公共劳动、公共消费和公共中介资本。

按生产资本和劳动资本的分配额可称为"微观经济分有额"或"微观资本劳动分有额"，计算公式为：微观经济分有额 = 微观资本分有额 + 微观劳动分有额；微观资本分有额 = 商品成交价格 × 生产资本 ÷（生产资本 + 劳动资本），微观劳动分有额 = 商品成交价格 × 劳动资本 ÷（生产资本 + 劳动资本）。但商品除了现实的成交价格，还有虚拟的"影子价格"或机会成本，就还可以按生产资本、劳动资本、消费资本和中介资本在商品的"影子价格"或机会成本中再分配，"再分配额"可称为"宏观经济分有额"，计算公式为：宏观经济分有额 = 宏观资本分有额 + 宏观劳动分有额 + 宏观消费分有额 + 宏观中介分有额；前两者又可合称"宏观资本劳动分有额"。因为购买商品主要用来消费（包括生产性消费），所以商品成交价格就是消费资本；发行创造货币在交易市场上主要起到信用中介作用，所以货币成交价格就是中介资本。计算公式为：宏观资本分有额 = 货币成交价格总额 × 商品成交价格 × 生产资本 ÷ [商品成交价格总额 ×（生产资本 + 劳动资本）]，宏观劳动分有额 = 货币成交价格总额 × 商品成交价格 × 劳动资本 ÷ [商品成交价格总额 ×（生产资本 + 劳动资本）]，宏观消费分有额 = 货币成交价格总额 × 商品成交价格 ÷ 商品成交价格总额，宏观中介分有额 = 商品成交价格总额 × 商品成交价格 ÷ 货币成交价格总额。只要 $MV \approx PT$，商品成交价格和货币成交价格不等，商品成交价格总额和货币成交价格总额不等，那么商品成交价格及其总额就是货币成交价格及其总额的"影子价格"或机会成本，反之亦然，计算出的微观经济分有额和宏观经济分有额之间的差额就是影子利润，人们就可以按利益最大化原则取大舍小获得影子利润（但不能大小兼得造成重复获利），即人们最终所有收入为"经济分有额"，经济分有额 = 资本分有额 +

劳动分有额＋消费分有额＋中介分有额；资本分有额＝max（微观资本分有额，宏观资本分有额），劳动分有额＝max（微观劳动分有额，宏观劳动分有额），消费分有额＝max（微观资本劳动分有额，宏观消费分有额），中介分有额＝max（宏观资本劳动分有额，宏观中介分有额）。

这样也与前面货币多商品少和货币少商品多两种情况对应起来。货币多商品少，消费者用货币换来的商品升值，升值部分相当于用宏观消费分有额公式计算出的"影子利润"，应该归消费者所有；投资者和劳动者用商品换来的货币贬值，但货币相当于一般商品，逻辑上一般蕴涵特殊，一般商品就可以推出特殊商品和特殊货币（也就是说货币可以购买一切商品但反过来商品不一定能"购买"一切货币；不能购买就没有成交价格，货币发行创造出来时本身就已经成交而有成交价格，商品还要交换成货币或其他商品才有成交价格），那么特殊货币作为商品也会升值，升值部分相当于用宏观资本劳动分有额公式计算出的"影子利润"，而且应该归投资者和劳动者所有。货币少商品多，消费者用货币换来的商品贬值，商品相当于是特殊货币，逻辑上特殊不能蕴涵一般，特殊货币就不能推出一般商品也就不能推出货币，所以消费者不能像投资者和劳动者一样还可以把货币作为商品获得"影子利润"。但投资者和劳动者用商品换来的货币升值，这时的投资者和劳动者概念扩大成为了"中介者"，包括所有把货币作为商品换来货币的投资者和劳动者，以及直接用货币购买一般商品即货币买货币的消费者（比如存贷款"吃利息"、套汇和买卖金融产品的投资者和消费者）；升值部分相当于用宏观中介分有额公式计算出的"影子利润"，应该归中介者所有。

如果没有实行分有制，货币多商品少的情况下人们只能及时以较少商品卖得较多货币即增加"影子价格"（也增加微观经济分有额），变相地获得"影子利润"；货币少商品多的情况下人们也只能及时以较少货币买到较多商品即减少机会成本，同样变相地获得"影子利润"。而个人首先要及时准确获知市场上是货币多商品少还是货币少商品多的信息就很难。如果实行分有制，将规定政府或某个权威机构负责及时准确统计发布市场上是货币多商品少还是货币少商品多的信息，并且不需要个人及时用商品换货币或用货币换商品，就可以由国家发行创造货币作为"影子利润"，在货币多商品少的情况下直接"补偿"给因货币贬值受到损失的投资者、劳动者和消费者；而在货币少商品多的情况下直接"补偿"给因商品贬值受到损失的中介者。

大城市人、财、物集中，容易形成规模经济效应降低交易成本（主要通过降低任一经济单位的"单位交易成本"来摊薄所有经济单位的"总量交易成本"），提供了人们及时进行交易的各种有利条件，比如及时获得市场信息、及时调配市场资源等，中小城市和乡村可能就没法及时提供。实行分有制将不再依赖个人的及时交易才能获得"影子利润"，而是在个人每次交易的同时就能获得"影子利润"，这样首先就节省了时间这一项交易成本。

（二）公有链、私有链和"分有链"

实行分有制需要建立在"区块链"的技术基础上，即法律授权的政府或某个权威机构负责统计发布市场信息需要依托区块链采集数据，把数据用于微观和宏观经济分有额公式的计算并随时更新计算结果，这其实也就是区块链"智能合约"的自动履约。但这种区块链很可能并不是"去中心化"的区块链，只是"多中心化"或全部都是中心的"全中心化"的区块链。当然也可以认为全部都是中心的全中心化事实上就没有了中心，还是去中心化，但去中心化的程度总会有细微差别，有些人的区块链电子账簿记得不"全"，而有些人的电子账簿记得更"全"，记得更"全"的电子账簿相比记得不"全"的电子账簿又还是中心化，也就是会吸引更多人以此为中心连接和延伸区块链。从网络整体来说，各个去中心化的"私有链"信息集中成为中心化的"公有链"信息，中心化的公有链信息又要分散成为各个去中心化的私有链信息，这样集中和分散统一形成的区块链将保留可信、可靠、可追溯、可预测和可共享共识的优点，但不再具有通常认为的去中心化特征，而可以是一种中心化分布式的区块链。这样的区块链既是私有链又是公有链，既不同于私有链也不同于公有链，我们不妨称之为"分有区块链"，简称"分有链"。

不难看出，在网络上大城市相当于中心化的公有链，中小城市和乡村随着中心化的程度逐渐减弱退化为"联盟链"，直至成为个人完全去中心化的私有链；如果每个人在私有链上都能方便地应用公有链上的数据计算并实际享有"影子利润"，这样的分有区块链实质上也是一种"分形区块链"。"分形"的主要特征是具有"自相似"性，即整体和组成整体的部分在结构形态上相似，部分是整体的一个缩影，包含了整体的主要信息。中小城市和乡村的私有链作为部分自相似于大城市公有链的整体，私有链成为公有链的分形，在此基础上发展的城乡经济就是一种"分形经济"。

（三）"城市分形主义"的"分形经济"

商品成本可以是组成商品成交价格的部分，分有制的生产资本和劳动资本的比例从商品成本的部分到商品成交价格的整体都不变，好比是部分和整体自相似的一个分形（还有分有制的税额是按"公共生产资本＋公共劳动资本"占"生产资本＋劳动资本"的比例在企业商品成交价格中分配的，这个比例从任一企业的"生产资本＋劳动资本"的部分到所有企业的"生产资本总额＋劳动资本总额"的整体也不变，也是一个分形）。商品成交价格总额如果小于货币成交价格总额，前者就可以包含在后者中作为其组成部分，宏观生产、劳动、消费和中介资本分有额比例从商品成交价格总额的部分到货币成交价格总额的整体都不变，又好比是部分和整体自相似的一个分形；反过来，货币成交价格总额如果小于商品成交价格总额也可以类推。也就是说，成本结构是微观经济分有额结构的分形，微观经济分有额结构是宏观经济分有额结构的分形。分有制根据分形就把微观经济结构"复制"到宏观经济结构中，所以能在微观经济和宏观经济之间（以及虚拟经济和实体经济之间）相机抉择甚至"延迟选择"不同的分有额公式计算应该获得的影子利润；而根据分形也把大城市经济结构"复制"到中小城市和乡村经济结构中，同样能在大中小城市经济和乡村经济之间相机抉择甚至"延迟选择"不同的分有额公式计算应该获得的影子利润，大城市的隐形好处就体现为经济上的分形好处。

"北上广现象"背后的根本原因其实就是区域经济发展不平衡，这种不平衡包括城乡差别甚至就是贫富差别，而我们要利用影子"北上广现象"来趋利避害，缩小城乡差别甚至贫富差别，也不一定要停止集中的城镇化，放慢城市的规模化，或者停止分散的城镇化，放慢城乡的一体化，而是要使更多分散的乡村具有差不多和城市一样强的功能，更多中小城市具有差不多和大城市一样强的功能，乡村是城市的分形，中小城市是大城市的分形（成熟的居民小区还可以看作城市社区的分形，城市社区又可以看作整个城市本身的分形），也就是说，我们没必要过度推动城镇化把乡村变为城市，也没必要过度推动规模化把中小城市变为大城市，从而保留乡村和中小城市相对良好的自然生态环境和相对低廉的居住生活成本，既避免了各种"大城市病"，又能获得大城市的隐形好处，正所谓"条条道路通罗马，处处小城似长安"。

集中的城镇化和城市的规模化是一种传统的"城市集中主义"的观点，分散的城镇化和城乡的一体化是一种"逆城镇化"的"城市分散主义"观点，把更多乡村变为城市的分形、更多中小城市变为大城市的分形，则是一种有机结合城市集中主义和城市分散主义的"城市分形主义"观点。在城市分形主义的观点下发展分形经济，一个国家所有组织或人的微观经济分有额加宏观经济分有额就是这个国家的经济增长额，那么任一个人的微观经济分有额加宏观经济分有额在所有组织或人的微观经济分有额加宏观经济分有额中所占比例，就是他在一个国家经济增长额中所占比例的分形。当国家的经济增长，根据分形的自相似性，个人的微观经济分有额或宏观经济分有额也应该按此比例同步增长，这也就是人们常说的国民收入增长要能赶得上 GDP 或 GNP 的增长。这样，就把个人和国家的命运紧密结合了起来，个人住在大中小城市和住在乡村都能享有差不多的发展机会。

三　结论

当人们觉得住在乡村和住在大中小城市都差不多时，也就不会有"长安居大不易"的感慨了。"长安居大不易"的典故出自唐朝大诗人白居易，他初到京城长安，拿着自己写的诗去谒见另一位诗人顾况。顾况以白居易的名字开玩笑说："长安米价正贵，居住也很不容易。"但看到白居易写的那首名诗："离离原上草，一岁一枯荣。

野火烧不尽，春风吹又生。"他当即大加赞赏，说："只要写得出这样的诗，居住在长安也很容易了。"在唐朝，写得出好诗是能够卖钱的。白居易在顾况的大力推荐下，从此名声大振。有了名就有利，他显然可以长安居易了。

所以，现代的人们享受影子北上广隐形好处的最根本前提，也是像白居易写得出好诗一样，能在自己从事的职业中做出成绩，增加收入，让自己人力资源（或所拥有的商品等其他市场资源）的"影子价格"更高，赶上甚至超过大城市房价物价的涨幅，那样"影子利润"才会更高，相应地，机会成本才会更低，在北上广享受到的好处才会更明显。中国民间还有一句俗话也说明了"身在皇城三分贵"的道理："修得千世坐京城，修得百世坐省城，修得一世坐县城，前世不修坐山林"。但如果不能使自己的"影子价格"高而机会成本低，那么"逃离"北上广、"逃回"中小城市甚至乡村同样是趋利避害的理性选择。通过实行分有制，实现城市分形主义的基本理论主张，加强交通基础设施建设，加强互联网和物联网的信息基础设施建设，特别是加强区块链甚至"ABCD"技术平台的建设，推广电子商务和电子政务，提倡远程办公和"慢生活"，打造像智慧城市一样的"智慧乡村"，使公共服务分散化和匀质化，使乡村建设成为城市建设的分形，乡村管理也成为城市管理的分形，影子北上广的影子同样会荫庇到中小城市和乡村。

那时，"修得千世坐京城，修得百世坐省城，修得一世坐县城"这前三句也许可以不变，最后一句就该改为"修得万世坐山林"了。

参考文献

段楠：《城市便利性、弱连接与"逃回北上广"——兼论创意阶层的区位选择》，《城市观察》2012 年第2 期。

陈源丽、刘涛：《关于影子价格的一个理论误区》，《佳木斯大学学报（自然科学版）》2006 年第 3 期。

颜鹏飞、肖殿荒：《货币数量交易方程式的贫困与出路》，《财经问题研究》1998 年第 3 期。

程建胜：《对交易方程式适用性的质疑》，《南方金融》2003 年第 8 期。

王红：《关于管理会计"机会成本"概念的讨论》，《辽宁广播电视大学学报》2002 年第 3 期。

姜旭宏：《决策中的机会成本》，《北方经贸》2007 年第 5 期。

张廷明、赵白云：《影子价格、影子利润及其应用》，《河南商业高等专科学校学报》1999 年第 5 期。

张雪艳：《交易成本理论、测量与应用研究》，中国社会科学出版社，2016 年，第 93～133 页。

钟玮、贾英姿：《区块链技术在会计中的应用展望》，《会计之友》2016 年第 17 期。

何楷、陈金鹰、丁松柏：《"ABCD"技术与金融行业的融合发展》，《通信与信息技术》2019 年第 1 期。

（责任编辑　方晨光）

深圳城市规划思路演变和转型

◎朱惠斌

提　要： 因经济全球化的影响，现代城市规划逐步从传统的树状科层规划结构转化为多中心网状规划结构。树状规划结构主要人员、信息流动出现在分支与枢纽间，属线性隶属型结构。网状规划结构主要人员、信息流动分散于各分支间，枢纽功能逐步下降。改革开放后，深圳城市空间结构从带状组团结构逐步转化为多中心网状结构。深圳跨城市、城市内部经济社会活动的规模增加和网状复杂化。文章对深圳历次城市规划进行回溯，总结深圳目前面临的城市规划难点，探索深圳城市规划的新思路，提出城市基础设施完善、物质空间转化为网络空间规划和为战略性新兴产业预留发展空间的城市规划路径。

关键词： 城市规划　基础设施　空间转化　空间预留　深圳

作者朱惠斌，中国移动通信集团广东有限公司深圳分公司专家，博士。

现代城市规划经历了多种城市研究思想的影响。霍华德的田园城市理论提出，城市与田园和谐共生，为特大城市提升人居环境建设提供了理论基础。沙里宁的有机疏散理论提出，城市产业逐步郊区化以应对城市拥挤等问题的思路，为特大城市抑制城市蔓延提供了理论基础。柯布西耶的立体城市理论提出，城市应集中建设大体量的高楼、广场等物质空间，为特大城市新区开发提供了理论基础。雅各布斯的邻里城市理论提出了职住平衡和邻里社区构建，为特大城市的社区网格化建设管理提供了理论基础。在各种城市研究理论的共同影响下，逐步形成了现代城市规划模式。

改革开放后，"以经济建设为中心"的管理思路使城市发展重心转向经济活动。"时间是生命，效率是金钱"等深圳精神，对深圳城市发展形成基础推动作用。现代城市规划理论在此时期对深圳城市规划模式有显著的影响作用，为深圳城市经济的发展和腾飞提供了城市空间结构和基础设施保障。但此时城市组团化和集聚化发展对城市公共卫生健康造成一定的影响，主要体现于城镇人口的高密度集聚、工作人口的周期性迁徙、居住人口的频繁性更替等现象，大幅提升了违法打击、疫情防控等城市安全管控难度。本文以现代城市规划理论转型为基础，探讨深圳城市规划模式演变，结合城市发展的新趋势，探索适于新时期的城市规划思路。

传统区位理论对城市地租变化形成理论基础，极化区位理论对城市经济增长极形成理论基础，空间经济学理论对城市产业组织形成理论基础，城市区域空间理论对城市外部经济联系形成理论基础。以上理论共同构成现代城市规划的新模式，集中体现于城市以区域定位为发展目标，形成城镇体系结构，以城市外部经济联系为主要城市规划目标，以城市产业组织为城市内部空间结构体系，以传统区位理论为产业布局基础，以城市经济增长极为新增空间规划。

在现代城市规划理论中，城市在城镇体系结构中的定位对城市规划有重要影响作用。北京、上海、广州、深圳等国内核心城市在发展过程中形成产业集聚，吸引大量外来人口。城市规划作为城市发展的现状保障和未来预留，显现出对外谋求城市腹地扩张、对内谋求空间结构优化的趋势。在城市经济发展和扩张型城市规划影响下，城市内部结构出现城市核心地区产业高度集聚、城市居住人口高度流动复合等趋势，对疫情防控等城市安全事件造成一定的影响。北京等城市认识到城市进一步蔓延扩张可能带来的影响，已综合通过户籍限制、环带控制、产业外移等方式控制城市规模，提升人居环境。但国内部分城市仍处于扩张城市规模的发展阶段，产业和人口双聚集对城市基础设施保障构成一定的影响。

一 深圳城市特征

（一）相对人口密度高

与北京、上海、广州等国内核心城市比较，深圳市域层面人口密度[1]极高，甚至数倍于北京、广州（见图1）。与珠三角东岸核心城市比较，深圳市域层面人口密度极高，属区域内部人口集聚地，反映了深圳人口集聚程度高，工业、生活废水、废弃物产生量大，疫情防控的难度较大（见图2）。虽然深圳通过社区网格管理、河道绿化管理等方式加强基层管控力度，但相对人口密度高，对病毒传播会造成一定的影响。

（二）户籍人口比例低

与北京、上海、广州等国内核心城市以及东莞、惠州、汕尾等珠三角东岸核心城市比较，深圳户籍人口比例低，从侧面反映出深圳常住人口和流动人口比例高，产生的跨地域交流数量多，疫情防控的难度较大（见图1、图2）。因同业、同乡等城市人口倾向于集聚式居住，虽然深圳通过普及社区医院等公共设施的方式加强常住人口和流动人口管控力度，但人员接触频繁，对疫情传播会造成一定的影响。

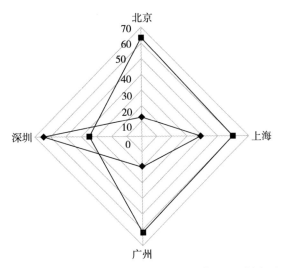

图1　国内核心城市人口密度与户籍人口比例

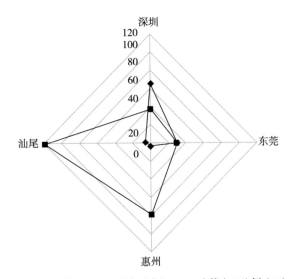

图2　珠三角东岸核心城市人口密度与户籍人口比例

二 深圳城市规划思路演变

（一）《深圳经济特区总体规划（1986—2000）》

因此时深圳处于起步阶段，户籍人口基数较小，逐步形成罗湖、蛇口等城镇建成区，城市对外、对内交通尚未形成体系。《深圳经济特区总体规划（1986—2000）》以原经济特区为规划范围，通过明确城市性质和规模，采用弹性预测人口规模的方法，规划交通基础设施体系和部署交通基础设施以对接和加强与香港联系。此版城市规划属适应式城市规划，根据深圳原经济特区的地形特点，规划形成"带状组团式"空间结构，有效支撑快速城镇用地扩张。因城市建成面积较小、城市人口规模较小，虽然公共基础设施并不完善，但此时城市对疫情防控的控制力较强。人口均匀地分散分布在城市各区域，有助于及时有效切断病毒传播途径。

（二）《深圳市城市总体规划（1996—2010）》

因此时深圳处于高速增长阶段，常住人口和流动人口迅速增加，城镇用地快速扩张，原特区内土地等资源逐步紧缺。《深圳市城市总体规划（1996—2010）》以深圳全市域为规划范围，将"带状组团结构"拓展为轴带结合、梯度推进的"网状组团结构"，创新性地提出西部发展、中部发展和东部发展三条适应经济活动和自然地理的开发方式，并引入城市设计、生态控制等新型城市规划概念。此版城市规划属扩张式规划方式，从珠三角城市群协调的角度看待城市规划。因城市处于水平维度城市扩张过程，局部人口密度仍处于可控阶段，此时城市对疫情防控的控制力较强。通过分散化街道管理，有助于及时有效切断病毒传播途径。

（三）《深圳市城市总体规划（2010—2020）》

因此时深圳处于高质量转型阶段，全域土地等资源紧张。《深圳市城市总体规划（2010—2020）》以全市域为规划范围，明确城市转型发展方向，提倡超前规划以提升城市发展质量，以深港合作、深圳与珠三角城市协调发展、产业发展转型为主要规划内容，面向国际化和低碳化的需求，强化城市公共安全与综合防灾，城市空间由增量扩张转向存量优化。此版城市规划属转型式规划方式，转变发展思路以进一步提升发展质量。因城市处于对外拓展经济腹地，城市产业处于高端化过程，且城市用地日趋紧张，城市开始垂直维度实现城市扩容。此时城市疫情防控压力开始增大，体现于原分散化街道管理模式难以满足城市发展方向。社区网格化管理思路的出现，有助于细分街道，及时有效切断病毒传播途径。

（四）《深圳市城市总体规划（2016—2035）》

因此时深圳处于"双区"驱动阶段，以精明增长为思路，共建粤港澳大湾区。《深圳市城市总体规划（2016—2035）》以全市域和深汕合作区为规划范围，以东进战略为引领，引导深莞惠经济圈发展和推进深汕合作区建设。深圳创新性地探索统筹海陆资源，从海域和珠三角东岸两个层面拓展城市。此版城市规划属跨越式规划方式，拓展经济腹地以合理配置资源。因城市处于高质量提质过程，对城市用地进行更新利用，城市整体容积率呈现逐步提升的趋势。此时城市疫情防控压力会日趋增大，体现在建筑复合利用、产业高度集聚等层面，需探索新型城市发展和规划模式以提升城市疫情防控能力。

三 深圳城市规划思路转型

（一）城市基础设施的全面化完善

因欧洲历史上曾发生传染性疾病导致人口规模下降，欧洲部分国家组织大规模城市美化运动以改造和完善城市基础设施，阻断高居住密度、生活废弃物等病毒传播途径。深圳属改革开放后逐步建设的经济特区，具有较完善的城市基础设施且在城市发展过程中逐步优化。因城市发展具有动态性，城市基础设施全面实现市域覆盖仍有难度。

政府层面成立城市基础设施统筹小组，统筹各类城市基础设施建设进程，探索多功能智能杆、多功能管道等可同时满足多种城市基础设施需求的一体化基础设施，减少重复建设和多职能部门管理的情况。政府层面对全市基础设施进行分区分析，对城市经济活动频繁地区采取逐步改造方式，对基础设施急剧紧张的地区采取重建基础设施的方式，有效补充和完善城市基础设施，隔绝废弃物、污水等二次病毒污染源，降低病毒在生活中传播的可能性。

（二）物质空间规划转向网络规划

过往城市规划侧重物质空间规划，对区域城镇体系、城市空间结构等进行重点研究。物质空间是经济、社会等活动的载体，对其进行部署有助于提前为城市确定发展模式。21世纪后，互联网和移动互联网为城市效率提升提供了重要媒介和流量场所。以城市地理为核心的区位经济理论的作用将被以互联网为核心的流量经济理论逐步影响。物质空间中城市区位地价模式逐步调整为网络空间中流量区位决定网络价值的模式。

深圳以高新科技产业、金融业、物流业和文化创意产业为四大支柱产业。其中，金融业通过科技手段提升金融处理效率、减少线下业务数量和提升人工智能应用。物流业以统筹各大物流企业形成平台、探索无人物流方式、快递存储柜接收、二维码和射频识别码等真品鉴别方式及互联网平台查询进度等方式提升物流行业效率。文化创意产业则增加新型流媒体传播模式，减少传统媒体投放，以推进文化创意交互影响和创新。金融业、物流业和文化创意产业都有意识地将线下渠道逐步线上化，城市区位的作用将进一步降低。

高新科技产业则以网络规划为基础条件，在低时延、大容量的网络支撑下，建设各种新兴互联网产业的交互节点，有助于构筑网络规划系统，为工业互联网等产业发展提供支撑。城市规划向网络规划的转型可有效调整原有土地经济模式，改变城市经济对不动产的依赖，变革生产方式。通过加强人与设备的触控、声控等方式，借助网络基础设施，可充分提高信息交互可达性，提高沟通效率。通过网络空间代替物质空间，提升个体活动的灵活性，减少因人员流动导致的病毒传播途径。

（三）战略性新兴产业预留规划空间

深圳将新一代信息技术产业、高端装备制造产业、绿色低碳产业、生物医药产业、数字经济产业、新材料产业和海洋经济产业作为战略性新兴产业，将生命健康产业、航空航天产业、机器人产业、可穿戴设备产业和智能设备产业作为未来产业。战略性新兴产业和未来产业中，大部分产业均与信息科技强关联。因战略性新兴产业无过往规律可循，部分产业在全球层面也属新兴产业，无跨地域模式借鉴。战略性新兴产业须采取"摸着石头过河"和"边尝试、边改进"的方式进行发展。

结合战略性新兴产业的特性，城市规划需进一步关注战略性新兴产业规划。与传统产业相似，战略性新兴产业在城市规划领域需要个性化的土地供给。除物质空间的土地配置外，因未来新型智慧城市的需求，战略性新兴产业在规划部署时需着重考虑未来工业互联网的应用需求，发展便捷的网络联系以及与城市智慧管控平台的便捷联系，提升远程会议、远程控制等可记录、实时化、动态办公地点、低交通成本的高效率交互方式的使用频率，降低病毒在工作中传播的可能性。借助专项规划的方式，提前获取政府和企业重大立项，融入城市各级规划，为战略性新兴产业预留规划空间。

（四）城市更新的文化和升级趋势

传统城市更新的作用在于对原有城市环境和风貌一般的地区进行公共设施、居住环境总体改造，其目标在于提升地块价值和承载居民的生活环境。深圳在推进传统城市更新的同时也致力于新型城市更新的思考，各行政区形成独特的城市更新模式。其中，深圳市罗湖区因与香港地区对接便利，具备罗湖火车站、客运站等市级交通枢纽，迅速形成成片城市建成区，成为深圳发展的极化空间。罗湖区具备丰富的服务业发展基础，但较早启动既对罗湖区发展产生重要的推动作用，也形成了一定的制约。罗湖区城市建筑仍大量为多层建筑，城市用地未得到充分利用。罗湖区在城市更新的过程中，充分挖掘现有城市特征，取得显著的效果。罗湖清水河片区通过挖掘原有铁路资源建设铁路公园，成为城市名片，大幅度提升周边城市环境，吸引大量人流前往旅游观光。罗湖东门片区通过对老旧建筑进行改造，形成新型城市街区"文和友"，并吸纳大量新型店铺入驻，大幅提升城市空间质量，焕发原有建筑活力。

深圳南山区早期建设大量工业区和住宅区，主要集中于蛇口和华侨城等地。在城市性质逐步变化的情况下，原有大量工业区占用大量用地，对其进行重建和改造需大量成本。南山区逐步探索形成文化创意园区，逐步发展为蛇口南海意库、蛇口创意社区、华侨城 OCT 文化中心等文化创意园区，既为城市发展提供公共空间和休憩空间，又可以有效实现业态转型和发展。文化创意园区除具备旅游职能外，还切实形成了生产和生活职能，有效提升城市发展质量。深圳福田区是深圳城市发展的核心和政府所在地，但原有香蜜湖片区以旅游设施为主，车公庙片区以工业区为主。在深圳整体城市逐步转型发展的基础上，香蜜湖片区逐步转化为住宅、游乐为一体的综合片区，车公庙片区逐步转化为办公、体育休闲为一体的综合片区。在法定图则的规划指引下，各开发主体对城市空间进行系统论证和有效革新，大幅度提升现有城市发展质量。

　　总之，深圳城市以包容为城市文化，以创新为城市灵魂，以效率为城市生命，以移民为城市组成。在历次城市规划演变的过程中，深圳调整城市规划战略，从强调沿海、强调纵深转至强调海陆统筹。借助现代城市规划理论，深圳在历次城市规划中调整战略，并逐步形成高人口、建筑密度，高混合、复合性等城市特征，探索出与全球核心城市差异化的发展路径。通过城市基础设施进一步完善、物质空间规划转型至网络空间规划、配置战略性新兴产业所需空间等措施，可有效避免现有城市密集带来的各类城市安全问题，降低物理区位对城市发展的重要性，在土地经济外寻求网络经济发展的可能性，为城市发展提供新的发展动能。在下一步城市发展过程中，应逐步分散城市密集区功能，结合棚户区改造、城中村更新等策略优化现有城市空间，实现城市永续发展。

注释

[1] 市域层面与城市建成区层面人口密度具有一定差异。

参考文献

　　郝宇、巴宁、盖志强：《外商直接投资、区域创新能力与碳排放——基于空间溢出效应视角的研究》，《深圳社会科学》2021 年第 2 期。

（责任编辑　方晨光）

生态文明视角下公园城市示范区建设

——以成都市为例

◎郑正真

提　要： 公园城市建设是习近平生态文明思想的生动实践和具体表现，也是更好满足人民群众对美好生活向往的现实需求。文章在论述公园城市的内涵与特征、公园城市示范区建设的现实意义基础上，以成都市为例，具体分析了建设公园城市示范区的优势所在，提出以创新发展理念打造现代产业生态圈、以协调发展理念提升城市综合承载力、以绿色发展理念建设环境友好型社会、以开放发展理念增强城市核心竞争力、以共享发展理念促进人民更有获得感，引导城市发展回归人本逻辑、转向生活导向，打造高质量发展的重要增长极和新动力源。

关键词： 公园城市示范区　生态文明　产业生态圈　成都

作者郑正真，中共成都市委宣传部产业发展处干部，哲学博士。

纵观世界文明发展历史，人类社会先后经历了部落文明、农耕文明、工业文明和生态文明等不同的发展阶段。从城市发展的角度来看，自然、人和城市是相互联系、相互统一的有机整体，逐渐形成一个互惠共生结构。近年来，成都从公园城市的"首提地"到"示范区"，标志着公园城市建设进入了一个全新的阶段。建设公园城市示范区，成都要始终坚持"以人民为中心"的理念，发挥城市独特生态本底、鲜明生活特质、西部地区极核、国际门户枢纽作用，加快建设资源节约型、环境友好型社会，切实解决好人民最关心最直接最现实的利益问题，更好满足新时代人民群众对美好生活的向往。

一　公园城市的内涵及其特征

公园城市代表未来城市发展的新模式，是马克思主义生态文明理论下城市建设的时代表达，不仅能够有效协调人与自然关系，也有利于促进城市与自然共同发展，加快建立"山水林田湖草生命共同体"综合体系，最终实现人、城、境、业高度和谐统一的大美城市形态，彰显公园城市美学价值，不断满足人民日益增长的美好生活的需求。

公园城市的内涵不是"公园"和"城市"两者简单的词语组合，而是实现了单一到系统的转变过程，将生态文明建设和城市规划建设有机整合，有效地改善了区域环境、自然环境和人居环境。"公"强调的是共享理念，即公共化、大众化和社会化，共享的服务对象为广大群众；"园"强调的是生态环境，即政府在公共区域内开发建立的景点公园或居民在私有土地上自建花园；"城"作为人口密集区域，是政治、经济、文化、生活、交通等密集的地区；"市"作为产生交易行为的固定场所，是一个资源共享、信息互通、项目合作、工商业较为集中的区域。公园城市具有满足绿色生态的经济价值需求。[1]它强调的是城市处于一个全面协调、整体健康的生态系统之中，助力培育城市经济社会高质量发展的新动能。

作为引领城市未来发展的城市规划理念，公园城市是坚持以人民为中心、以生态文明引领城市发展的新范式，通过优化空间布局、重塑产业经济地理，打造有机融合、良性循环的产业生态链生态圈，塑造"开窗见田、推门见绿"的田园风光和大美公园城市形态。总体来看，公园城市具有以下四个方面的基本特征：

生态性。公园城市强化生态价值彰显与转化，以构建全域公园、生态廊道及绿道体系等空间布局为基础，引领主导产业、资源利用、文化景观、生活服务、生产制造、品牌塑造等方面融合发展，形成"绿色发展繁荣"的生态文明观，加速生态保护与经济发展"共生共融共赢"，实现绿色空间和公共空间更加丰富、城市格局更加优化、公共服务更加均衡化、城市功能更加开放化、城市形态更加优美、产业更加绿色、城乡更加融合。

系统性。人类社会先后经历了部落文明、农耕文明、工业文明和生态文明。公园城市将"以人为本"作为城市建设的逻辑起点，协调处理好生产、生活和生态三大环节的关系，建立"城市—乡村—自然保护地"的综合体系，打造宜居环境，提升城市品质，加快营造碧水蓝天、森林环绕、绿树成荫的城乡环境，以创新驱动推动产业转型升级，发展与生态环境相协调的主导产业，最终努力实现人、城、境、业高度和谐统一的大美城市形态。

人民性。公园城市旨在打造多元共生的生态系统，重点突出"城市发展的核心是人"的价值取向,坚持以人民的获得感、幸福感、安全感为根本出发点和落脚点,遵循"让生活更加美好"作为城市发展的主题,构建共商、共建、共治、共享新格局,顺应消费结构升级新趋势,持续扩大优质产品供给,不断丰富体验式、场景式、定制式的融合产品,更好满足大众消费者的多样化、个性化和品质化需求。

休闲性。公园城市具有休闲的重要特性,能够为城市居民提供休息、游览、锻炼、交往及举办各种集体文化活动的场所,在城市生活中发挥了重要的作用与功能。公园城市作为城市发展高级形态,体现了新时代生态文明的城市建设新模式,将城市与自然有机融合,把绿水青山留给城市居民,打造适宜生活的休闲区域,提升城市居民生活质量和城市生活品质,构建城市与自然、文化和谐共生的环境,为人民群众创造出生态美好、生产发展、生活幸福的优质环境。

二 公园城市示范区建设的现实意义

党的十九大报告指出,随着我国经济由高速增长阶段逐渐转向为高质量发展阶段,人民群众对美好生活的向往日益强烈,高品质宜居生活城市已逐渐成为实现人民对美好生活向往的重要依托。"公园城市"的提出奏响了新时代中国特色社会主义城市宜居环境规划建设新的美好乐章,其核心是体现了"以人民为中心"习近平新时代中国特色社会主义思想。[2]公园城市示范区建设不仅体现将生态价值有机融入城市生产实践中的价值观转变,也体现城市规划、建设等方面的思维方式变革,有利于实现人与自然和谐发展、与城市和谐共生的新格局,对新时代生态文明建设、践行新发展理念具有十分重要的现实意义。

(一) 有利于系统治理"大城市病"

城市作为集聚人口、资源、产业、交通的最大平台,是我国改革开放和现代化建设的主战场。公园城市示范区建设是深入践行习近平总书记"绿水青山就是金山银山"理念,推动生态价值向经济价值转化,构建全域生态经济体系的生动实践和具体表现,能够带动经济实力发展和当地就业提升。习近平总书记的"两山论"实质上是为了实现人与自然之间的双重价值,能够将生态效益转化为经济效益、社会效益,实现城市经济社会的可持续发展。当前,我国城市高质量发展过程中存在着空间布局不合理、资源要素分配不均等问题,进而逐渐演化成"大城市病"。公园城市示范区作为新的营城理念和建设模式,有利于系统治理"大城市病"难题,将新发展理念贯穿于城市发展始终,遵循"以人民为中心"的价值理念,以公园城市形态提升生活品质,培育经济高质量发展的新动能,开辟城市永续发展的新空间,探索绿色发展实践的新路径,形成普惠便利共享发展的新格局,加快建设城市发展与自然生态保护相互促进的新型城市,开启了新时代中国特色社会主义现代化城市建设的全新实践。

（二）有利于推动生态优势转化为发展新优势

纵观人类的发展历史，每个民族和文明的兴衰更替，除了人口、政治、经济、文化等因素外，生态环境是一个重要的决定性因素。因而，人类的发展始终离不开赖以生存的生态环境，需要从环境中获取一定的资源和能源。习近平总书记指出："保护生态环境就是保护生产力，改善生态环境就是发展生产力。"[3]这一重要论断不仅深刻阐明了生态环境和生产力之间的关系，更是对马克思主义生产力理论的继承和发展。随着经济总量的持续扩大，城市的发展需推动产业生态化、生态产业化，将生态优势转化为生态工业、生态农业和生态旅游业的产业发展优势，助力实现城市经济结构的战略性调整。公园城市示范区建设，重点依托优美生态环境和独特人文魅力，建立健全生态经济体系，大幅提高城市经济绿色化程度，全方位加快推进乡村振兴，为人民群众提供丰富、优质的生态产品，让绿色惠民成为人民群众高质量生活的增长点，为城市经济社会可持续发展注入发展活力、塑造品牌优势，实现产业与社会、自然的良性互动和协调发展。

（三）有利于不断满足人民对美好生活的新期待

伴随改革开放的不断发展和深入推进，我国社会主要矛盾已经转化为人民日益增长的美好生活需要和不平衡不充分的发展之间的矛盾。城市作为人民的城市，就必须为人民谋福利。公园城市示范区的建设载体在"园"，核心在人。它能够引领生活方式变革，倡导健康生活新理念，协调统筹好生产、生活、生态三大空间布局，引导城市发展从工业逻辑回归人本逻辑、从生产导向转向生活导向，推广绿色出行、简约生活，推动现代城市生活与节约社会理念相得益彰，创造出宜业、宜居、宜乐、宜游的良好环境，为人民群众创造更加幸福的美好生活。在提升公共服务质量方面，它还有助于加快优化全要素公共服务供给体系，建立民生投入稳定增长机制，深化基本公共服务清单管理和动态调整制度，开展基本公共服务标准化试点等，发挥重点民生领域专业化公司作用，探索形成政府主导、市场主体、多元参与的公共服务供给格局，促使城市让生活更加美好，让市民绽放更多更美的笑脸。

三 公园城市示范区建设的成都优势

成都作为西南地区的中心城市和四川省会城市，拥有深厚丰富的历史文化和开放包容的现代文明，山水风光、文物古迹、大熊猫、特色美食等资源在世界范围内享有盛誉，足球、篮球、乒乓球等休闲体育运动向来火爆，拥抱文化、热爱运动、亲近自然一直是成都这座生活城市的内在特质，其有着强劲的消费能力和良好的政策环境，为公园城市示范区建设提供了现实基础和必要条件。

（一）优越的自然资源

成都拥有优越的地理条件、自然资源和生态资源，为公园城市示范区建设奠定了良好的自然生态本底。成都中心城区地处成都平原，是典型的平原城市，开阔平坦的地貌优势为公园城市的建设拓展了广袤的发展空间。成都就其生态本底而言是一个广阔的天然公园，拥有国家森林公园、自然遗产、自然保护区、风景名胜区等，川西林盘、西蜀园林等传统绿色单元的空间资源，为公园城市的创建提供了开阔的远景和多功能价值的利用。在公园城市示范区的建设过程中，成都将依托得天独厚的自然资源条件，对其进行生态文明建设与保护利用，构筑人、城、境、业高度和谐统一的宜居生活环境和核心竞争优势，不断提升园林绿化、道路绿化及公园品位，完善城市绿化品质。在创新公园城市建设路径方面，成都探索"3 + 2 + 3"公园城市建设实施策略，即以"示范片区""公园社区""公园街区"为空间载体，以"场景营造"和绿色生态办公区为实施路径，推动"多维场景复合叠加""农商文旅体融合发展""城市运营模式创新"，打造生产生活生态空间相宜、自然经济人文相融的理想城市形态。2020 年，成都规划建设青山绿道蓝网，全面启动首批 76 个公园城市示范片区建设，推进"百个公园"示范工程，稳步推进龙泉山城市森林公园生态保护修复，新增绿地面积 2004 万平方米，川西林盘保护修复共 204 个，"雪山下的公园城市"已逐渐成为城市新名片。

（二）深厚的文化底蕴

成都历史悠久，文化灿烂，是中国的国家历史文化名城和十大古都之一，拥有 4500 年文明发展史、2300 年城市规划建设史，数千年城址未迁、城名未改、中心未移，素有"天府之国"和"休闲之都"的美誉，积淀了三国文化、三星堆文化、金沙文化等文化元素。成都平原孕育的天府文化根源于中华文化，涵育于巴蜀文明，与时代同发展、与城市共成长，是历史文化与现代文明交相辉映的时代表达，也是贯通历史、当下和未来，具有开放性、发展性和多元性的城市文化，为产业融合发展提供强有力的文化支撑。天府文化发展至今，既包含了历史上"天府之国"文化的总括，也带有现代城市的市域文化特质，凝聚出"创新创造、优雅时尚、乐观包容、友善公益"的现代表达和当代价值。天府文化资源是建设公园城市示范区的重要文脉基础，有助于推动生态文明建设与居民公共活动、市民生活方式的有机融合，有利于实现公园城市空间形态的协调统一布局与生态文明城市的可持续发展。在构建公园城市支撑体系方面，成都组建了公园城市建设发展研究院，系统开展公园城市生态价值转化、场景营造、全域公园体系等 20 余项课题研究，举办了第二届公园城市全球论坛和中国风景园林学会 2020 年会，公开发行《公园城市·成都实践》等成果，编制全域公园体系建设规划、公园社区人居环境营建导则等 20 余项规划和技术规范，加快推进公园城市建设条例、天府绿道保护条例等立法程序，开展公园城市融入天府文化指数研究，逐步构建公园城市理论、规划、法规、评价四大支撑体系。

（三）良好的经济基础

2020 年，成都实现地区生产总值 17716.7 亿元，居全国城市第 7 位。近年来，成都紧紧围绕"建设全面体现新发展理念的城市"主题，确定了建设国家中心城市、美丽宜居公园城市、国际门户枢纽城市和世界文化名城战略定位。在城市发展规划上，深入实施主体功能区战略，全力推动"东进、南拓、西控、北改、中优"精准落地，重点聚焦"5＋5＋1"现代化开放型产业体系，着力打造具有国际竞争力的产业生态圈和创新生态链，优化调整 66 个产业功能区、14 个产业生态圈规划布局。《2021 年成都市政府工作报告》数据显示，2020 年，全市 66 个产业功能区以高能级重大项目为导向，集中开展项目招引攻坚行动，新引进重大产业化项目 338 个、实现总投资 6855.91 亿元，百亿级重大项目 20 个。其中，电子信息产业成为全市首个万亿级产业集群，高新技术产业营业收入突破 1 万亿元，千亿级产业集群增至 8 个，轨道交通、生物医药成为国家首批战略性新兴产业集群。公园城市示范区与城市经济的快速发展密切相关，以场景供给引领新经济发展，以生态圈建设引领要素集成集聚，在构建产业生态圈创新生态链、提升城市经济引领力上走在前列、做出示范，雄厚的经济实力必然会为成都建设公园城市示范区提供强有力的保障。在创新运营模式上，成都策划包装优质生态项目，引导社会资本、专业化运营团队参与建设运营，发布公园城市场景机遇图和各类投资机会清单，举办"天府绿道·蓉绘未来"等专场发布会，释放投资需求 700 亿元，引导生态价值向经济价值、社会价值、美学价值叠加延展。

（四）强劲的消费能力

成都自古以来就有"千年商都"的美誉，是西部重要消费中心和生活中心，消费城市是成都的鲜明特质。成都市统计局发布的《"2020 年全年成都市经济运行情况"新闻发布稿》显示，成都围绕打造国际消费中心城市品牌，加快推进"三城三都"建设，实施新消费引领的提振内需行动，以多极多点的消费活动为支撑，发展夜间经济、周末经济、首店经济、绿道经济、社区商业等新兴消费形态，精心打造天府锦城、天府艺术公园等重大项目，建设东华门遗址、金沙遗址、邛窑遗址等公园，改造提升锦里、文殊坊、春熙路等一批特色街区，高品质规划建设安仁博物馆小镇、斑竹园音乐小镇、五凤哲学小镇等特色小镇，成功入选首批"国家文化和旅游消费示范城市"。2020 年，全市实现社会消费品零售总额 8118.5 亿元。其中，16 个限额以上商品门类中，8 个门类均实现正增长，粮油食品及饮料烟酒类、体育娱乐用品类和文化办公用品类分别增长 15.7%、10.0%、24.8%。近年来，成都在深化场景营城策略上，印发《成都市公园（绿道）场景营造和业态融合指引》，培育山水生态、天府绿道等 6 大公园场景体系，提升打造夜游锦江、城市之眼等场景品牌 380 余个。依托绿色开敞空间每年举办 1000 场公园绿道幸福美好生活活动，催生公园绿道户外消费、夜间消费新模式，打造市民新消费新体验重要"策源地"。

四 成都高质量建设公园城市示范区的创新路径

2021 年是中国共产党成立 100 周年，是"十四五"规划开局之年，也是全面建成小康社会、开启全面建设社会主义现代化国家新征程的关键之年。成都高质量建设公园城市示范区，要把新发展理念贯穿城市经济社会发展全过程，紧扣"幸福美好生活十大工程"主题，坚持生态为民、生态惠民和生态利民的价值理念，持续强化高品质生活、高水平服务供给、高效能治理，加快引导城市发展从工业逻辑回归人本逻辑、从生产导向转向生活导向，用公园城市示范区的影响和生活城市的品质吸引人、留住人。

（一）以创新发展理念打造现代产业生态圈

创新是一个国家和民族发展的不竭动力，是社会发展的关键因素。创新既需要内在驱动，又需要外部推动。将发展的基点率先放在创新上，才能加快促进创新的体制架构，塑造出更多依靠创新驱动引领发展的动力源，从根本上解决当前城市经济社会发展中存在的现实问题。一方面，强化创新策源功能。将创新作为城市战略转型的关键核心，打造现代化产业生态圈，整合产业配套链、要素供应链、产品价值链和技术创新链，构建以天府新区、东部新区、中国西部（成都）科学城"两区一城"为主要支撑的高能级平台体系，推动产业功能区高质量发展，建设优势特色产业集群，打通科学发现、技术发明、产业发展一体化路径，推进产业基础高级化和产业链现代化。另一方面，深化产教融合，推进校企合作。加强与国内外著名学术机构、科研院校建立产业联盟战略合作，充分发挥四川大学、电子科技大学、西南交通大学、西南财经大学等高等院校及科研机构的比较优势，协同各类产业资源广泛开展校企合作，通过"专业＋产业""教学＋研发""培养＋就业"等动态组合，促进教育链、人才链与产业链、创新链有机衔接，加快形成企业和高校"共建共享、互利共赢"机制，汇聚一批国际一流科研院所、创新团队，打造西部创新策源地和成果转化高地。

（二）以协调发展理念提升城市综合承载力

协调发展是城市规划的重要方法，只有科学有效地协调好发展不均衡的各要素，城市才能真正实现良性有序的可持续发展。实现协调发展，要强化成都的主干带动作用，深入推进"一干多支、五区协同发展"，以区域协调发展促进全方位转型升级，助力提升城市综合承载力。一方面，全面推进区域协调发展。紧紧把握成渝地区双城经济圈建设、成德眉资同城化发展等重大战略机遇，加快推进规划协调、政策协同、功能共享，构建多层次跨区域综合基础设施网络和产业发展体系，推动传统产业升级，助力新兴产业壮大，带动经济高质量发展融入"双循环"，全面提升区域经济社会发展的协同性和综合承载力。另一方面，构建生产生活生态相宜的空间体系。加快转变城市空间开发和保护模式，合理配置空间资源和发展要素，促进内部和外部空间、增量和存量空间协调互补。围绕"一山连两翼"城市发展新格局，推动区域差异化高质量发展，以"人城产"的营城逻辑推动城市功能复合，集中资源实现产业集聚发展。此外，持续加大财政投入全面推进教育民政事业发展，完善现有的医疗保障机制，构建更高质量的公共服务体系，以创业带动就业实现创业就业多元化的发展新模式，为公园城市建设提供和谐稳定发展的社会环境。

（三）以绿色发展理念建设环境友好型社会

绿色发展作为高质量发展的底色，是以效率、和谐和持续为目标的经济增长及发展方式，将生态环境作为社会发展的内在要素，有效保障其可行性和可持续性发展，是公园示范区建设的必然选择。一方面，塑造"城园相融"大美城市形态。坚持生态优先，践行绿色发展理念，推动形成以创新生态环境为导向的城市发展模式，塑造"城园相融"的大美城市形态，重点实施天府绿道、龙泉山森林绿道、锦江公园、天府芙蓉园、鹿溪智谷核心区绿廊景观等重大生态文明建设项目，构建生产空间集约高效、生活空间宜居宜业、生态空间山清水秀的发展格局，全面提升城市生态质量和建设水平。另一方面，构建绿色消费应用场景。按照城市"可进入、可参与、景区化、景观化"发展目标，整合城乡绿色资源和碎片化生态资源，将绿色发展理念渗入生产生活进程中，完善自然生态系统的循环发展经济体系，主动引导人们树立"绿色"消费观念，发展循环经济促进自然生态系统良性循环，推动自然生态系统和经济社会系统的良性循环，实现生态系统的动态平衡和可持续性。

（四）以开放发展理念增强城市核心竞争力

建设公园城市示范区必须要"打开门户"，实施"引进来""走出去"双重并举的对外开放战略，主动融入"双循环"新发展格局，转变城市现有对外贸易的增长方式，优化进出口贸易的商品结构，以开放促发展促改革，完善合作共赢的体制机制。一方面，加快建设改革开放新高地。以主动融入"双循环"为契机，拓展国际客货航线网络，有序推动重点区域定期直飞航线航班恢复和重要航点频次加密。深入实施稳外资外贸行动，加快建设"一带一路"进出口商品集散中心、数字服务出口基地等，大力发展跨境电商，加快培育对外贸易新动能。在城市建设中，提升"三城三都"城市品牌影响力，建设成都自然博物馆、成都影视硅谷、国家考古遗址公园等重大项目，举办世界文化名城论坛·天府论坛、成都创意设计周等重大品牌活动。另一方面，持续加强对外合作交流。全面提升开放能力，聚焦思想解放、行为养成和深度合作。参与国际竞争合作必须依靠战略性优势产业的支撑，要以产业生态圈理念构建主导产业的比较优势，深度融入全球产业链、价值链和创新链，合作建设科技创新联盟和基地，促进外资研发中心转型升级为全球研发中心，推进物联网、人工智能、新一代通信技术等高端应用,实现由参与劳动分工向参与知识分工转变。以成渝地区双城经济圈为战略导向,建设跨区域产业生态圈,加快推进"三区三带"建设和交界地带融合发展,高质量编制跨区域产业生态圈建设行动计划,培育壮大电子信息、新能源、航空经济等优势产业集群。

(五) 以共享发展理念促进人民更有获得感

共享发展要始终坚持以人为本的价值理念,其最终目的是构建人人共建、人人共享的社会理想状态。建设公园城市示范区,要坚持以人民群众对美好生活的向往为奋斗目标,以市民感受为导向,提升城市功能品质,为高质量发展提供消费需求的动力源泉。一方面,完善公共服务保障。坚持全域全生命周期的现代教育理念,落实立德树人的根本任务,建设高质量教育体系,建设教育强市,办好人民满意的教育事业。发展生活性服务业,抢抓产业跨界融合发展新机遇,高效运用互联网、大数据、云计算等高新技术手段推动业态创新、管理创新和服务创新,开发适合不同群体的个性化、多样化、高端化潜在服务需求。加快融合发展,推动商贸、文化、旅游、餐饮等特色优势产业和健康养老、家庭服务等新兴产业提档升级,推动生活消费方式由生存型、传统型、物质型向发展型、现代型、服务型快速转变。推进基本公共服务的均等化,实现城乡基本公共服务全覆盖,补齐教育、医疗等公共资源短板,提升市民的幸福感和满意度。另一方面,打造公园城市文化 IP。充分发挥 IP 在文商旅体融合过程中的"桥梁"和"中枢"作用,通过"IP + 产业"、场景体验促进产业融合,重点培育发展具有时尚美学、文化体验和智慧智能等融合新业态,培育网络消费、定制消费、体验消费、智能消费、时尚消费等消费新热点,鼓励与消费者体验、个性化设计、柔性制造等相关的产业加快发展,满足个性化、定制化、高端化的消费需求。以天府文化为内核开发公园城市文化 IP 群,创造一批具有思想性、艺术性、观赏性的"大戏、大片、大作",打造有故事、有形象、有温度的"现象级"IP。创新公园城市文化 IP 的形成模式,加强特色街区打造、特色小镇建设、体育非遗的活态传承和旅游产品的创意开发,不断增强城市核心吸引力,注入城市发展新动能。

注释

[1] 林凯旋、倪佳佳、周敏:《公园城市的思想溯源、价值认知与规划路径》,《规划师》2020 年第 1 期,第 19 ~ 24 页。

[2] 李炜民:《公园城市背景下的生态宜居环境营造》,《园林》2021 年第 1 期,第 8 ~ 12 页。

[3]《习近平关于社会主义生态文明建设论述摘编》,中央文献出版社,2017 年,第 12 页。

(责任编辑 方晨光)

以"胆剑精神"提升城市
品质的绍兴策略*

◎林　洋

提　要： 城市精神是城市文化的别样表达、生动诠释，一种城市精神的形成与发展，既需要厚实的历史文化土壤，也需要注入新鲜的时代养分。"胆剑精神"是推动绍兴城市发展的政治导向、动力源泉以及精神支撑。"胆剑精神"进一步时代化的核心要素包括：坚毅、奋斗、敢为、创新。新时代下，以"胆剑精神"为基础，升华绍兴城市精神，理应增强城市精神意识、增多城市物质形态、增扩信息传播载体、增效舆论媒体引导，从而为绍兴实现"四个率先"开创新局面。

关键词："胆剑精神"　文化理念　城市品质　浙江绍兴

作者林洋，中共绍兴市上虞区委党校助理讲师。

2020 年，党的十九届五中全会要求"推进社会主义文化强国建设"；其后，浙江省委十四届八次全体（扩大）会议要求"实施新时代文化浙江工程"，绍兴市委八届九次全体（扩大）会议也将"率先走出人文为魂、生态塑韵的城市发展之路"列入"四个率先"中。城市精神作为城市文化的精髓，城市精神的升华对城市整体的更新和进步具有十分重要的意义。"城市是人们参与政治经济活动的重要场域，也是人们精神栖息的宿地。"[1]一般来说，一座城市对应一种主要的城市精神，在城市运行过程中，城市精神不仅有深厚历史底蕴，而且有鲜明时代价值，是历史与现实的有机统一。相应地，在浙江绍兴，"胆剑精神"则是绍兴优秀传统文化的精神内核，"胆剑精神"对当下绍兴经济社会发展也有现实功效，"胆剑精神"也正在被官方与民间所

---

* 浙江省绍兴市哲学社会科学研究"十四五"规划 2021 年度重点课题"'胆剑精神'时代化与绍兴城市精神升华路径探析"（145088）的结项成果。

重视、所弘扬。在此背景下，本文尝试探析"胆剑精神"的时代价值；从"胆剑精神"的内涵表述语出发，初步提炼出它的核心要素；并以绍兴城市精神的升华为最终旨趣，提出相应的可行的现实路径，进而激发绍兴地区广大党员干部群众的昂扬斗志，为绍兴在"十四五"期间确保重返全国城市综合经济实力"30 强",[2]并不断争先进位提供强大的精神动力。

一 "胆剑精神"的时代价值

"胆剑精神"是重要的地域精神，也是激励绍兴经济社会发展的强大动力源。2000 年，绍兴通过概括提炼，总结出"坚韧不拔、奋发图强、崇尚科学、务实创新"的"绍兴精神"，绍兴城市精神的内涵表述语由此正式确立。2004 年 7 月，在"绍兴精神"的基础上，绍兴根据新形势、新要求，提出全市上下发扬"卧薪尝胆、奋发图强、敢作敢为、创新创业"的"胆剑精神"。

2500 余年前，古越大地上，在越王勾践的率领下，越人卧薪尝胆，奋发图强，终变弱为强，铸就伟业。2004 年 8 月 24 日，时任浙江省委书记习近平同志在绍兴调研时强调，"绍兴是历史文化名城，人文底蕴深厚，城乡精神文明建设有着比较好的基础，理应在文化体制改革、文化事业和文化产业发展、'双建设、双整治'活动中走在全省的前列"。习近平同志也要求绍兴"着力塑造区域人文精神，大力弘扬卧薪尝胆、奋发图强、敢作敢为、创新创业的'胆剑精神'"。十多年来，绍兴上下按照习近平同志的重要指示精神，围绕中心、服务大局，以"胆剑精神"为精神坐标，把绍兴从"资源小市"打造成"经济强市"、从"文化大市"蜕变为"文化强市"，在古越大地上形成一道道亮丽的"绍兴风景"。

（一）"胆剑精神"是绍兴发展的重要政治导向

旗帜鲜明讲政治，是马克思主义政党的鲜明特征，也是中国共产党一以贯之的政治优势，"胆剑精神"能引领正确的政治方向。"胆"是勤勉，勤政务实，始终为国为民；"剑"是刚毅，守正创新，长存浩然之气。近年来，民营经济发达的绍兴全面贯彻落实党建要求和组织路线，践行"抓好党建是最大政绩"的先进理念，以"党建强、发展强（服务强）"为目标，把新经济组织和新社会组织党建作为"基层党建全域提升"工作的重中之重，并融入到"党建引领基层治理"的整体格局中。特别是，绍兴稳中求进，开展"五星示范、双强争先"活动,[3]提质新经济组织和新社会组织的党建，引导新经济组织和新社会组织在党的坚强领导下全面发展。当前，绍兴将继续在"胆剑精神"的感召下，增强"四个意识"，坚定"四个自信"，做到"两个维护"，不断提高政治判断力、政治领悟力、政治执行力，让"胆剑精神"在绍兴精神的场域内永放光芒，引导广大党员干部群众不忘初心、砥砺前行，牢记使命、担当作为。

（二）"胆剑精神"是绍兴发展的强大动力源泉

20 世纪 70 年代，绍兴的经济发展主要依靠农业，农业基础设施比较完备，工业发展受制于地域等因素，以食品、印染为主，即以"酱缸、染缸、酒缸"为特色的传统手工业，科技投入少，经济附加值低，对城市经济实力拉动的效果不明显。尽管绍兴进行工业化、城镇化的先天条件不足，但广大党员干部群众在"胆剑精神"支持下，攻坚克难、真抓实干，2020 年，绍兴 GDP 突破 6000 亿元，人均生产总值高达 11.6 万元；财政总收入 853 亿元，一般公共预算收入 543.5 亿元；尤其是，A 股上市公司数量累计达 68 家，在全国同类城市中排第 3 位，综合经济实力居全国第 31 位。时下，绍兴将继续从"胆剑精神"中汲取奋发有为、创先争优的力量，打好以"两业经""双城计""活力城"为核心内容的"组合拳"，擦亮以"名士之乡""先进智造""文化名城""稽山鉴水""枫桥经验"为关键内容的"金名片"，为浙江奋力打造"重要窗口"发挥重要作用。

（三）"胆剑精神"是绍兴发展的宝贵精神支撑

"卧薪尝胆"原是春秋时期的越国（今浙江绍兴）国王勾践励精图治，最终复国的事迹，后在中国社会语境下，演变为"刻苦自励、奋发图强"的寓意。

绍兴是"胆剑精神"的发源地、实践地，改革开放以来，虽然各种风险挑战接连不断，但绍兴将"胆剑精神"的精髓要义内化于心、外化于行，苦干实干，创造佳绩。2011 年，绍兴创建全国文明城市失败，当年年底，《绍兴日报》头版刊发《创建尚未成功，绍兴更需努力》的评论员文章。2012 年开始，绍兴"卧薪尝胆"，认清问题和差距，继续推进城市文明进步，践行创建为民、惠民宗旨，咬定目标不止步。2015 年，绍兴最终获得"全国文明城市"称号。当前，绍兴仍继续建立健全长效机制，提升创建标准，巩固创建成果，正能量与新风貌激荡在这座具有 2500 余年建成史的品质古城角落。接下来，绍兴广大党员干部群众将不断传承新时代的"胆剑精神"，在新时代书写出高质量发展的"胆剑篇"。

二 "胆剑精神"时代化的核心要素

"中国特色社会主义文化是当代中国发展进步的精神力量。"[4] 溯源"胆剑精神"，越王勾践卧薪尝胆的典故是其历史根基，"胆剑精神"被官方正式认可后，它的当代意义就成为新的命题。同时，"胆剑精神"理应跳出历史人物复仇故事，它不仅是越王勾践卧薪尝胆的"精神"，而且是绍兴悠久历史文化传统的积淀，更是新时代下绍兴广大党员干部群众深沉人文情怀、优秀人文精神的集中概括与生动诠释。这样，"胆剑精神"才可以与"红船精神""浙江精神"等重要"精神"一样，具备标识性元素，进而在中国共产党精神家园中发挥出"比较优势"。

（一）"胆剑精神"时代化的思想特质是"坚毅"

事物发展是前进性与曲折性的统一。改革开放以来，绍兴由"山会时代""鉴湖时代"进入"杭州湾时代"，特别是滨海新区的设立，推动绍兴融入浙江大湾区。然而，地处杭州、宁波之间的绍兴也有"成长的烦恼"，"虹吸效应"是现实难题，城市能级提升有限、人才集聚速度缓慢等劣势在显现。为此，绍兴要借助"胆剑精神"激励广大党员干部群众在各种各样的困难面前时刻保持坚定刚毅的思想状态，精诚团结，矢志不渝，跳出阻碍"大绍兴"发展目标实现的泥淖。

（二）"胆剑精神"时代化的实践品格是"奋斗"

2020 年 2 月 22 日，《绍兴"十四五"规划和二〇三五年远景目标纲要》（以下简称《纲要》）正式发布，是浙江首个发布《纲要》的地级市。《纲要》提出，到2025 年，全市生产总值达 8500 亿元，人均生产总值达 15 万元。当前，绍兴发展不平衡不充分的问题依然存在，重点领域、关键环节改革亟待推进，这要求绍兴广大党员干部群众进行新一轮的"卧薪尝胆"，认清形势、采取举措，在各个行业各个领域内接续奋斗、创先争优，"胆剑精神"也将在绍兴发展的质量、效益明显提升，经济的运行健康、较快中发扬光大。

（三）"胆剑精神"时代化的根本保证是"敢为"

绍兴是典型的组团式城市，而中心城区空间狭小，城市功能高度集中，致使作为城市中心的越城区集约度不高，辐射力不强。为改变这一现状，绍兴市委、市政府拿出"三千越甲可吞吴"的魄力与勇气，集中人力、物力、财力打造镜湖新区，该区地处绍兴三大市辖区组团中央，区位优势突出，促成城市结构变化和生态环境改善。进一步说，绍兴想要实现全市域聚合、主城区联动发展，就要大力发扬"胆剑精神"，遵循规律、科学论证后，敢出"狠招""妙招"，实现质的进步。

（四）"胆剑精神"时代化的核心追求是"创新"

经济学理论中，创新的外延主要涉及理论与实践两方面：理论上，见解有独创性、开拓性；实践中，成果有突破性、创造性。"胆剑精神"里，创新的力量强大，也正是由于持续不断地探索，如数字经济"一号工程"、绍兴科创大走廊，绍兴才能有效增强产业结构的创新能力，加速新旧动能的转换，实现"十三五"规划的目标任务。"十四五"时期，绍兴的新一代"胆剑人"也将始终保持高度创新，在"四个率先"指引下，[5]争取各项工作取得新成效、再上新台阶、开辟新境界。

三 以"胆剑精神"提升城市品质的绍兴策略

"胆剑精神"的内涵表述语是"卧薪尝胆、奋发图强、敢作敢为、创新创业"。

其中，"卧薪尝胆、奋发图强"源于传统的越文化精神，"敢作敢为、创新创业"则被当今时代烙下深深印记。"结合城市的历史传承、区域文化、时代要求，打造自己的城市精神，对外树立形象，对内凝聚人心。"[6]概言之，在城市发展的过程中，与其他城市所不同的城市精神，业已成为该城市重要的核心竞争力之一。"胆剑精神"是绍兴特有的气质，应以此为底色与根基升华绍兴城市精神。在新发展阶段，绍兴理应从地方实际出发，注重发挥城市精神的独特作用，[7]以写好虚实结合的"文章"，把"胆剑精神"上升为价值观念，引领绍兴高质量发展。

（一）增强城市精神意识，升华绍兴城市精神

"独特的历史和地域，以及其居民所表达出的独特习性和价值观，形成了各自的精神。"[8]升华城市精神，首要之举就是增强市民认同。具体而言，一要常态教育。开展"胆剑精神"进机关、进校园、进村社活动，在社会生活层面上让"胆剑精神"时代化、大众化。特别是，将"胆剑精神"纳入基础教育、高等教育的知识体系中，引导受教育者学习"胆剑精神"的丰富内涵和精髓要义。二要树立榜样。榜样具有强大的示范引领作用，要运用好人馆、好人公园等立体化阵地宣传新时代的"胆剑人""胆剑篇"。考虑到绍兴民营经济发达的特色，为突出经济与文化的互补功效，要将"胆剑精神"融入企业家精神中，为大企业发展助力。

（二）增多城市物质形态，升华绍兴城市精神

"在当前我国社会经济快速转型背景下，城市空间体系被不断重构，各种新的城市空间形式不断出现。"[9]升华城市精神，要以城市内的物质形态为突破口，在城市空间里生成大量的城市精神"符号"，把城市精神渗透到市民生活的方方面面。第一，"深耕"城市规划。"胆剑精神"对提升绍兴的城市形象大有裨益，绍兴主城的雕塑、街道、广场等空间要能彰显新时代的"胆剑"元素。打破地域文化藩篱，在其他市辖区、县、县级市内，"胆剑"元素也不可少。第二，"细作"城市阵地。延续"胆剑精神"的历史文脉，集中建造胆剑剧院、胆剑美术馆、胆剑图书馆、胆剑体育馆，让广大市民在城市生活中自然接受"胆剑精神"的浸润。

（三）增扩信息传播载体，升华绍兴城市精神

参照"红船精神""浙江精神"等，"胆剑精神"的公众知悉度有限，因而要做实宣传环节。一方面，创作精品。文艺工作面向人民才能"血脉畅通"，文艺工作者应为新时代"画像""立传"。有关部门要培育大型演艺公司，推出"上接天线、下接地气"的文艺作品，聚焦"卧薪尝胆"，弘扬"胆剑精神"。另一方面，文旅融合。绍兴是"一座没有围墙的博物馆"，聚合艺术、文学、故事、地图和项目五种力量，重点打造以"胆剑精神"为主题的全域旅游品牌，开发古城游、体验游等经典线路，拓展文旅融合大空间。进一步地深化"胆剑"文化打造，精制出类似于绍兴师爷的动漫形象，[10]创造性设计"胆剑精神"的衍生文化产品。

（四）增效舆论媒体引导，升华绍兴城市精神

追寻一座城市的精神，在某种意义上也是舆论媒体要面对的一项重大课题，舆论媒体是有形塑造和传承弘扬城市精神的重要平台。一者，借助"意见领袖"。"意见领袖"是信息传播的重要角色，具有扩散与传播、支配与引导等功能，该类群体要吃透"胆剑精神"的核心要素，讲述各行各业"胆剑人"的优秀成绩，增强"胆剑精神"的舆论感染力和价值引领力。另一者，依托各类媒体。新时代下，主流媒体、新兴媒体都对市民的社会活动、行为方式产生稳定而持久的影响，利用电视、广播、微信、抖音等媒体，扬长避短、推陈出新，体系化、大视角倡导"胆剑精神"，有效解决升华绍兴城市精神过程中出现的同质化、形式化问题。

总之，2500 余年前，越王勾践被吴王击败后，痛定思痛，知耻而后勇，攻下吴都，成就霸业；800 余年前，宋高宗赵构改年号为"绍兴"，寓意为"绍祚中兴"，带领臣民继国统、图辉煌。而在近代社会，蔡元培、秋瑾、陶成章、鲁迅等社会贤达站在历史发展岸边，为国为民殚精竭虑。改革开放以来，绍兴广大党员干部群众继续"卧薪尝胆"，担当作为、攻坚克难、大抓落实，绍兴也"凤凰涅槃"，从资源匮乏、工业基础薄弱的传统农业小城，发展为配套完备、工业经济活跃的现代制造强市。时下，绍兴正在持续产生新业绩、新亮点，让世界通过浙江这个"重要窗口"看到更加亮丽的"绍兴风景"。"一座城市的人文精神体现在其独特的历史传统、文化底蕴、价值观念以及市民素养等诸多因素。"[11]"胆剑精神"可以说是"古老绍兴 + 现代绍兴"的最佳隐喻，"胆剑精神"也将不断释放强大的精神力量，推动绍兴贯彻新发展理念、构建新发展格局，书写高质量发展新答卷。

注释

[1] 王冬冬：《精神建构过程中的序参量人群法验证分析——以杭州城市精神提炼为例》，《湖南社会科学》2021 年第 2 期，第 116～121 页。

[2] 1999 年，绍兴 GDP 总量进入全国大中城市"30 强"；2003 年，绍兴再晋级一位。此后，绍兴在全国百强市排名中退步明显，跌出前 30 名。2019 年，绍兴市委、市政府提出"加快重返综合经济实力全国'30 强'"。

[3] "五星"包括党建星、实力星、人才星、文化星、和谐星。

[4] 姜迎春：《新时代的必答题：从实际出发的路径选择》，《人民论坛》2020 年第 10 期，第 114～117 页。

[5] "四个率先"指绍兴率先走出腾笼换鸟、凤凰涅槃的智造强市之路，率先走出面向全国、面向全球的高效循环之路，率先走出人文为魂、生态塑韵的城市发展之路，率先走出全域覆盖、上下贯通的整体智治之路。

[6] 马晓艳：《打造自己的城市精神》，《安徽日报》2021 年 2 月 23 日，第 6 版。

[7] 2015 年 12 月 20 日，改革开放后的中央城市工作会议首次召开，习近平总书记在会上强调，留住城市特有的地域环境、文化特色、建筑风格等"基因"，该重要讲话为科学规划、建设现代城市提供了有力指导。

[8] 〔加〕贝淡宁、〔以〕艾维纳：《城市的精神》，重庆出版社，2018 年，第 2 页。

[9] 黄晓军：《城市物质与社会空间耦合机理与调控研究——以长春市为例》，东北师范大学博士学位论文，2011年。

[10]《少年师爷》是由浙江特立宙动画影视有限公司制作的绍兴首部原创动画片，该片曾在央视少儿频道等40余家国内电视台热播，并登入美国 ICN 电视联播网公司，是传播绍兴地域文化、建设人文绍兴的力作。

[11] 刘孟达：《"胆剑精神"：淬炼中国共产党人初心的重要基因》，《绍兴日报》2021年4月4日，第3版。

（责任编辑　方晨光）

杭州居民高质量小康生活
城市比较研究

◎徐勇军

提　要：高质量小康生活是衡量一个城市发展水平的重要标志。本文通过高质量小康生活评价体系建构，对杭州居民高质量小康生活进行评价，指出高质量小康生活存在的主要短板，提出了进一步提升杭州居民高质量小康生活水平的五点建议，即引进优质高校资源，提升现有在杭高校质量；提升文化场所服务能力，满足居民快速增长需求；完善交通网络建设，提高道路通畅能力；优化城市居住环境，居民生活更加生态宜居；加快养老产业发展，推进社区智慧养老建设。

关键词：城市居民　生活小康　高质量　杭州

作者徐勇军，国家统计局杭州调查队住户调查处处长。

2020 年是全国全面建成小康社会、全省高水平全面建成小康社会收官之年，也是杭州成为高水平全面建成小康社会"重要窗口"的关键之年。如何让居民充分享受和体验高水平全面建成小康社会成果，过上幸福安康的小康生活是杭州这座城市不断追求的目标和定位。截至 2019 年，杭州成为全国唯一一个连续 13 年入选"中国最具幸福感城市"的城市，并被组委会授予"幸福示范标杆城市"荣誉，居民小康生活的很多做法已成为全国的实践样本和成功范例。为此，课题组在相关专家研究的基础上，专门提出建立居民高质量小康生活概念和指标体系，通过与国内主要城市横向比较和居民满意度评价两个维度研究，全面客观反映杭州居民高质量小康生活的基本水平和满意度情况。

一　高质量小康生活概念和评价体系建构

习近平总书记指出：发展为了人民，发展依靠人民，发展成果由人民共享。不断提高人民生活质量和水平，是我们党一切工作的出发点和落脚点，也是全面建成小康社会的根本目的。肖贵清（2015）在《全面建成小康社会的内涵、战略地位和制度保障》中全面解析了全面建成小康社会的科学内涵，认为全面建成小康社会的核心是"小康社会"，重点是"全面"，关键点是"建成"。这表明，全面建成小康社会的最终落脚点是全体居民生活的获得感和幸福感。为此，课题组在有关专家研究的基础上，将居民高质量小康生活的含义概括为：以高水平全面建成小康社会为基础支撑，居民经济实力较强，社会保障健全，文化生活丰富多彩，居住环境优美，获得感幸福感不断提高的一种生活愿景。为全面反映居民高质量小康生活的含义内容，本文采用高质量小康生活综合评价城市比较法和居民小康生活满意度评价法相结合的方法进行研究。

（一）评价体系建构

综合评价城市比较法的指标体系构建及要素。课题组以"五位一体"为基本框架，但考虑到指标数据的可取性，对个别内容进行调整补充，指标体系设置了生活水平和支撑力两组指标，每组指标下分别设置 5 项核心要素指标，每项核心要素指标下设置 3 项代表要素指标，共设置 30 项代表要素。

居民满意度评价指标体系的建构及要素。课题组以"五位一体"为基本框架，以党的十九大报告中学有所教、病有所医、老有所养、住有所居等民生内容为核心，设置满意度评价指标体系，指标体系共设置 5 项核心要素，每项核心要素下设置 3 项评价要素，共设置 15 项代表要素（见表 1）。

表 1　高质量小康生活城市横向比较和居民小康生活满意度评价指标体系

高质量小康生活城市比较法评价指标体系					居民小康生活满意度评价指标体系	
支撑力		生活水平				
核心要素	代表要素	核心要素	代表要素		核心要素	评价要素
经济支撑力	人均 GDP（万元）	经济生活	居民人均可支配收入（元）		经济生活	总体收入水平
	人均社会零售总额（元）		居民人均消费支出（元）			总体消费水平
	第三产业增加值占比（%）		人均住房建筑面积（平方米）			居住环境
社会支撑力	人口死亡率（‰）（-）	社会生活	人口平均预期寿命（年）		社会生活	健康状况
	拥有养老机构（个、所）		养老保险参保率（%）			老有所养
	每万人拥有医疗机构病床数（张）		医疗保险参保率（%）			病有所医
教育文化支撑力	拥有普通高等学校个数（所）	文化生活	普通高等学校在校人数（万人）		教育文化娱乐	学有所教
	三馆一站数量（个）		人均教育文化娱乐支出占比（%）			休闲娱乐生活
	人均旅游产业收入（元）		旅游出行人次（万人）			旅游出行

续表

高质量小康生活城市比较法评价指标体系				居民小康生活满意度评价指标体系	
支撑力		生活水平			
核心要素	代表要素	核心要素	代表要素	核心要素	评价要素
交通信息支撑力	地铁运营里程（千米）	交通信息生活	家用汽车百户拥有量（辆）	交通信息生活	市内交通出行方便情况
	高铁（动车）可直达城市（个）		人均交通通信支出占比（%）		城市间出行方便情况
	数字治理城市排位（位）（-）		互联网生态城市排位（位）（-）		智慧生活
生态环境支撑力	PM2.5 年均浓度（微克/立方米）（-）	生态生活	空气优良天数（天）	生态生活	空气质量
	建成区绿化率（%）		人均公园绿地面积（平方米）		绿化质量
	城市污水集中处理率（%）		城市生活垃圾无害化处理率（%）		卫生环境质量

注：表中标注的“（-）”表示该指标为逆向指标。

（二）横向比较的国内主要城市选择

以华顿经济研究院发布的 2020 年中国百强城市排行榜为基础，课题组选择了排位靠前的 15 个国内主要城市进行横向比较评价（见表 2）。

表 2　选定的横向评价比较国内主要城市及其特征

城市	主要特征
北京	全国政治、文化、教育中心
上海	全国经济中心
广州	经济发达、中国第三大城市
深圳	经济发达、特区城市
杭州	经济发达、副省级、强省省会
武汉	经济发展较好、区域中心、副省级省会
南京	经济发达、副省级、强省省会
重庆	直辖市、西部中心城市
成都	经济发展较好、区域中心、副省级省会
天津	重要经济大港
宁波	经济发达、计划单列市

城市	主要特征
济南	经济发达、副省级、强省省会
青岛	经济发达、计划单列市
大连	经济发达、计划单列市
厦门	经济发达、计划单列市

（三）数据来源和处理方法步骤

数据来源一是各城市统计年鉴、国民经济和社会发展统计公报；二是各城市统计内网发布的数据；三是通过随机调查全市 1100 户城乡住户调查样本户的小康生活质量满意度，取得满意率数据。数据处理方法步骤如下：

1. 综合评价城市比较法数据处理步骤

第一步：对支撑力和生活水平两个二级指标下的每项代表要素数据进行极差标准化处理，生成可比较的标准化数值。将第 i 个二级指标实际值记为 X_i，该类别指标中的最大值、最小值分别记为 X_{max} 和 X_{min}。

正向要素指标标准化计算公式：

$$Z_i = 5 + \frac{X_i - X_{min}}{X_{max} - X_{min}} \times 5$$

逆向要素指标标准化计算公式：

$$Z_i = 10 - \frac{X_i - X_{min}}{X_{max} - X_{min}} \times 5$$

第二步：对每项代表要素按不同城市的差异比赋分，最高 10 分（代表要素标准化比值最高的城市），最低 5 分（代表要素标准化比值最低的城市），实现所有代表要素数据在城市间同质可比。

第三步：采用同权加权计算方法，分别计算代表要素、核心要素、支撑力和生活水平、综合评价得分。

2. 居民满意度评价数据处理步骤

采用同权加权计算方法，分别计算各项评价要素、核心要素、总体满意率（含非常满意、比较满意和一般满意）。

二 杭州居民高质量小康生活评价情况

（一）综合评价总体水平较高

总体水平位居国内主要城市前列。综合评价城市比较数据显示，杭州居民高质量小康生活总体评价得分为 8.11，居 15 个国内主要城市第 4 位。其中，支撑力评价得分为 7.85，居第 4 位；生活水平评价得分为 8.36，居第 3 位（见表 3）。

表 3 高质量小康生活综合评价排名前 10 的国内主要城市

综合评价			支撑力评价			生活水平评价		
城市	得分	排位	城市	得分	排位	城市	得分	排位
北京	8.50	1	北京	8.50	1	广州	8.61	1
广州	8.39	2	广州	8.17	2	北京	8.51	2
上海	8.18	3	上海	8.00	3	杭州	8.36	3
杭州	8.11	4	杭州	7.85	4	上海	8.36	4
南京	7.66	5	南京	7.71	5	深圳	8.01	5
深圳	7.57	6	武汉	7.67	6	宁波	7.92	6
宁波	7.56	7	成都	7.21	7	成都	7.71	7
成都	7.46	8	宁波	7.19	8	南京	7.60	8
武汉	7.45	9	深圳	7.14	9	厦门	7.49	9
厦门	7.17	10	重庆	6.89	10	济南	7.27	10

居民小康生活满意度较高。对全市 1100 户居民家庭的调研结果显示，居民对高质量小康生活的总体满意率（包括非常满意、比较满意和一般满意）达 93.5%，其中交通信息生活满意率最高，达 97.4%，教育文化娱乐生活、社会生活和生态生活满意率较高，分别为 95.0%、93.5% 和 91.9%，经济生活满意率相对较低，但也达 89.7%（见表 4）。

表 4 杭州居民对小康生活满意度评价情况

核心要素	满意率（%）	评价要素	满意率（%）
经济生活	89.7	总体收入水平	87.0
		总体消费水平	92.9
		居住环境	89.1
社会生活	93.5	健康状况	94.1
		老有所养	92.0
		病有所医	94.4
教育文化娱乐生活	95.0	学有所教	93.2
		休闲娱乐生活	96.6
		旅游出行	95.3

续表

核心要素	满意率（%）	评价要素	满意率（%）
交通信息生活	97.4	市内交通出行方便情况	95.6
		城市间出行方便情况	97.5
		智慧生活	99.2
生态生活	91.9	空气质量	88.1
		绿化质量	94.1
		卫生环境质量	93.5

（二）居民经济实力明显提升

近年来，杭州经济实现较快发展，居民经济实力持续提升。综合评价城市比较数据显示，杭州居民小康经济生活综合评价得分为 8.48，居 15 个城市第 3 位。其中，居民小康生活经济支撑力评价得分为 8.06，居第 5 位；居民小康经济生活水平评价得分为 8.90，居第 2 位。居民对小康经济生活的满意率为 89.7%。

经济支撑力水平总体较高。2019 年，杭州人均 GDP 达到 15.25 万元（按 2019 年人民币对美元平均汇率计算为 2.21 万美元），已跨入中等发达国家水平的门槛（2.17 万~4.34 万美元），居 15 个城市第 6 位；社会消费品零售总额 6215 亿元，人均水平居 15 个城市第 4 位；第三产业占 GDP 比重为 66.2%，已成为全市经济增长重要引擎，居 15 个城市第 4 位。

居民经济实力明显提升。2019 年，杭州市全体居民人均可支配收入 59261 元，居 15 个城市第 5 位，居民对家庭总体收入满意率为 87.0%；全体居民人均消费支出 40016 元，居 15 个城市第 5 位，居民对家庭总体消费水平的满意率达 92.9%。全体居民人均住房建筑面积达 46.4 平方米，居 15 个城市第 3 位，居民对居住环境总体满意率为 89.1%。这表明杭州居民经济实力增强，消费水平快速提升，住房条件不断改善（见表 5）。

表5　高质量小康经济生活支撑力和居民小康经济生活水平评价情况

经济生活支撑力						经济生活水平					
人均 GDP（万元）		人均社会零售总额（元）		第三产业增加值占比（%）		居民人均可支配收入（元）		居民人均消费支出（元）		人均住房建筑面积（平方米）	
城市	得分	城市	得分	城市	得分	城市	得分	城市	得分	城市	得分
深圳	10.00	南京	10.00	北京	10.00	上海	10.00	上海	10.00	宁波	10.00

续表

经济生活支撑力						经济生活水平					
人均 GDP（万元）		人均社会零售总额（元）		第三产业增加值占比（%）		居民人均可支配收入（元）		居民人均消费支出（元）		人均住房建筑面积（平方米）	
城市	得分	城市	得分	城市	得分	城市	得分	城市	得分	城市	得分
南京	8.61	武汉	9.35	广州	8.27	北京	9.79	深圳	9.50	济南	9.82
北京	8.55	广州	8.68	上海	8.02	深圳	9.15	北京	9.48	杭州	9.07
上海	8.27	杭州	8.63	杭州	7.49	广州	8.85	广州	9.27	南京	8.97
广州	8.24	济南	8.40	成都	7.40	杭州	8.74	杭州	8.87	重庆	8.48
杭州	8.08	北京	8.29	天津	7.09	南京	8.54	厦门	8.56	成都	8.35

（三）居民社会保障不断完善

近年来，杭州老有所养、病有所医覆盖城乡的社会保障体系不断完善，居民满意度不断提升。综合评价城市比较数据显示，杭州居民小康社会生活综合评价得分为8.11，居15个城市第3位。其中，小康生活社会支撑力评价得分为8.00，居第2位；居民小康社会生活水平评价得分为8.23，居第4位。居民对小康社会生活评价满意率达93.5%。

社会保障水平明显提升。近年来，杭州不断加大医疗卫生资金投入，设施条件明显改善。综合评价城市比较数据显示，2019年杭州每万人拥有医疗机构病床数83张，居15个城市第3位。居民养老条件越来越好，2019年杭州养老机构数达320个，居15个城市第5位。另外，各地通过居民居家养老智慧社区建设，逐步实现居民养老规范化、社会化。

居民社会保障意识不断提高。2019年末，杭州市职工基本养老保险参保人数为704.7万人，评价居15个城市第5位，居民对老有所养满意率达92.0%。城镇职工基本医疗保险参保人数为671.1万人，评价居15个城市第4位，居民对病有所医满意率达94.4%。居民健康状况越来越好，2019年杭州人口平均预期寿命达82.95岁，居15个城市第3位，居民对身体健康状况的满意率达94.1%（见表6）。

表6 高质量小康社会生活支撑力和居民小康社会生活水平评价情况

社会生活支撑力						社会生活水平					
人口死亡率（‰）		拥有养老机构（个、所）		每万人拥有医疗机构病床数（张）		人口平均预期寿命（年）		养老保险参保率（%）		医疗保险参保率（%）	
城市	得分	城市	得分	城市	得分	城市	得分	城市	得分	城市	得分
深圳	10.00	上海	10.00	广州	10.00	上海	10.00	深圳	10.00	深圳	10.00

社会生活支撑力						社会生活水平					
人口死亡率（‰）		拥有养老机构（个、所）		每万人拥有医疗机构病床数（张）		人口平均预期寿命（年）		养老保险参保率（%）		医疗保险参保率（%）	
城市	得分	城市	得分	城市	得分	城市	得分	城市	得分	城市	得分
厦门	8.88	北京	8.98	成都	9.96	南京	9.57	北京	8.87	北京	9.00
杭州	7.65	大连	7.41	武汉	9.84	杭州	8.51	大连	8.47	厦门	8.06
广州	7.63	天津	7.37	杭州	9.30	北京	8.03	杭州	8.15	杭州	8.03
南京	7.59	杭州	7.05	济南	8.55	天津	7.53	厦门	7.98	上海	7.94

（四）居民教育文化生活丰富充实

近年来，杭州居民越来越重视教育文化生活质量，文化节目和内容更加丰富充实，但是高等院校数量相对偏少。综合评价城市比较数据显示，杭州居民小康教育文化生活综合评价得分为7.14，居15个城市第8位。其中，教育文化支撑力评价得分为7.58，居第5位；教育文化生活水平评价得分为6.71，居第10位。居民对教育文化生活满意率达95.0%。

高等院校数量排位相对偏后。综合评价城市比较数据显示，2019年杭州高等教育学校40所，居15个城市第10位，在校生人数达44.7万人，居15个城市第10位，高等院校数量和在校学生排位相对偏后。但是居民对学有所教满意率比较高，达93.2%。三馆一站文化场所数量排位较好，2019年杭州市拥有公共图书馆、纪念馆、博物馆和文化馆（站）等公共文化场所293个，居15个城市第6位。

居民教育文化娱乐生活丰富充实。杭州是著名的休闲旅游之都，居民舍得在教育文化娱乐和休闲旅游方面投入资金。综合评价城市比较数据显示，2019年杭州居民人均教育文化娱乐支出占消费支出的比重为10.4%，居15个城市第7位；人均旅游产业收入3.8万元，居15个城市首位。居民对休闲娱乐生活的满意率高达96.6%（见表7）。

表7　高质量小康教育文化生活支撑力和居民小康文化生活水平评价情况

教育文化生活支撑力						教育文化生活水平					
拥有普通高等学校数（所）		三馆一站数量（个）		人均旅游产业收入（元）		高等院校在校生（万人）		人均教育文化娱乐支出占比（%）		旅游出行人次（万人）	
城市	得分	城市	得分	城市	得分	城市	得分	城市	得分	城市	得分
北京	10.00	重庆	10.00	杭州	10.00	武汉	10.00	宁波	10.00	武汉	10.00
广州	9.34	北京	7.09	宁波	8.98	广州	9.71	广州	9.88	广州	9.74
武汉	9.34	成都	6.62	南京	8.86	北京	9.04	上海	9.50	北京	9.69

续表

教育文化生活支撑力						教育文化生活水平					
拥有普通高等学校数（所）		三馆一站数量（个）		人均旅游产业收入（元）		高等院校在校生（万人）		人均教育文化娱乐支出占比（%）		旅游出行人次（万人）	
城市	得分	城市	得分	城市	得分	城市	得分	城市	得分	城市	得分
济南	8.37	上海	6.37	厦门	8.85	重庆	8.85	大连	9.00	上海	8.59
重庆	8.31	天津	6.20	武汉	8.69	南京	8.58	天津	8.75	成都	7.78
上海	8.25	杭州	5.92	广州	8.16	成都	8.52	重庆	8.25	深圳	7.65
成都	7.83	武汉	5.91	北京	8.12	济南	8.31	杭州	6.50	重庆	6.97
天津	7.77	大连	5.74	成都	7.97	天津	7.42	深圳	6.50	杭州	6.77
南京	7.59	宁波	5.65	天津	7.38	上海	7.00	南京	6.25	宁波	6.00
杭州	6.81	广州	5.63	上海	7.10	杭州	6.86	济南	6.25	天津	5.90

（五）居民交通信息生活质量很高

近年来，杭州不断加大国际、国内和市内交通网络的拓展和提升，居民出行更加便捷；以智慧城市理念加快数字经济发展，居民智慧生活水平迅速提升。综合评价城市比较数据显示，杭州居民小康交通信息生活综合评价得分为 8.98，居 15 个城市第 2 位。其中，小康生活交通信息支撑力评价得分为 8.57，居第 5 位；居民小康交通信息生活水平评价得分为 9.38，居首位。居民对杭州交通信息生活的满意率高达 97.4%。

交通网络方便快捷。国际和国内交通四通八达，萧山机场目前是中国内地十大机场之一，杭州东站是亚洲最大的铁路客运枢纽之一，居民对城市间交通出行满意率高达 97.5%。市内轨道交通快速发展，2012 年杭州第一条地铁线路建成通车，至 2019 年已有 5 条地铁线路通车运营，运营里程达 135.4 千米；2019 年杭州每百户居民家庭拥有家用汽车 57.8 辆，居 15 个城市第 2 位。居民对杭州市内交通出行满意率高达 95.6%。

智慧生活更加高效便捷。近年来，杭州快速推进依托大数据、人工智能等新技术推动的智慧医疗、智慧停车、智慧农贸市场、"最多跑一次"、"一网通办"等智慧城市建设，明显提升居民生活的方便性和快捷度，居民足不出户通过互联网就能购物，出门不用带现金，携带一部手机就能买尽天下产品，"健康绿码"推广至全国各省市应用。《中国城市数字治理报告（2020）》显示，2019 年杭州城市数字治理水平居 15 个城市首位。据 2019 年腾讯发布的互联网生态城市排名，杭州居 15 个城市第 6 位。居民对城市智慧生活的满意率高达 99.2%，高居各类小康生活代表要素的满意率之首（见表8）。

表 8　高质量小康交通信息生活支撑力和居民小康交通信息生活水平评价情况

交通信息生活支撑力						交通信息生活水平					
地铁运营里程（千米）		高铁（动车）可直达城市（个）		数字治理城市排位（位）		家用汽车百户拥有量（辆）		人均交通通信支出占比（%）		互联网生态城市排位（位）	
城市	得分	城市	得分	城市	得分	城市	得分	城市	得分	城市	得分
上海	10.00	北京	10.00	杭州	10.00	南京	10.00	杭州	10.00	北京	10.00
北京	9.74	上海	10.00	深圳	9.64	杭州	9.92	宁波	8.79	上海	9.64
广州	8.55	武汉	10.00	北京	9.29	青岛	9.34	青岛	8.63	深圳	9.29
武汉	7.34	杭州	10.00	上海	8.93	成都	9.12	厦门	8.54	成都	8.93
深圳	7.06	南京	10.00	武汉	8.57	宁波	9.04	天津	8.12	广州	8.57
成都	7.05	济南	10.00	广州	8.21	北京	8.95	深圳	7.99	杭州	8.21
重庆	6.47	广州	9.17	成都	7.86	济南	8.85	大连	7.70	重庆	7.86
天津	6.05	天津	9.17	南京	7.50	广州	8.47	济南	7.51	武汉	7.50
南京	6.04	重庆	9.17	宁波	7.14	天津	8.14	南京	7.11	天津	7.14
杭州	5.71	厦门	9.17	天津	6.79	上海	7.91	重庆	7.02	南京	6.79

（六）居民生活环境舒适宜居

近年来，杭州市持续推进生态城市建设，居民生活环境更加舒适宜居。综合评价城市比较数据显示，居民小康生态生活综合评价得分为7.84，居15个城市第9位。其中，小康生活生态环境支撑力评价得分为7.07，居第9位；居民小康生态生活水平评价得分为8.61，居第8位。居民对生态生活满意率达91.9%。

生态环境不断改善。杭州在全国省会城市中率先建成"国家生态市"，美丽浙江考核连续五年获得优秀。综合评价城市比较数据显示，2019年城市建成区绿化率达40.77%，居15个城市第10位；城市污水集中处理率达95.96%，居15个城市第6位；PM2.5平均浓度为37.7微克/立方米，居15个城市第6位。

居民生活环境舒适宜居。综合评价城市比较数据显示，2019年杭州空气质量优良天数为287天，居15个城市第8位，居民对空气质量的满意率为88.1%；人均公园绿地面积13.6平方米，居15个城市第8位，居民对绿化质量的满意率达94.1%；城市生活垃圾无害化处理率与其他比较城市一样均得分为10.00。居民对卫生环境质量评价满意率达93.5%（见表9）。

表9 高质量小康生态环境生活支撑力和居民小康生态生活水平评价情况

生态环境生活支撑力						生态生活水平					
PM2.5 年均浓度（微克/立方米）		建成区绿化率（%）		城市污水集中处理率（%）		空气优良天数（天）		人均公园绿地面积（平方米）		城市生活垃圾无害化处理率（%）	
城市	得分	城市	得分	城市	得分	城市	得分	城市	得分	城市	得分
宁波	10.00	北京	10.00	宁波	10.00	厦门	10.00	广州	10.00	北京	10.00
广州	9.79	大连	9.14	青岛	8.92	广州	9.73	重庆	9.55	上海	10.00
青岛	8.96	南京	8.41	济南	8.46	深圳	9.27	北京	9.49	广州	10.00
大连	8.96	广州	8.40	深圳	8.25	宁波	8.84	青岛	9.44	深圳	10.00
上海	8.75	厦门	8.38	厦门	7.23	大连	8.81	成都	9.10	杭州	10.00
杭州	8.19	深圳	8.33	杭州	6.76	重庆	8.78	深圳	8.93	南京	10.00
重庆	8.13	成都	7.29	成都	6.69	上海	8.17	厦门	8.62	天津	10.00
厦门	7.92	宁波	6.62	大连	6.62	杭州	7.90	杭州	7.92	重庆	10.00
南京	7.71	济南	6.52	广州	6.15	青岛	7.90	济南	7.36	宁波	10.00
北京	7.29	杭州	6.25	南京	6.15	成都	7.90	宁波	7.30	大连	10.00

三 杭州居民高质量小康生活存在的主要短板

通过综合评价 15 个城市的数据发现，近年来杭州在推进"五位一体"高水平全面建成小康社会进程中，居民的获得感、幸福感实实在在得到提高，高质量小康生活总体达到较高水平，但与国内其他主要城市相比，还存在一些"短板"和不足。

（一）普通高校数量偏少，质量有待提升

综合评价城市比较数据显示，2019 年杭州普通高校数量有 40 所，排位偏后，仅居 15 个城市第 10 位，数量不到前 3 位（北京、广州、武汉）的五成，不到 4~6 位（济南、重庆、上海）的六成。高层次大学数量排名偏后，据全国 211（含 985）大学数量排名，杭州仅有浙江大学 1 所，与北京（26 所）、上海（10 所）、南京（8 所）和武汉（7 所）等城市相比，差距较大。

（二）文化基础设施数量偏少，规模与需求不匹配

综合评价城市比较数据显示，2019 年杭州市拥有三馆一站 293 个，不到重庆市的三成，与北京市、上海市、成都市相比也差距较大。免费开放的三馆一站数量和规模难以满足居民需求量的日益增大。仅杭州图书馆 2019 年就接待读者 492.4 万人次，外借图书 346.1 万册；暑假期间钱江新城市民中心图书馆进馆排长队已成为常态。

（三）地铁运营里程偏短，运行强度偏高

地铁是解决城市交通拥堵的重要手段，也是一个城市交通实力的重要体现。由于杭州市地铁起步较晚，截至 2019 年底运营里程仅为 135.4 千米，居 15 个城市第 10

位，不仅落后于北上广深一线城市，也落后于武汉、成都、南京等二线城市。中国城市轨道交通协会 2019 年的地铁运营数据显示，杭州平均每日每公里运载人员高达 1.36 万人次，地铁客运强度居 15 个城市第 7 位。

（四）建成区绿化率偏低，空气优良天数偏少

综合评价城市比较数据显示，杭州建成区绿化率相对较低，2019 年仅为 40.77%，居 15 个城市第 10 位，比大连和北京两市低 6 ~ 7 个百分点，比南京、广州和厦门三市均低 4.5 个百分点左右。2019 年杭州市人均公园绿地面积为 13.6 平方米，居 15 个城市第 8 位，比广州市低 3.7 平方米，比成都、青岛、北京和重庆四市分别低 2.1 平方米、2.7 平方米、2.8 平方米和 2.9 平方米。杭州市空气优良天数偏少。2019 年杭州市空气优良天数为 287 天，不良天气达两个半月多，优良天气比厦门和广州少两个多月，比深圳少一个半月，比宁波、大连和重庆三市少一个月左右。

（五）养老服务产业不够发达，居民满意度偏低

2019 年杭州 60 周岁及以上老年人占常住人口比例已达 19.9%，比全国平均占比高 1.8 个百分点，但是 2019 年杭州市养老机构数量仅为上海市的四成、北京市的六成，比大连和天津两市分别少 50 个和 40 个（所），差距依然较大，难以满足杭州居民快速增长的养老需求。居民对老有所养满意度仅居 15 项满意度评价指标第 12 位。

四　进一步提升杭州居民高质量小康生活水平的对策建议

杭州居民高质量小康生活总体水平较高，位居国内 15 个主要城市前列，居民对小康生活质量的满意度评价也得到较高认同，但也存在一些不足。为进一步提高居民高质量小康生活总体水平，更好地补齐短板，提出以下建议供有关部门参考。

（一）引进优质高校资源，提升现有在杭高校质量

为提高杭州优质高校的数量和质量，建议有关部门通过与国际、国内知名大学联合办学的方式，引进国内外有重要影响力的高水平大学和科研院所，比如目前引进的北京航空航天大学杭州创新研究院、中法航空大学等优质高校资源，都在杭州产生了较大影响。利用杭州独特的人才吸引力和生活宜居性，进一步加大建设像西湖大学一样的研究型世界一流大学的力度。进一步提升浙江大学的国际影响力，全面提升浙江工业大学等在杭高校的办学质量，争取更多在杭高校进入国内两百强。

（二）提升文化场所服务能力，满足居民快速增长需求

近年来，从杭州三馆一站建设布局看，杭州的博物馆规模、服务能力和知名度总体水平都比较高，但是图书馆数量和规模与居民快速增长的需求仍有一些差距。建议有关部门进一步扩充图书馆服务能力，满足居民快速增长的文化需求，尽量消除个别图书馆看书借书排队现象。目前，基层文化站数量比较多，但是服务能力和吸引力还

不够，建议有关部门进一步创新基层文化站的服务能力，丰富文化服务内容，提高对居民的吸引力，让基层文化站真正成为当地居民的文化之家。

（三）完善交通网络建设，提高道路通畅能力

近年来，杭州以举办亚运会为契机，持续加大市内轨道交通和城市道路基础设施建设，全市交通拥堵有了明显改善。但是由于新建道路和原有道路连接点的衔接设计不超前、高架道路的交叉口设计不合理、轨道交通与小区最后一公里交通的衔接不到位，成为城市交通的主要堵点。为此，建议有关部门对全市所有新建道路和原有道路连接点、高架道路交叉口、轨道交通与小区最后一公里的交通堵点进行一次全面梳理，全面查找其中的问题和原因，更加有针对性地提出解决方案，从而确保全市交通网络建设更加完善合理，道路交通更加高效畅通。

（四）优化城市居住环境，居民生活更加生态宜居

杭州是国际花园城市，但是与国内其他 14 个主要城市相比，建成区绿化率仅居 15 个城市第 10 位，相对偏低。建议有关部门创新城市绿化建设思路，积极拓展城市有限空间绿化面积，逐步提高新开发小区最低绿化率标准；积极引导各区、县（市）开展国家级生态文明示范区创建，不断提高城市绿化意识。建议在全市开展生态社区评比，动员社区居民积极参与城市生态环境美化，为居民生活营造更加生态宜居的环境。

（五）加快养老产业发展，推进社区智慧养老建设

从城市比较和调研情况看，杭州养老机构偏少，居民对养老服务满意度偏低。建议有关部门在进一步加大公共养老机构建设的同时，加快培育壮大商业化养老产业，设计和提供更加多样化、市场化、特色化的商业养老产品和满足不同人群需求的养老服务。充分发挥智慧城市智能管理手段，建立"以社区为依托、智能服务为手段、居家为基础"的社区智慧养老服务体系，做到社区有统一的智能监控服务平台、有统一的上门需求服务人员、有统一的吃住医服务网络，让小区老人既能在家安静休息，又能实时享受社区智慧养老服务。

（责任编辑　方晨光）

"十四五"时期县域经济产业
发展创新路径研究*

◎曾　玮　陈海盛

提　要："十四五"时期既是县域经济主动参与全球经济治理、构建一流营商环境的关键期，又是发展高水平开放型产业、抢占全球价值链中高端的重要阶段。当前中国县域经济产业发展面临平台缺失、生产要素配置偏弱、产业发展层次不高、基础设施的网络效应不足等现实挑战，亟须完善更高能级的产业链、推进企业融通加快产业升级、加强金融政策供给、动态调整产业空间布局、优化创新生态推动绿色发展以及强化发展要素的支撑保障。

关键词：县域经济　可持续发展　产业评估体系　创新链

作者曾玮，浙江省信用中心高级经济师；陈海盛，浙江省信用中心中级经济师，浙江农林大学博士。

改革开放以来，"温州模式"和"苏南模式"成为中国县域经济发展的两大代表性路径。总体而言，苏南模式是财政省管市，温州模式是财政省管县，所以温州模式有利于经济强县形成，苏南模式有利于中心城市崛起。世界面临百年未有之大变局，我国发展仍处于并将长期处于重要战略机遇期，新一轮科技革命与产业变革、国内消费升级、经济全球化、绿色发展和区域一体化发展等为县域经济产业发展提供了良好发展机遇。伴随着中国经济发展和产业政策实施，中国县域经济发展也呈现出第一产业比重在总量增长基础上递减和第二、第三产业比重提升趋势，面临经济增长不确定性较大、供应链安全、产业链转移、产业竞争格局调整等挑战。本文从"十四五"时期经济发展的特征出发，对县域经济产业发展形势、问题进行剖析，并提出促进县

* 浙江省软科学研究计划项目"浙江省打造国际一流信用环境研究"（2019C35078）；浙江省哲学社会科学规划课题"推动我省第三方信用服务业发展的建议"（19NDYD43YB）。

域产业高质量发展的建议。

一 "十四五"时期县域经济产业发展形势

（一）"十四五"时期发展阶段的特殊性

习近平在党的十九大上描绘了在 2020 年全面建成小康社会之后向第二个百年奋斗目标进军的宏伟蓝图，开启了全面建设社会主义现代化国家新征程。"十四五"时期（2021～2025 年）是迈进新时代的第一个五年，是贯彻习近平新时代中国特色社会主义思想和党的十九大精神的第一个五年，是开启全面建设社会主义现代化国家新征程的第一个五年，是正处于百年未有之大变局的第一个五年，是处于特殊历史节点的一个时期。从党的十九大报告提出的基本矛盾、阶段性发展目标、国内外形势变化和发展趋势来看，"十四五"时期更强调在财政趋紧与环境强制约条件下的高质量、现代化，强调创新驱动发展、人民共享幸福，强调消费结构和产业结构升级，强调区域发展、城乡共融、前沿性创新等"慢变量"。

（二）从不同空间尺度看县域产业发展形势

从国际尺度看，当前世界正处于百年未有之大变局，国际治理体系与国家发展格局正发生深刻变化。全球化趋势与逆全球化行为并存。在深入推进全球化发展的同时，近年来，世界经济疲弱，发展失衡、治理困境、公平赤字等问题更加突出，反全球化思潮涌动，保护主义和内顾倾向有所上升，给世界经济贸易发展蒙上了阴影。全球经贸规则出现新的变动。以全面与进步跨太平洋伙伴关系协定（CPTPP）为代表的新多边、双边协定不断出现，世界贸易组织（WTO）面临改革，原有的贸易条款出现新的调整，为中国带来新的机遇和挑战。以中国为代表的新兴经济体始终保持对外开放的姿态，"一带一路"倡议得到世界各国广泛响应，表现出蓬勃的经济活力，为国际经济合作开辟了新空间。

从国家尺度看，党的十九大报告提出，到 2035 年基本实现社会主义现代化。基于国外现代化国家的实践特征，基本现代化阶段的普遍性特征为：经济社会发展大转换，高速增长变为中速增长，社会公正与生态等环境压力对经济增长的影响程度不断增加；工业仍是支撑经济增长的决定性力量，由"投资主导，工业推动"的工业社会向"消费主导服务业推动"的后工业社会转变，消费快速扩张，尤其是高端消费快速发展，服务业结构向高端优化发展，实体经济内部战略性新兴产业逐渐占据主导地位；技术创新成为经济社会发展的重要驱动力（科技进步贡献率一般逐步达到70%以上）；全球资源配置能力稳步提升，跨国公司逐步成为经济实力的主要载体；中产阶层崛起，成为经济社会发展实现新跨越的重要力量（中产阶层成社会发展、市场消费的主体，中产阶层占全社会家庭总数的比重逐步达到 70% 以上并趋于稳定）；政治民主化与多元化文化建设进入大发展时期；城乡一体化与均衡发展进入实质性阶段。

"十四五"时期，中国经济长期向好的基本面没有改变。虽然随着经济发展进入新常态，劳动力成本攀升，资源约束趋紧，环境承载能力接近上限，开放型经济传统优势受到削弱，发展模式遭遇"瓶颈"，但中国人力资源丰富、市场规模庞大、基础设施比较完善、产业体系较为完整、营商环境不断优化，中国经济实力强、韧性好、潜力足、回旋余地大的优势进一步彰显，开放型经济仍然具备综合竞争优势。特别是，新时代的中国加快形成全面开放新格局，着力推进贸易强国建设，以"一带一路"建设为重点，实行高水平的贸易和投资自由化便利化政策，搭建自由贸易试验区、中国国际进口博览会等对外开放平台，改善外商投资环境，促进国际产能合作，不断扩大对外开放领域，为开放型经济发展注入强大内生动力。

从县域尺度看，政策机遇、新兴产业、营商环境优势叠加显现。国家共同富裕示范区、长江经济带、长三角一体化、自由贸易试验区等国家战略的实施，有力推动县域经济产业协同开放、要素资源共享和制度创新集成。数字经济、高端装备制造、现代服务业等产业成型成势，民营经济活力进一步提升，研发创新能力显著增强，为县域经济高质量发展注入新动能。以数字化改革为牵引的体制机制改革有效推进，县域对国际市场的影响力与吸引力进一步增强。但是，县域经济开放型发展还存在一些"短板"：开放型经济体制机制有待进一步完善，开放领域和开放平台需要拓宽和深化；外贸结构有待进一步优化，产品质量与附加值不高，服务贸易比重不高；双向投资质量有待进一步提升，高质量的外资企业和价值链高端企业比重不大，具有国际影响力的跨国公司不多；开放型经济的要素保障有待进一步加强，高层次、国际化人才严重不足，城市国际化程度有待加强；等等。

综合研判，"十四五"时期既是县域经济主动参与全球经济治理、构建国际一流营商环境的关键期，又是推进高水平开放型产业、抢占全球价值链中高端的关键期。县域产业开放型发展既面临重大机遇，也面临诸多严峻挑战，必须适应新形势、抓住新机遇、培育新优势、开创新格局。

二 "十四五"时期县域经济产业发展面临的挑战

（一）缺少具有国际竞争优势的产业支撑平台

县域经济参与国际竞争的比较优势偏于低端化，对国际人才、资本的吸引力下降。事实上，国际一流的产业发展空间均拥有高度集聚的一流研究型大学和国家级科研机构、创新型大企业。如东京湾集聚了大量创新型大企业，形成极具国际竞争力的战略性新兴产业集群；纽约湾区不仅金融产业国际影响力巨大，而且生物医药产业在全美名列第一，拥有世界上最大规模的制药和医疗技术公司总部或中心，一大批通信产业聚集在普林斯顿大学和贝尔实验室旁边；旧金山湾的研究型大学中的各种顶尖的研究机构加强了专业化和课题深度，旧金山湾区得到政府资金支持的研究中心和实验室数量是美国甚至全世界最多的。能源部、航天局、农业农村部支持的大量国家实验室为特定地区经济、创新集群培育和创新基础设施的发展做出了极大的贡献；国家实验室还建造和运营不同的科学仪器和设施，且将这些资源向大学和产业研究机构开放。

（二）生产要素的配置能力偏弱

"十四五"时期，中国县域经济正处于从传统经济向创新型经济转型的关键时期，县域经济只有建立了系统化的顶级科技基础设施，才能引进和培育国际一流学科、人才、团队、企业、产业、金融，形成具有全球竞争力的创新增长极。县域经济金融资源、创新资源的产业平台、创新平台严重不均衡，优势资源主要集中于东部地区，中西部地区的县域经济与东部相比存在较大差距，与中心城市的协同水平较低，优质人才、资本等创新资源的竞争力还不强。

（三）产业层次中低端，制造业规模大而不强

县域经济中制造业跨国公司数量少，战略性新兴产业及其核心环节具有掌控力的公司明显偏少。从国际比较来看，东京湾区是日本最大的金融商贸服务中心、新兴临港工业和高尖端制造工业区；旧金山湾产业主要包括高端服务业、信息电子业、人工智能、生物医药、新能源、宇航设备等。虽然江浙沪等地区的县域经济开始着手布局大飞机、北斗导航、高端处理器芯片、先进传感器及物联网、智能汽车和新能源汽车、智能制造与机器人、深远海洋工程装备、原创新药与高端医疗装备、精准医疗、大数据及云计算等一批重大产业创新战略项目建设，但整体上处于规划和起步阶段。此外，县域经济的产业链整合带动作用偏弱、产业同构等现象也较为明显。

（四）基础设施的网络化效应不足

由于国内都市圈轨道交通起步较晚，县域经济对接中心城市的能力较弱，产业联系机制尚在完善之中，还没有形成都市区、都市圈与周边县域经济之间的同城效应，区域中心城市的非核心产业向都市圈外围区域疏解、现代服务业的集聚、周边县域经济的产业提升受到一定阻滞。如上海、浙江两地的 G60、S2 高速沿线城市的公共交通没有联通区域交通网络，都市圈内部和县域经济之间的商品、人员流动规模和速度有待进一步扩大提高，创新活力有待进一步增强，产业业态发展有待进一步提升。

三 "十四五"时期中国县域经济产业创新的路径研究

（一）打造更高能级、更加聚焦的产业链

一方面，加强县域经济创新主体培育。推广企业研发准备金制度，引导企业加大

创新投入，大力发展平台型经济；针对制约创新创业的共性难题，支持龙头企业与知名高校、科研院所开展合作攻关；推动企业为主引进国内外大院名校，共建一批具有先进水平的重大创新载体，同时鼓励支持新型研发组织建设发展。以建设科技创新高地为根本落脚点，完善县域经济"高新区＋科技城＋高新小镇＋小微企业园"的产业创新大平台，发挥平台对县域经济高端创新要素的集聚作用，推动数字经济、生命健康等产业能级提升。聚焦传统动能修复，加快推进产业创新服务综合体建设，实现块状经济、现代产业集群产业创新服务综合体全覆盖，着力打造一批县域创新联合体标杆。

另一方面，加强技术研发和创新应用。对接国家和省级重大科技专项，创新攻关体制，加大攻关力度。发挥行业骨干企业、创新型企业的主导作用，提升高等院校、科研院所的基础作用，建立一批产业技术创新联盟，加快成果转化。建立分行业、跨区域工业创新中心，推动重点领域创建国家级、省级和地市级工业创新中心。规划布局一批工业互联网应用创新中心、工业技术软件化创新中心等创新载体。加快建立以企业为主体、市场为导向的制造业创新体系，建设一批促进制造业协同创新的公共服务平台，规范服务标准，开展专业化服务，促进科技成果转化和推广应用。打造线上线下相结合的技术市场，推进科技资源开放共享，对接各级科技资源共享服务平台，加快建立统一的管理数据库和科技报告制度，向企业和社会开放共享。

（二）推进大中小企业融通发展，推动高水平开放

一方面，积极培育大企业大集团。以企业上市和并购重组为核心，加强企业股改上市，支持上市公司通过并购重组加快做大做强。聚焦重点领域，分年度遴选企业纳入省级"雄鹰行动"企业培育库，进行重点培育，加快形成一批资源配置能力强、国际市场占有率高、具有核心竞争力的企业，一批创新能力强、跻身世界前列的企业，一批抢占发展先机、在全球同行业中具有引领作用的优势企业。支持龙头企业整合产业链资源要素，促进大中小企业融通发展，提升产业整体竞争力。遴选一批创新型、科技型、成长型的优质中小微企业，培育科技型小微企业，推动小微企业上规发展，引导中小微企业走"专精特新"之路，培育一批细分行业的隐形冠军企业。引导中小微企业加快建立现代企业制度，引入先进、适用的管理理念、方法和模式，整合涉企部门服务职责，建立健全企业服务平台和长效机制。培育一批专业化、社会化服务机构，以政府购买服务等方式为中小企业提供专业、精准服务。推进红木家具、影视、建筑等全产业链中高端发展，依托经济开发区等产业集聚区，培育一批在国内外有较强影响力的现代优势产业集群。

另一方面，推动高水平开放。一是深化全球精准合作。围绕重点产业的产业链和创新链，编制一批具有全局性、战略性、前瞻性的项目清单。根据重点产业链全球分工，积极对接宁波"一带一路"建设综合试验区，创建制造模式先进的全球精准合

作示范基地，积极谋划、分步建设"一带一路"境外系列站。二是加快推动产业"走出去"。分类引导要素竞争优势弱化的县域经济产业有序转移。支持红木家具、影视、建筑等特色传统行业企业以及一般生产配套型加工制造企业进行跨国（境）价值链布局。加强与"一带一路"沿线国家的产能合作，推动在适合国家或地区新建设一批产业合作园区。三是提升国际化经营能力。支持企业开展以高端技术、高端人才和高端品牌为重点的过境并购，鼓励引入顶尖技术、管理团队、商业模式、营销渠道等资源。引导企业遵守国际规范和东道国法律政策，加强投资和经营风险管理，提高企业境外本土化能力，积极做好企业"走出去"有关外汇兑换、陆资服务、信用担保、人才支撑、法律服务、风险预警等领域服务。

（三）适时推动产业优化升级，加强质量品牌建设

一方面，有序有力推动县域产业升级。一是加快推进县域经济优势产业的数字化进程。发展智能基础核心硬件、智能软件、关键基础材料、智能家居等产业，拓展"智能+"应用，推动场景应用，加快行业应用，建成全国建筑产业人工智能发展示范区。培育发展云平台和云应用服务商，加强运行支撑软硬件平台、应用开发环境等研发，建成全国数字影视产业中心。二是大力发展新兴产业。发展建筑高分子材料、高端专用化学品、石墨烯等先进材料，提高材料产品率和性能稳定性，建成高性能纤维及复合材料、磁性材料、氟硅新材料和光学膜材料等具有全国竞争力的产业基地。大力发展建筑工业机器人、服务机器人、特种机器人，以及高性能控制器、伺服电机等关键零部件，建成全省智能机器人产业高地。发展光伏发电和用能设备、大气细颗粒物污染防控设备、节能电机、余热余压回收装备，提高装备成套化和核心零部件国产化程度，建成省内先进的节能环保装备产业基地。三是加快改造提升传统制造业。全面提升县域经济的产业竞争力，提高中高端产品供给能力。全面提升原材料工业，推进橡胶塑料、有色金属加工、非金属制品等产业集聚入园发展，提高先进产能比例和产业集中度。全面提升传统机械制造业，升级发展汽车零部件、低压电气、泵阀轴承，大力发展高精度、高性能、安全、长寿命的智能新机械，加快进口替代。积极发展智能制造，大力推进企业智能化技术改造。构筑工业互联网平台体系，推动企业主动上云、深度用云，加快产业数字化转型。依法依规淘汰落后产能，稳妥推进"僵尸企业"分类处置。推进先进制造业和现代服务业深度融合。提升工业设计服务能力，积极推广基于三维模型的产品设计与虚拟仿真、快速成型等数字化设计，搭建工业设计成果网上交易平台，推动设计成果产业化。创新制造模式，大力发展供应链管理服务、网络化制造服务、系统解决方案服务和产品全生命周期管理服务。加快生产性服务业功能区和公共服务平台建设，培育一批省级以上工业设计基地及工业设计研究院、设计中心，培育一批为企业提供研发设计、检验检测、计量校准、知识产权、流程再造、商业模式创新等服务的综合平台。

另一方面，加强质量品牌建设。一是强化先进标准供给。加快制造业标准体系建设，主导制定一批国际标准、国家标准和行业标准，掌握制造业标准话语权。提升标准国际化水平，推进制造业标准的国际认证互认。加快标准服务体系建设，争取一批国家级、省级、地市级标准化技术委员会落户，拓展标准研发、标准实施咨询等服务。完善制造业标准、自我声明公开管理、先进性评价管理、认证管理和标识管理等制度。二是开展质量提升行动。推广先进质量管理方法，加强企业全生命周期质量管理，培育中国质量奖企业、全国"质量标杆"企业和省政府质量奖企业。提升质量服务能力，为企业提供质量会诊、修复一条龙服务。建立健全产品质量追溯管理体系，加强质量安全监管，探索区域电子商务产品质量专项执法。加大质量诚信建设力度，提高质量"黑名单"威慑力。三是推进制造业品牌建设。开展县域经济的品牌培育计划，培育一批标准领先、品质卓越的产业品牌，以及一批省级商标品牌示范企业。加快品牌国际化步伐，支持企业注册国际商标、收购国际品牌。建立品牌重点培育清单，构建县域经济统一的区域公共品牌。建设产业集群区域品牌，发展"品牌俱乐部""品牌连锁"等模式，开展与中小企业互惠互利的品牌合作共享。推进商标注册保护，加大品牌侵权监督、查处力度，完善品牌保护体系。

（四）构筑产业发展良好生态

一是推进体制机制创新。深化"最多跑一次"改革，完善企业投资项目"标准地＋承诺制"改革，推进审批事项简化、优化、标准化。深化"亩均论英雄"改革，全面开展经济开发区、特色小镇、中小微企业园的"亩均效益"评价工作，分领域分行业实施"亩均效益"领跑者行动，分类推进制造业领域低效企业的改造提升。建立优化制造业企业要素配置的相关政策，落实土地、用能、排污权等要素分配与市县"亩均效益"绩效挂钩的激励约束机制，推动资源加快向优质企业、优势区域集中。保障工业用地供给空间，开展工业保护线划定和管理工作，建立工业用地占补平衡机制。

二是营造公平竞争市场环境。坚持企业主体地位和竞争中性原则，推进反垄断、反不正当竞争执法，全面实施市场准入负面清单制度，健全与市场准入负面清单制度相适应的准入机制、审批机制、事中事后监管机制等。全面推行"双随机、一公开"市场监管，着力打造更加公平公正的市场竞争环境。推进县域经济制造业企业信用体系建设，建立完善失信黑名单制度，建立健全企业信用动态评价、守信激励和失信惩戒机制。

三是健全人才支撑体系。加快重点领域人才招引，重点关注"数字经济"一号工程、制造业"卡脖子"技术领域，在基础创新、工业设计、产品研发等前端创新领域以及智能制造、绿色制造、服务型制造等后端应用领域加快集聚一批国际化、高水平的专业人才。重视企业家队伍建设，培育一支高质量、高素质的企业家队伍。关注基础人才培育工作，推进多层次知识更新工程、职业继续教育以及技能培训工作，打造一支门类齐全、技艺精湛、具有工匠精神的高技能人才队伍。

四是加大财政支持力度。开展县域经济产业示范乡镇（街道）试点，优化专项资金使用方式，强化绩效评价和动态调整。转变财政专项激励资金拨付、支持方式，强化专项资金的"点对点"精准撬动、放大作用。创新财政资金扶持产业发展的方式，充分发挥政府产业基金引导作用，吸引社会资本共同组建"定向投资基金"，推动重大产业项目落地实施。建立县域经济创新引领基金，支持初创企业的天使投资和科技型企业的风险投资。

（五）动态调整产业空间布局

一方面，高标准建设市际产业园区和产业飞地。深入实施长三角区域一体化发展国家战略，切实推进长三角一体化发展示范区建设，共建长三角一体化发展标志性战略大平台、沪浙高水平合作引领区。在上海漕河泾开发区海宁分区、浙江中新嘉善现代产业合作园等跨省合作园区，跨区域建设长三角县域产业飞地，强化创新链、延长产业链、打通要素链，提升产业创新能力，推动县域经济优势产业域外发展。在义乌、永康、诸暨等交界地区建立县（市）际产业合作区，对接区域知名园区开发商、运营商，引进"轻资产"模式、开发管理标准、园区品牌，有序推动产业转移和生产要素双向流动。

另一方面，推进工业平台整合提升。推进县域经济工业园区"二次开发"、主导产业集聚升级，建设产业用地二次利用信息平台，开展老旧工业园区有机更新。深化制造业特色小镇建设，培育高新技术特色小镇、高产出特色小镇、制造业标杆小镇，推进产业集聚、产业创新和产业升级。深化小微企业园建设，完善小微企业园审核认定、绩效评价和星级评定制度，提升运营管理和公共服务能力，创建一批示范性数字化小微企业园、特色示范园区、星级小微企业园。

（六）完善金融扶持政策

引导金融机构加大对重点产业的信贷支持，完善抵押方式，深化"无还本续贷"服务，落实中小企业应收账款专项融资服务。深入实施融资畅通工程，扩大民营企业融资覆盖面，推动民营企业发债及上市融资，提高中长期信贷比重和获得信贷便利度。优化小微企业金融服务，推动小微企业贷款增量扩面，落实金融差异化细分服务，打通金融服务"最后一公里"。

一是加强民营企业和小微企业的金融服务，发挥民营经济风向标作用。落实国家有关支持民营经济发展的金融服务政策，充分认识、加强和改善民营企业金融服务的重要意义，坚定不移支持县域经济民营企业持续健康发展。大力推进"融资畅通工程"，有效解决民营企业尤其是中小微企业"融资难、融资贵"问题。鼓励银行业金融机构在风险可控的前提下创新小微企业贷款定价、计息、还款、担保等方式，精准对接小微企业融资需求。引导民营企业合理控制融资总量，科学配置信贷、股权与债券等不同融资比例。聚焦民营企业融资增信环节，提高信用保险和债券信用增进机构覆盖范围，运用市场化手段为企业发债提供风险缓释和增信支持。有效提高民营企业融资可获得性，减轻其对抵押担保的过度依赖，降低融资成本。

二是加强银行信贷支持力度，满足县域经济实体经济有效融资需求。保持信贷总量合理稳步增长，努力疏通货币政策传导机制，合理运用银行表内外融资、债券承销、信托贷款、保险资金等多种渠道，引导金融体系流动性有效进入实体经济，推进县域经济社会融资规模稳步增长。优化信贷结构，积极服务"工业强市""科技创新"等县域经济重大发展战略，支持扩大有效投资重点项目建设。在不增加地方政府隐性债务的前提下，加大对资本金到位、运作规范的基础设施补短板项目的信贷投放。落实支持产业发展专项信贷机制，优先满足数字经济、智能制造、绿色制造、传统产业改造提升、新兴动能加快培育等重点领域融资需求。

三是加强直接融资支持力度，提升服务实体经济能力。引导优质企业有效对接多层次资本市场，积极对接股权交易中心，抓住主板和新三板发行与交易制度改革、科创板试点注册制度的机遇，拓宽融资渠道，不断提高直接融资的比重。持续推进"凤凰行动""雄鹰行动""雏鹰行动"计划，支持上市公司实施战略性并购重组和产业整合。推进符合条件的企业扩大企业债、公司债、中期票据、短期融资券、资产证券化等债券融资规模，鼓励市担保公司联合提供增信担保，满足企业发债需求，优化资本结构。

四是加强创新创业扶持力度，夯实新经济先发优势。引导金融机构有效服务创新创业融资需求，支持有条件的银行设立科技信贷专营事业部，提高服务创新创业企业的专业化水平，加快城市商业银行转型，运用科技化等手段，为县域经济本地创新创业提供有针对性的金融产品和差异化服务。推动科技型创业投资企业发债融资，稳步推进和拓宽创新创业债试点，支持符合条件的企业发行"双创"专项债务融资工具，拓宽创新创业直接融资渠道。加快发展天使投资，制定和出台促进天使投资发展的政策措施，培育和壮大天使投资人群体，充分发挥创业投资支持创新创业作用。支持保险公司为科技型中小企业知识产权融资提供保证保险服务，保障创新产业发展活力。

（七）促进绿色产业发展

一是推动节能节约发展和资源循环利用。开展能效"领跑者"行动，鼓励重点用能单位采用高效节能设备、先进用能监测控制技术，应用合同能源管理模式。严控新增能耗的高耗能行业项目，加快淘汰落后高耗能产品、设备和生产工艺。促进能源开发利用，推动县域经济产业节约发展，鼓励企业提高土地利用效率。实施新一轮循环经济建设行动，推动重点行业循环化改造，加快园区、企业循环化改造。积极发展再制造，实施高端智能再制造示范工程，建设再制造示范企业、绿色再制造工厂，推广应用工业垃圾回收利用技术和装备，构建再生资源回收利用体系。

二是推进工业污染防治攻坚。推进工业治水攻坚，推动创建工业园区（工业企业）"污水零直排区"，开展"低散乱"落后企业整治行动，推进重点行业清洁化改造。推进工业企业废气治理，推进重点企业开展清洁排放改造、挥发性有机物综合治理、超低排放改造与关停并转。推进工业污染土壤治理，深化重金属污染综合防治，加强危险废弃物、污泥、残留污染物处置监管设施建设，完善尾矿隐患治理和闭库措施。加快针对有机污染物、重金属污染物和复合型污染治理等适用技术集成与转化，实施污染地块修复试点项目。

三是推进绿色制造体系建设。创建绿色工厂，支持行业龙头企业全流程绿色化发展。创建绿色园区，促进园区内产业耦合发展，推行园区综合资源能源一体化解决方案。支持企业开发绿色设计产品，引导企业应用绿色设计新技术，采用绿色环保新材料，加强产品全生命周期绿色管理。打造绿色供应链，支持上下游企业建立长效绿色供应链，支持供应链核心龙头企业开发应用绿色物流新技术新装备、构建绿色物流体系。

四是提升安全生产水平。加强安全生产监管和应急安全管理，建立安全生产区域应急联动机制。加强安全隐患排查，开展安全生产专项整治。推动企业开展安全生产技术（装备）改造，加强安全生产不达标的工艺、技术和装备淘汰力度。培育安全生产服务机构，提高安全咨询、安全教育培训、安全评价、安全检测检验、职业卫生等第三方社会化服务供给能力。

（八）完善产业发展的要素保障

1. 打造更加融合融通的创新链

县域经济发展应重点专注技术研发、转化和应用。以县域产业需求为导向，支持高水平研究型大学在县域经济境内建立分校，在地区优势产业领域，谋划布局技术研发和转换基础设施。加速科技成果转化产业化，深化科技成果转移转化示范区建设，加快建设"互联网＋"产业发展格局，构建区域联动的科技成果转化体系。鼓励企业、高校、院所等建设一批高水平众创空间和技术孵化器，为中小企业提供创业辅导、企业融资、检验检测等社会化、专业化服务，吸引一批省内外技术成果到县域实现产业化。

2. 打造更加多元高效的资金链

一是加大财政科技经费投入力度。建立财政对战略性产业发展的投入稳定增长机制，充分发挥县域政府资金对全社会研发经费投入的引导作用，实现全社会研发经费投入强度大幅提升。发挥县域经济创新引领基金的牵引作用，积极推动与上级基金组织共同设立区域创新发展联合基金。推广普惠制创新券制度，进一步拓宽支持范围，提高兑付比例，推进在区域范围内通用通兑。

二是推动科技金融深度融合。发挥金融资源集聚效应，从租金支持、公共运营平台支持、管理团队奖励、投资经理奖励、政务便利支持等方面支持战略性新兴产业落户县域。鼓励银行业金融机构开展投贷联动、知识产权质押融资等金融服务模式和产品创新。支持金融机构与互联网企业业务相互延展和深度合作。积极推广 PPP 模式，鼓励和引导社会资本特别是民间资本投资高新技术产业。

3. 打造更具活力的人才链

一是强调人才的"所有"与"所用"结合、专职与兼职结合，加快创新人才梯度化引育。突出"高精尖缺"导向，加大力度引进培育创新型领军团队和高层次创新创业人才。创新引入方式，拓宽引才渠道，坚持柔性引智，依托重大平台、载体引进一批具有国内外影响力的科学家、工程师来兼职或开展智力服务。设立县域产业人才专项基金，扩大研究基金规模，加强青年人才战略储备，发挥青年科学家作用。

二是激发创新创业人员活力。扩大微观主体经营自主权，在县域层面探索建立首席专家负责制，强化科研人员在技术路线选择、资金使用、团队组建等方面的自主权。落实以增加知识价值为导向的分配政策，探索赋予职务科技成果所有权或长期所有权。实行更加灵活的薪酬制度，鼓励采取项目制奖励等市场化激励机制。健全人才分类评价机制，坚持评用结合，完善以能力和创新成果等为导向的人才评价标准，强化用人单位评价主体地位。

4. 打造更加精准便捷的服务链

一是深化产业体制改革。以数字化改革为抓手，提升县域政府治理现代化水平，全面优化营商环境。推进产业管理创新，强化目标导向的绩效考核。强化政策创新供给，加强县域产业发展政策与财税、金融、贸易、投资、产业、教育、社会保障等政策的协同，形成政策合力，推进政策落地落细，组织创新载体为企业提供技术咨询等服务，促进产业资源下沉，有效降低企业创新创业成本。

二是营造有利于创新创业的社会氛围。加强科研诚信建设，构建科研领域守信激励机制，倡导科学家精神和企业家精神，建立鼓励创新、宽容失败的容错机制，对县域产业发展成功经验和模式进行及时总结和宣传，营造尊重知识、尊重创业、鼓励创新、宽容失败的浓厚氛围。把强化知识产权创造、保护和运用作为提升县域产业发展能力的重要支撑，强化知识产权保护，鼓励高质量价值创造。

（责任编辑 方晨光）

特别生态功能区背景下千岛湖
旅游业发展的思考*

◎仇 峰 付丽莉

提 要： 千岛湖是我国著名的风景旅游区，旅游业是淳安县的支柱产业，本文通过系统总结四十年来千岛湖旅游取得的辉煌成就，论证淳安发展旅游业的重要意义，科学总结千岛湖旅游实现两山转换的成功经验；同时，客观分析特别生态功能区建立给旅游业带来的机遇和挑战，着重研究千岛湖旅游要不要发展、哪些产品可以发展、哪些地方可以发展、如何发展等迫切需要解决的问题，创新性地提出千岛湖旅游业发展的新路径，为探索出高质量深绿发展的"淳安样板"提供重要参考依据。

关键词： 特别生态功能区 千岛湖旅游 淳安样板

作者仇峰，淳安县文化和广电旅游体育局，高级经济师；付丽莉，淳安县文化和广电旅游体育局科长，高级工程师。

2019年9月，浙江省人民政府批准淳安县为特别生态功能区，这是目前全省唯一的特别生态功能区，它的成立将对淳安县政治经济发展产生重大而深远的影响，尤其是作为主导产业的千岛湖旅游业将不可避免地受到严峻挑战，如何"扬长避短"和"扬长补短"，变挑战为机遇，是当前急需思考的重大问题。因此，淳安县有必要对千岛湖旅游发展的成功经验做一次全面的梳理回顾，并对其面对的新挑战、新机遇进行深刻分析，提出特别生态功能区背景下千岛湖旅游发展的新路径，为淳安实现高质量保护与发展，打造两山理论"淳安新样板"提供决策参考。

---

* 杭州市社会科学界联合会"特别生态功能区背景下千岛湖旅游业发展路径的思考"课题（2021HZSL－ZC031）。

一　千岛湖旅游业发展基本情况

经过近四十年的发展，千岛湖旅游从无到有、从弱到强，成为长三角首选、国内一流的旅游目的地，推动了淳安县域经济可持续发展。

（一）从闭塞老区发展成为中国旅游强县

淳安县是杭州市唯一的革命老区县，为建设新安江水电站，沦为浙江省26个也是杭州市唯一一个加快发展县。自1982年开发旅游以来，淳安成功打响了千岛湖旅游品牌，自此发生了翻天覆地的变化。2020年全县接待国内外游客1928.52万人次，实现旅游经济总收入232.04亿元，以旅游为龙头的服务业占全县GDP的54.4%，旅游业税收占地方财政收入的43.12%，旅游产业增加值30.76亿元，占GDP的12.7%，直接从业人员达5.3万人，约占全县就业人数的21.6%，旅游业已成为淳安的主导产业，淳安先后荣获首批中国旅游强县、全国森林旅游示范县、中国县域旅游竞争力百强县、浙江省首批全域旅游示范县（见图1）。旅游业发展不仅带来了滚滚的人流和财富，更重要的是打开了淳安封闭的山门，让外界认识了淳安，让淳安了解了世界，享受到了经济飞速发展带来的成果。依托千岛湖旅游品牌，淳安顺势而为打响了"千岛湖"全域品牌，第一、第二、第三产业迅速走出大山、走向全国各地。淳安曾因湖而贫，旅游业的发展把穷山恶水变成"黄金之湖"，真正实现了"靠山吃山、靠湖吃湖"，彻底改变了淳安人民的命运。

图1　2016～2020年淳安县旅游收入与人次

（二）从移民库区发展成为国家生态示范县

由于千岛湖的形成，29万人移民他乡，在较长的历史时期内，淳安重点是解决"出行、温饱、生存"三大基本问题，在经历种种艰辛探索后，最终选择了旅游强县推动区域经济实现跨越发展的道路。在旅游业快速发展过程中，淳安生态环境指标不仅没有下降，甚至有了明显改善。千岛湖水体始终保持在国家地表水Ⅰ类标准，水质富营养化指数为 29.04，污染物减排全面达标，为国内水质最好的大型湖泊之一。全县森林覆盖率从 20 世纪 80 年代初期的 47% 提高到目前的 76.82%，湖区森林覆盖率由初期的 23.8% 提高到 95.8%，绿水青山和有机生态成了千岛湖的代名词。当地群众从旅游中得到了实惠，强烈意识到保护环境就是保护自己的"饭碗"，从而促使保护与发展形成良性循环，走出了生态富民的新路子，被命名为国家级生态县，列为首批国家级生态保护与建设示范区、国家重点生态功能区，成为我国湖泊旅游的成功典范（见表 1）。

表 1　浙江省区域规划对千岛湖环境的指标要求

目标类别		近期目标（2015 年）	远期目标（2020 年）
湖体水质（除总氮）		湖泊 Ⅱ 类	湖泊 Ⅰ ~ Ⅱ 类
湖体总氮（毫克/升）		≤0.88	进一步降低
湖体营养化程度		≤33	进一步改善
省界街口国控断面水质（毫克/升）	高锰酸盐指数	≤1.99	进一步改善
	氨氮	≤0.084	
	总磷	≤0.03	
	总氮	≤1.26	
主要入湖河流		河流 Ⅰ ~ Ⅱ 类	进一步改善
水功能区水质达标率（%）		80	85

资料来源：根据《千岛湖及新安江上游流域水资源与生态环境保护综合规划》整理。

（三）从落后山区发展成为全域旅游示范县

淳安率先实施全县景区化战略，巧妙破解"一湖独大"带来的发展局限性，使千岛湖品牌价值实现最大化。淳安八年来共投入各类建设资金 170 余亿元，全县风貌完成脱胎换骨的转变，形成了"一村一幅画，一线一风景，一镇一品牌，一城一风光"的全域景区格局，景观风貌实现从盆景到风景、从一处美向处处美蝶变，成功创建 A 级景区村庄 227 个，村庄景区化覆盖率达 67.4%，成为浙江省美丽乡村示范县。淳安着力做好"旅游 +"文章，催生了运动休闲、康体养生、研学旅游等多种旅游新业态，旅游经济得到大幅度提升。2020 年，淳安城市旅游接待游客 530 万人次，实现旅游收入 63 亿元，成功从城市旅游向旅游城市转型；乡村旅游接待游客1679.56 万人次，实现乡村旅游收入 16.86 亿元，全县发展民宿农家乐 1092 家，名列浙江省前茅，成为浙江省休闲农业和乡村旅游示范县；建成的 450 千米绿道，荣获"中国最适合骑行线路""浙江最美绿道"，接待骑行游客 140.03 万人次，绿道经济超 7 亿元，成为千岛湖旅游新的"金名片"，"全空间、多产业、大协作"的全域旅游发展格局基本形成，成为淳安乡村振兴的主战场（见图 2）。

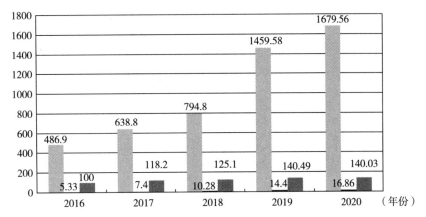

图2　2016～2020年淳安县乡村旅游和骑行收入人次

二　千岛湖旅游业发展对全国的借鉴意义

淳安以发展生态旅游产业为重点，推动县域经济可持续发展，积累了不少成功的经验，为欠发达地区选择发展道路、实现区域经济跨越发展提供了有益的借鉴和启示。

（一）充分发挥比较优势，把历史包袱转化为发展财富

市场经济是全面开放的竞争经济。发挥比较优势，实施错位发展，是增强区域经济竞争力的重要策略。淳安在发展经济的实践中，充分挖掘和发挥本地资源的比较优势，大力发展带动作用较大的旅游经济，把曾经的历史包袱转化为区域经济发展的财富。淳安曾因千岛湖而贫，千岛湖成了淳安的痛，长期困扰着当地经济发展，一度成为沉重的历史包袱。旅游经济的发展，改变了千岛湖的命运。淳安依靠千岛湖旅游拓展市场，依靠千岛湖旅游凝聚人气，依靠千岛湖旅游聚集财气，推动了交通、物流、餐饮、宾馆、房产、金融等相关产业的发展，引来源源不断的游客，带来滚滚不断的财源，千岛湖已经成为淳安的最大财富。

（二）合理开发利用资源，把绿水青山转化为金山银山

丰富的自然资源是经济发展的重要基础，合理开发资源是保持可持续发展的重要条件。淳安县高度重视资源的合理开发，保证资源的有序利用，把当地的绿水青山转化成为永续发展的金山银山。历史上，当地群众曾按照"靠山吃山、靠湖吃湖"的传统习俗，砍伐山林卖钱、烧制木炭换物、填湖造田种粮、围湖捕捞谋生。这种以资源消耗为主的开发方式，不仅造成了资源的极大浪费，而且破坏了生存环境。为此，淳安转变产业发展方式，大力实施旅游强县战略，通过政府主控资源，有效地引导资

源的科学、有序、适度开发利用，从"卖资源"到"卖风景"，把美丽资源转化成生产力。千岛湖生态旅游发展的实践充分证明，只要科学适度开发生态资源，就能实现生态效益和经济效益双丰收。

（三）注重自然生态保护，把环境压力转化为生态魅力

淳安是全国生态环境最优地区之一。保护环境与发展经济对淳安来说一直是两难选择。淳安县在推动经济发展过程中，正确处理好保护与发展的关系，把环境压力转化成生态魅力。一直以来，淳安始终把"生态立县"放在首位，提出"决不以牺牲环境为代价来换取一时的发展、决不在产业结构调整时接受污染转移、决不在招商引资中降低环保门槛"的"三个决不"原则，先后实施了封山育林、植树造林、涵养水土、保水养渔、清洁乡村等一系列环保工程，把一个曾经水土流失、荒山秃岭的库区，变成了青山秀水、环境一流的景区。由于旅游业的发展，茂密的森林成了"摇钱树"，清澈的湖水成了"聚宝盆"，群众从过去的"砍树"变成了"看树"，从"炸鱼"变成了"护鱼"，保护环境的"阻力"变成了"助力"。千岛湖已成为绿色生态的代名词，绿色生态成为千岛湖最响亮的品牌，绿色品牌带动了淳安经济快速健康发展。

三 千岛湖旅游业面临的机遇和挑战

在特别生态功能区背景下，千岛湖旅游有利因素与不利因素共有、机遇与挑战并存。特别生态功能区成立后给千岛湖旅游带来的新机遇表现在"三个有利于"，带来的新挑战表现在"三个受限制"。

（一）面临的机遇

1. 有利于旅游产业地位提升

淳安是"两山"理念早期萌发地和率先实践地之一，还是全省 26 个加快发展县之一，只有走出一条高质量发展的新路子，才能使"两山"理念更有说服力。淳安特别生态功能区建立后，摆在其面前的只有一条路——转型升级高质量绿色发展，产业结构势必会相应做出重大调整。根据淳安资源现状，作为深绿产业的旅游业就成为其必然选择，这就赋予了千岛湖旅游特殊的历史使命，赋予了千岛湖旅游新的内涵，坚定了全县人民走旅游产业化之路的决心，使全县形成齐心协力、上下共管的良好局面，合力兴旅氛围更加浓厚，确保把千岛湖旅游打造成为"两山理论"转化的重要窗口。

2. 有利于旅游环境营造

"保护优先"不是不要发展，"绿色发展"不是饥不择食，而是要妥善处理好保护与发展的关系，不能乱开发、搞破坏性开发。千岛湖核心功能转变后，千岛湖将成为社会各界关注的焦点，各级政府对旅游业会更加重视，旅游资源保护力度势必会加

大，生态环境会更加优越，千岛湖颜值会越来越高，休闲度假条件也更加成熟。生态环境好了，会促进旅游业的良性发展，反之，旅游业发展了，又会促使更好地保护赖以生存的生态环境，形成良性的循环机制，从而为高水平建设淳安特别生态功能区，加快形成千岛湖生态保护和环境治理长效机制夯实基础，对打造国际一流休闲旅游目的地将起到积极作用。

3. 有利于旅游转型升级

建设淳安特别生态功能区，关键是做足淳安特色，做足"特别"文章，做强生态功能。千岛湖旅游是实现这一目标的重要载体和展示平台，这就倒逼千岛湖旅游走转型发展之路，坚定转型目标，夯实转型举措，加快旅游转型步伐，出台促进旅游业发展的措施，淘汰低端旅游产品，建立旅游产业生态链，打造保护与发展相结合的千岛湖模式，达到高标准保护、高质量发展、高品质生活，确保"国际一流休闲旅游目的地"目标的尽快实现。

（二）新的挑战

1. 产品开发受限制

特别生态功能区成立后，社会各界关注度将显著提高，保护优先会更加突出，产业发展导向将做出调整，项目准入门槛会相应提高，项目审批会更加严格，招商引资难度会进一步加大，一些适合市场需求、深受游客喜爱的产品将被限制引进，甚至现有产品可能被关停，特别是千岛湖旅游的短板——急需的大型休闲娱乐项目建设难度大增，旅游产品丰富度大打折扣。如广东万绿湖景区成为香港、深圳的饮用水源地后，体验性项目一律关停，只能做局部的小提升，湖区运力始终保持在 4000 个，迫使万绿湖旅游得不到突破，年游客接待量一直处于 30 万人次左右。

2. 发展空间受限制

特别生态功能区会对千岛湖功能定位、空间布局进行重新规划，在一定程度上也让千岛湖旅游发展戴上"紧箍咒"。许多优质旅游自然资源，特别是沿湖地段作为生态敏感区被划为保护地带，项目建设将会受到严格控制，项目开发难度进一步增大，从而使旅游发展空间受到很大挤压，导致出现大项目很难落地，而小项目又难成气候的困局，严重影响千岛湖旅游业持续快速发展。如万绿湖 116 米高程 300 米以内严禁新建建筑，周边旅游项目引进实行严格限制，虽然紧邻经济发达的珠三角地区，万绿湖却始终停留在观光旅游阶段，休闲度假始终难成气候，旅游业一直无法做大做强。

3. 品牌竞争力受限制

千岛湖核心功能调整后，下湖游客将受到严格控制，作为淳安旅游核心产品的湖区游将逐渐成为奢侈品，旅游只能向乡村腹地发展。受资源禀赋、交通条件等不利因素影响，千岛湖对游客吸引力在一定程度上会下降，对投资商的吸引力下降，千岛湖旅游市场竞争力将受到较大挑战，千岛湖品牌价值受到影响，最终使淳安经济的发展后劲和发展潜力受到制约。

四 淳安千岛湖旅游业的发展路径

相对论有一个著名论断：变是绝对的，不变是相对的。在千岛湖核心功能转变的大背景下，千岛湖旅游处在一个非常关键的历史节点，面临前所未有的挑战，我们既不能躺在过去的功劳簿上吃老本，更不能怨天尤人，做一个"怨妇"。习近平总书记说过：要坚持用全面、辩证、长远的眼光分析当前经济形势，努力在危机中育新机、于变局中开新局。因此，必须用战略眼光来审视千岛湖旅游，顺势而为，破旧立新，融合创新，科学选择发展路径，找出最大公约数，画出最大同心圆，打造国际一流休闲旅游目的地，构建全域、全季、全时、全链产品的千岛湖特色旅游发展新模式，努力探索出高质量深绿发展的"淳安样板"，实现千岛湖旅游二次飞跃。

（一）理念上坚持生态发展

要不要发展？这是千岛湖旅游首先要解决的问题。习近平总书记 2018 年 9 月视察查干湖时指出：生态保护要与发展生态旅游相得益彰。自发展旅游业以来，保护与发展始终是淳安面临的两大课题，既经历了姓工、姓农还是姓旅的反复争论，也经历了水库无用论（要想富，炸水库）—水库至上论（要想富，办民宿）—发展破坏论（谈湖色变）的曲折发展之路。面对淳安县 46 万人口生存与发展的实际，淳安县是否"只保护，不发展"？四十年旅游发展的实践已经反复证明，千岛湖发展旅游不仅不破坏环境，反而有助于环境保护，只有坚定不移走旅游产业发展之路，才能找准保护与发展的黄金结合点。因此，首先思想上，一定要破除发展旅游对千岛湖水质有影响、与生态环境保护有冲突的思想顾虑，树立"保护优先"不是不要发展，发展和保护不是天生敌人，而是要高标准保护、高质量发展的指导思想。其次行动上，要切实按照"保护至上、绿色发展、永续利用"的原则，从淳安实际出发，科学选择发展道路，探索新的发展路径，逐步摆脱对湖区传统观光游的依赖，因地制宜地选择适合自己的发展模式，通过高质量发展，打造"国际一流休闲旅游目的地"，争当"全国湖泊型绿色发展典范"。

（二）产品上坚持深绿发展

哪些产品可以发展？这是千岛湖旅游目前面临的最急迫也是最棘手的问题。针对现状，我们不能不作为，更不能乱作为，而是要走深绿发展之路，实现淳安旅游产业持续健康发展。首先在发展方式上，要明确深绿发展内涵，在"共抓大保护，不搞大开发"的前提下，明晰旅游发展范围，探索和设计深绿发展的模式机制，走出一条差异化发展路径，如做好存量文章，对现有景区景点进行多元化改造提升，融入休闲体验元素，使旧景区焕发新活力。其次在产品选择上，要做到有的放矢，要以无污染、低排放、高效益为前提，大力发展大健康、旅游度假、运动休闲、会议会展、文化创意等深绿产业，全力从浅绿转向深绿、从低端转向高端、从低附加值转向高附加值，打开绿水青山向金山银山转换的新通道。最后在产品建设上，要按照"临湖做减法、山区做加法"的思路，湖区旅游要紧紧围绕"观光品质化、项目立体化"原则，学习瑞士日内瓦湖的开发经验，主打高端定制游和生态环保游，让湖区游从量的增长转为质的提高；乡村旅游要围绕"产品精品化、度假高端化、特色本土化"原则，上山下乡纵深发展，打造休闲度假和健康养生新阵地；城市旅游要围绕"休闲平民化、产品融合化、主客共享化"原则，做深休闲游、做大夜间游，实现白天有玩处、晚上有乐处；特色旅游要围绕"产品个性化、项目科技化"原则，"补短板"、增特色，打造运动休闲新品牌，如把垂钓作为一项产业来培育，将其打造成千岛湖的一大奢侈旅游产品。目前要通过开发空中观光游、空中运动游、温泉游、室内滑雪、陆上娱乐等新业态和新项目，实现看湖不下湖、观岛不上岛、玩水不下水、滑雪不上山，形成山上、山下，城里、城外，湖中、湖上立体生态旅游产品体系，推动千岛湖旅游转型升级，实现淳安深绿发展（见表2）。

表2　淳安县近期重点发展业态设想

序号	业态	项目名称
1	大健康	康养项目
2	旅游度假	高端度假酒店
3		度假村落
4		复合型景区
5		休闲农业园区
6		温泉小镇
7		主题乐园
8	运动休闲	亚运场馆
9		滑雪项目
10		营地项目
11		航空旅游项目
12		登山步道
13		水上运动项目
14	会议会展	国际会展中心
15	文化创意	影视文化小镇项目
16		研学基地
17		大型实景演出项目
18		文化资源转化为文创产品

(三) 空间上坚持集聚发展

哪些地方可以发展？这是我们在解决发展理念和发展产品问题后，不能不面对的紧迫问题。在千岛湖核心功能变迁的背景下，要跳出旅游看旅游、跳出千岛湖看千岛湖，唯有创新才能破解旅游发展困局。一是创新发展理念。淳安县 2012 年在全省率先实施全县景区化战略，经过八年的发展，乡村旅游、城市旅游与湖区旅游共同成为千岛湖旅游"三驾马车"，尤其是乡村旅游逐渐成为主战场和淳安百姓增收致富的主载体，上山下乡和全域旅游理念深入人心。但是在淳安成为生态功能区和千岛湖成为水源保护地后，随着环保压力加大，以往那种村村冒烟、户户点火、数量扩张模式显然不符合新形势下深绿发展要求，因此，我们要顺应变化，深层次考虑全域旅游可行性，明确是继续发展全域旅游，还是发展重点区域旅游。只有精准施策，突出重点，高质量集聚式发展才是千岛湖旅游发展方向。二是创新发展平台。坚持项目为王，探索新机制，打造生态型、创新型、特色型发展平台。我们要紧紧抓住生态功能区建设初期的政策"窗口期"，考虑借鉴"生态补偿飞地模式"，在现有基础上，科学选择旅游资源集中、产业基础雄厚、用地条件较好的区块，作为淳安旅游重点发展集聚区，明确功能定位，享受国家一系列优惠扶持政策，使其成为旅游招商和项目建设新平台，既可保护生态环境，又可推动旅游业升级换代，更可解决淳安民生问题，成为深绿发展的主载体，打开淳安发展新空间。目前，随着千黄高速的开通和淳开高速的立项，淳安"双高时代"来临，淳安交通可进入性大为改善，旅游格局将产生重大变化。建议立足乡镇、片区特色，走抱团发展、差异化发展的道路，形成"一城、一湖、六板块"的空间布局：一城即千岛湖主城区，一湖即环湖旅游经济带，六板块即亚运板块、进贤湾温泉板块、大下姜板块、大姜家板块、高铁板块、大威坪板块。重点发展大下姜片区、大姜家片区，实现两"姜"携手，周边乡镇"融姜"发展，把西南片区打造成为淳安的旅游新中心。同时，北部片区把威坪镇区块作为重点发展集聚区来培育，将其打造成为千岛湖旅游次中心，成为千岛湖旅游新平台。

(四) 方式上坚持融合发展

如何发展？这是千岛湖旅游必须要逾越的鸿沟。在当前形势下，只有深绿发展一条路，而旅游业又是其中一条宽广但曲折的绿色大道，只有大家拧成一股绳，劲往一处使才能不断前行。为此要做好三个融合：一是理念融合。树立旅游兴则淳安兴的思想，坚持两手抓：一手坚持"旅游＋"，旅游要主动与其他产业融合，推动产品升级；另一手要坚持"＋旅游"，引导各行各业主动与旅游接轨，全县上下形成一盘棋，齐心协力发展生态旅游。二是产业融合。整合资源优势，将各行各业特色资源转换成旅游产品，发展新产业、培育新业态，促进百业融合发展。当前要重点做好城乡融合、农旅融合、文旅体融合、校旅融合，重点培育好城市游、研学旅、体育游、康养游、演艺游，大力发展两业两时经济，力争实现旅游国际化、融合化、品质化和智慧化，打造旅游新蓝海。三是职能融合。政府部门要从各自职能出发，加大对旅游业扶持力度，在资金、人才、审批、用地等方面给予旅游业倾斜。当前要着重做好三个层次工作：对部门乡镇要从考核入手，统一思路，增加压力，引进项目，做强产业；对企业要从政策引导入手，激励发展，做大市场；对群众要从宣传入手，加强培训，走出去，学进来，动起来。通过通力协作，形成一产围绕旅游种、二产围绕旅游开、三产围绕旅游办的良好发展氛围，推动淳安旅游跃上新台阶。

参考文献

厉新建、胡晓芬：《抓好当前旅游业发展应注意的几个问题》，《中国旅游报》2019 年 4 月 9 日。

《淳安县"十四五"文旅体发展规划》，2021 年 7 月。

（责任编辑　方晨光）

农村电商促进乡村振兴的调查与对策

——以浙江湖州为例*

◎毛佳怡 王灵钰 何雅婷 李 敢

提 要：2021年中央一号文件再度强调"民族要复兴，乡村必振兴"，务必扎实推进"三农"工作进展。基于此，本调查以"乡村振兴示范生"——浙江省湖州市德清县为主要调研地，实地探究电商引入农村后居民对现有生活水平满意度的呈现，综合运用比较均值分析、相关分析、回归分析、因子分析和聚类分析对影响因素展开进一步探讨。最后，文章根据研究结论提出了电商进农村对乡村振兴的影响及相关建议，其中指出，利用电商平台提高收入、推进乡村产业融合，以及人才和技术引入的齐头并进等方面构成农村电商助力乡村振兴的重要路径，以期有助于完善和发展"美丽乡村"的后续建设。

关键词：农村电商 乡村振兴 美丽乡村 浙江湖州

作者毛佳怡，河海大学商学院在读硕士研究生；王灵钰，四川大学公共管理学院在读硕士研究生；何雅婷，南京邮电大学管理学院本科在读；李敢，南京邮电大学管理学院副教授。

依国家乡村振兴战略蓝图，坚持农村优先发展，实现"产业兴旺、生态宜居、乡风文明、治理有效、生活富裕"，推动城乡一体化融合发展，推进农业农村现代化。在此背景下，本文针对"三农"电商进行深入研究，尝试搭建起一个易操作、商业化、近民生的助农平台，有着理论性兼实践性的意义与价值。农业农村部信息中心课题组（2020）调研指出了农村电商对于乡村振兴的积极功用："创新发展农村电

---

* 国家社科后期资助项目"数字化转型下重塑乡村产业模式与生活方式问题研究"（20FSHB026）。

子商务，加快实施'互联网＋'农产品出村进城工程，坚持以农产品电子商务为重点，大力发展内容电商、品质电商、社交电商、视频电商等。"[1]与此同时，5G及其应用的发展和使用将从多方面为农村电商带来新一轮的发展机遇，农村电子商务高效、及时的信息化方式，帮助农民销售、推广当地的特色产品，在此基础上实现农民增收、农村产业融合，是助推城乡统筹均匀发展和解决"三农"问题的关键路径之一[2]。由此可见，在国家乡村振兴政策的大力支持下，农村电商的发展将带动部分农村地区经济实现更高层次的增长和突破。因此，未来乡村的发展，尤其是乡村产业集聚化发展仍需不断地注入新鲜"血液"，需要将新科技、新产业融入现有产业发展中，打破固有模式，做出符合"两山理念"的创新思考。

　　浙江省湖州市德清县目前在乡村振兴方面成果丰硕，乡村文旅产业也取得了显著成效，但是，具体的优秀经验还需进一步加以总结，例如，如何进一步发展特色产业乡镇、如何有效吸引人才等，还需进一步在实践中予以探索。本调研项目将以数据分析结果为支撑，讨论农村电商在德清县的普及情况，探寻伴随农村电商发展，德清县居民生活质量发生了怎样的变化。在一定意义上，本调查研究对于江浙乡镇的可持续发展也有相应的借鉴价值。

　　有鉴于此，我们通过问卷调研、实地考察、人物访谈三种形式分别调查了德清县常住居民、德清县政府相关部门工作人员、莫干山镇小微企业老板和员工对农村电商发展的观点与见解，探讨在乡村引入电商后对他们个人生活满意度的影响因素，并据此给出相应对策。

一　调查与数据分析

（一）理论模型

　　"生活满意度是个人依照自己选择的标准对自己大部分时间或持续一定时期生活状况的总体性主观认知评估，它是衡量某一社会人们生活质量的重要指标之一。"[3]国内对居民生活满意度的研究始于1970年以后，有研究发现，"居民生活质量的70%～80%可以被健康状况、人际关系和生活满意度等主观因素解释，主观生活质量受到重视"[4]。不过，截至目前，学界尚未有统一的关于居民生活满意度测量的评价指标体系。冯立天（1995）较早提出，作为居民生活质量的一个组成部分，居民生活满意度测量可以从收入、工作、闲暇、受教育程度、住区环境、可享受的医疗保险和医疗条件等方面进行测度[5]。

　　本文选取以下变量，通过农村居民对如今乡村建设中各方面的满意度，初步判断总体生活满意度，并为下一步乡村建设如何提质增效给出相关建议。借鉴李丽（2020）使用结构方程模型研究农村居民生活满意度的方法[6]，经改进，建立了如表

1 所示的理论模型。

表 1 理论模型

	对家庭收入满意度 x_{11}	
收入满意度 x_1	与村里其他家庭相比收入满意度 x_{12}	
	对家庭收入增长满意度 x_{13}	
	对农村通信基础设施满意度 x_{21}	
	对智慧乡村建设满意度 x_{22}	
社会生活环境满意度 x_2	对农村公共基础设施满意度 x_{23}	
	对物流配送效率满意度 x_{24}	
	对医疗养老条件及设施满意度 x_{25}	
	对自然环境变化满意度 x_{26}	生活满意度 y
	对电商平台交易流畅满意度 x_{31}	
对使用电商平台满意度 x_3	对商务物流管理满意度 x_{32}	
	对电商平台监管力度满意度 x_{33}	
	对电商平台售后反馈情况满意度 x_{34}	
对工作情况满意度 x_4	对自身工作情况满意度 x_{41}	
	家人对您工作情况满意度 x_{42}	
对人际关系情况满意度 x_5	对互联网社交圈变化满意度 x_{51}	
	对邻里密切关系满意度 x_{52}	
对家庭满意度 x_6	对家庭成员受教育满意度 x_{61}	
	对家庭劳动人员就业满意度 x_{62}	

（二）描述统计

1. 受访者基本情况

在本次调查中我们共调查了 284 位德清居民。在受访者中，男女比例为 33%∶67%，女性所占比例较大。24～40 岁所占比例最大，为 48.77%，41～65 岁所占比例为 38.25%，18～23 岁所占比例为 11.58%，而 18 岁以下和 65 岁以上受访者占比均为 0.70%。这些数据与德清县农村人口分布现状基本一致，说明受访者群体基本可以代表德清县全体居民。

2. 农村居民使用电商平台的情况

我们调查了受访者经常使用的电商平台，从调查结果中可以看出，淘宝是目前消费者主要光顾的电商平台，美团排第二名，饿了么位居第三，而携程、去哪儿、爱彼迎三大旅游电商平台相较其他平台排名并不高。虽说乡村文旅是实施产业乡村振兴的一个重要模式，但受制于新冠肺炎疫情尚未消弭，旅游行业受到极大冲击。乡村电商的发展未来还是要以多元化服务为主。

3. 乡村引入电商后社会生活环境基本情况

我们选取总体满意程度、人际关系和社会生活环境这三个方面了解电商引入农村后居民生活满意度的基本情况。

从总体生活状况来看，随着乡村振兴的发展，农村居民对乡村的生活状况的满意程度处于相对中等的水平，可见乡村的总体建设对农民的满意程度而言相对均衡，乡村振兴建设初具效果，但若要进一步提升农民的满意度，仍有很长的一段路要走。

从人际关系来看，乡村居民对人际关系的满意程度水平中等，与社会生活环境这一方面相比较，存在一定的差距，可见，尽管乡村的建设发展为农民带来了更好的生活环境，方便了农民的生活，但是乡村居民之间的密切程度没有达到他们的预期，互联网社交圈的变化也并没有让农民对自己的人际关系的变化感到满意。

从社会生活环境来看，农村居民对自然环境的变化、医疗养老设施、物流配送效率、公共基础设施、智慧乡村建设、通信基础设施都具有较高的满意度，乡村振兴对社会生活环境的改善有着显著功效，产生了一定的成果。然而，社会生活环境如何实现可持续发展也面临相应挑战，需要在实践中进一步提升。

（三）比较均值分析

为探究莫干山区现有与民宿、农产品（含茶、竹、笋等）、手工艺品、餐饮相关职业中哪一类职业对乡村振兴的效果最为明显，能够更快促进乡村经济的建设与发展，我们利用比较均值分析，比较各个职业的可支配收入的均值。由于选择可支配收入为分类变量，在计算均值时，我们对其进行了一定的处理后进行了相应分析。由调查结果可知，在选择职业为"与民宿相关"的 98 名受访者中，转换变量后，其可支配收入的均值最高达到了 3.65，其余变量的均值依次为"与餐饮相关"3.18、"与农产品相关"2.62、"与手工艺品相关"2.41。由此可见，民宿作为近年来乡村文旅发展的新兴产业，是莫干山区村民较多从事的职业，与其他相关职业相比，能够更加直接、迅速地为乡村带来经济收益，是促进乡村振兴的助推剂之一。

（四）因子分析

通过对调研问卷的效度分析可知，该问卷的效度达标，说明变量间有较强的相关性，适合做因子分析。在进行方差最大正交旋转后，通过旋转后的成分矩阵得知，每一个成分里较大载荷的因子刚好是我们预先设置的模型，我们将其对应转换计算变量，方便进一步相关分析，成分名分别为对收入现状的满意程度、对社会生活环境的满意程度、对所使用的电商平台的满意程度、对工作情况的满意程度、对人际关系的满意程度、对家庭的满意程度。

（五）相关分析

通过相关分析可知，总体满意程度与收入现状的满意程度的相关性为 0.692，与社会生活环境的满意程度的相关性为 0.610，与所使用的电商平台的满意程度的相关性为 0.710，与工作情况的满意程度的相关性为 0.583，与人际关系的满意程度的相关性为 0.466，与家庭的满意程度的相关性为 0.581，可见总体满意程度对 6 个变量的满意程度都具有较强的相关性，可以进一步做回归分析。

（六）回归分析

在进行了相关分析的基础上，我们对总体满意程度以及各个因子做了回归分析，进一步探究自变量和因变量之间的联系，得出相关结论（见表 2）。

表 2　满意程度方程回归系数

模型	未标准化系数		标准化系数	t	显著性
	B	标准误差	Beta		
（常量）	7.346E - 16	0.031		0.000	1.000
对收入现状的满意程度	0.335	0.042	0.320	7.987	0.000
对社会生活环境的满意程度	0.198	0.043	0.181	4.604	0.000
对所使用的电商平台的满意程度	0.341	0.054	0.274	6.292	0.000
对工作情况的满意程度	0.133	0.040	0.130	3.359	0.001
对人际关系的满意程度	0.142	0.036	0.139	3.924	0.000
对家庭的满意程度	0.127	0.037	0.125	3.452	0.001

因变量　总体满意程度

表 2 中的 B 即为回归分析中的系数，是反映自变量 x 的变动引起因变量 y 变动的量。对收入现状的满意程度、对社会生活环境的满意程度、对所使用的电商平台的满意程度、对工作情况的满意程度、对人际关系的满意程度、对家庭的满意程度的显著性均小于 0.05，说明这 6 个因子对因变量 "总体满意程度" 均产生显著性影响，其中变量 "对所使用的电商平台的满意程度" 和 "对收入现状的满意程度" 的系数最高，可见在其他条件不变的情况下，提高受访者对所使用的电商平台的满意程度和对收入现状的满意程度可以更为明显地提高对总体生活水平的满意程度。

（七）不同年龄、学历的农村居民对电商平台的满意程度二阶聚类分析

根据回归分析得出受访者 "对电商平台的满意程度" 这个因子的系数最高，为了进一步确定不同年龄、学历的农村居民对电商平台的满意程度，建立与用户的对话，分析目标用户的原型，对调查问卷采用二阶聚类方法，将受访的人群进行划分，使每一类电商平台使用者的满意度与总体满意度相结合，旨在细化目标人群，更深入地了解他们的需求。

1. 聚类项数的确定

利用 SPSS 软件输出的二阶聚类结果，软件推荐的聚类个数为 3，将人群划分为三项较为科学，聚类的质量可以达到尚可的阶段。

2. 聚类人群比例的确定

根据软件显示的聚类人群的比例，各类人群所占的比例比较均衡，第一类人群所占的比例为36.60%，第二类人群占29.60%，第三类人群占33.80%，可见通过这种方法得到了较好的聚类结果。

3. 聚类人群的划分

对"年龄""受教育程度""对商务物流的满意程度""对电商平台售后的满意程度""对电商平台监管力度的满意程度""对电商平台交易流畅性的满意程度"以及"对总体生活的满意程度"这7个变量进行了二阶聚类，聚类结果按变量重要性程度排列后，可以发现不同的聚类人群对电商平台的满意度和总体生活的满意度有不同的反馈。

根据对不同聚类变量的平均值的计算，得出表3，可以概括不同人群的基本特征，进行目标人群的分类。

表3　聚类人群分类

类别	1	2	3
年龄	3（73.1%）	3（76.2%）	4（97.9%）
受教育程度	3.85	3.83	2.73
对电商平台交易流畅性的满意程度	3.27	4.12	3.69
对商务物流的满意程度	3.19	4.29	3.56
对电商平台监管力度的满意程度	3.13	4.17	3.52
对电商平台售后的满意程度	3.31	4.33	3.56
对总体生活的满意程度	2.90	4.17	3.23

第一类人群的主要特点是年龄最小、受教育水平最低、对电商平台的满意程度及对总体生活的满意程度最低。第二类人群的主要特点是年龄较小、受教育水平较高、对电商平台的满意程度及对总体生活的满意程度最高。第三类人群的主要特点是年龄最大、受教育水平较高、对电商平台的满意程度及对总体生活的满意程度较高。

由上述分类结果可知，在农村中有63.40%的青年人和中年人对电商平台还是有一定的满意程度的，由此可见，近年来农村电商发展迅速，在农村中已具备相应的基础，能够帮助乡村更好更快的发展，是乡村振兴的渠道之一。

但是仍然有36.60%的年轻人对电商平台的满意程度不是很高，从他们的学历可以判断出这类年轻人可能正处于毕业创业找工作的迷茫探索时期，农村电商平台只是他们在探索过程中的尝试之一，而作为乡村新兴的交易模式，农村电商依然具有较强的不稳定性，无法满足他们现阶段的生活和工作需求。由此可见，农村电商的发展并不成熟，仍然需要不断完善，开创更多的交易方式，进行多样化发展，提高其稳定程度和盈利程度，在此过程中吸引更多年轻人创业，最终才能在乡村建设的过程中成为一项稳定的就业方式，为乡村的建设贡献力量。

二 电商进村对乡村振兴的影响及相关建议

近年来，随着农村电商的引入，德清县莫干山镇居民的生活发生了一定程度的变化。根据调查结果可知，当地居民对乡村生活的总体满意程度处于中等偏上的水平，反映了乡村各个方面的建设发展使农村居民对现在的生活状态较为满意，因此农村电商的发展对乡村振兴具有一定的促进作用，乡村振兴战略的实施落地具有了一定的效果，但仍需要不断努力。下面将从美丽乡村建设、引进人才与技术、改善人际关系、利用电商平台提高收入以及促进农村产业融合五个方面对乡村振兴战略提出相关建议。

（一）强化农村信息化投入，促进美丽乡村建设

在浙江，源自"千村示范、万村整治"的美丽乡村建设是实施乡村振兴战略过程中的根基性工作，有了舒适的自然和生活环境，农村居民才能够更好地进行工作，更好地创造价值，为农村的发展贡献力量。

其一，从农村通信基础设施方面来看，农村电商的发展有助于促进农村通信基础设施的进一步完善。农村电商发展的前提便是手机、电脑等互联网通信工具的普及，根据调查结果，农民对通信基础设施的满意程度在社会生活环境方面是最高的，可见农村电商帮助乡村基础通信设施得到了进一步的发展，移动通信设施在乡村更为普及。随着 5G 技术的发展，除了在城市设立 5G 站点之外，可以根据农村发展的情况，调研政府和农民的需求，在保证各地基本的移动通信的基础上，考虑适当引入 5G 技术。5G 的局域网信号具有范围广、穿透性强的特点，能够更好地接收连接地处偏远或封闭地形的乡村地区的信号、网络。提高电商平台使用的效率可以进一步促进农村电商的快速发展。

其二，从智慧乡村建设来看，农村电商的发展提高了智慧乡村建设的水平。借助新兴的数字化技术，充分挖掘和展示其乡村特质，莫干山镇正在尝试将静态的生态风光、农业生产以及乡邻关系等场景转化成为动态的信息流和超文本[7]，是乡村数字化建设的一个榜样。但是，智慧乡村的建设离不开产业的发展和农民收入的提高。为进一步推进数字化建设的广度和力度，提高其适用性和稳定性，研发具有更高水平的智慧乡村建设方案，可进一步探索如何利用淘宝等电商平台更好地服务于农民收入的提高，促进农村产业链的完善，增加农民的获得感。

其三，从农村公共基础设施来看，农村电商的引入促进了公共设施的完善。农村电商的发展为政府和农民创造了收益，美化了环境。但从调研可知，农民对于农村公共基础设施的满意程度在生活满意程度内容构建中是最低的一项。由此可见，农村公共基础设施的建设还有不足，没有符合农村居民的期望，当地政府可利用相关电商平台的发展、建设、引入宣传，提高政府的财政水平，寻找更加优质的公共基础设施建设方案。

其四，从物流配送效率来看，农村电商的发展有助于物流产业的发展。物流产业是农村电商发展的相关产业，与农村电商的关系密切，是电商交易模式的第二个环节。总体而言，农民对农村物流配送的效率的满意度较高，可见电商的发展为农村带来了较高的物流水平，而物流产业的发展也为农村电商的发展提供了保障。因此，农村在原有的基础上应该更加重视物流配送的过程，利用物流产业让农村电商的发展更加完善，达到相辅相成的效果。

其五，对于医疗养老条件及设施而言，农村电商的发展提高了医疗养老条件和设施的水平。农民对医疗养老条件及设施的满意程度较高，是因为农村电商的发展令生活在农村的农民接触了新的事物，在一定程度上改变了其原有的生活观念，更注重生活的品质，更加倾向于健康的生活方式，从而提高了农村的医疗卫生水平。由此可见，农村电商间接改善了农村的医疗养老条件和设施，政府应该更加重视农村电商的发展。

总的来说，农村电商的发展有助于推进美丽乡村的建设进程，当地的政府和居民应该利用农村电商这个广阔的平台，进一步促进村民收入的增加、产业结构的改善，建设更加美丽和谐的新农村。

（二）依靠电商产业引入人才和流量

近年来，农村电商作为电商产业的一个重要分支发展迅速，但现阶段农村电商的发展并不成熟，例如，"大好高"企业引导性过强，小微企业竞争激烈，许多微商潜在竞争者仍在不断涌入。农村电商要不断完善，就需要引入更多年轻人参与，需要引进先进的科学技术。

农村电商的发展需要引进有专业电商管理知识和经验的人才。依据我们的聚类分析结果可知，部分年轻人对电商平台的满意程度不高。许多正处于毕业或创业期的年轻人可能把农村电商视为初期的一个探索，但坚持下去的人并不多。农村电商作为近年来乡村新兴的交易模式，具有较强的不稳定性，无法满足他们现阶段工作的需求。这就需要政府制定更好的人才引入政策，需要企业的支持，更需要高校在教育过程中向青年人传授专业的"农村电商物流""农村电商信息化"等课程[8]，灌输乡村振兴发展的理念，灌输奉献自我、圆梦乡村的就业新思路。

此外，农村电商的发展需要当地居民的更多参与。莫干山镇当地年轻人受教育程度普遍不高，外出打工者较多，当地居民从事当地电商事业的较少，反而降低了当地产品的宣传和销售水平。只有长时期生活成长在当地的人才是最了解农商产品的人，也是和商品及地域联系度高、"最懂故事的人"。近年来，"故事营销"成为了流行趋势，当地居民不妨积极参与，这对农商产品的售卖和营销无异于是好事一桩。

除了人才的引进，科技的引进也十分重要。近年来，电子商务和现代物流产业发展迅速，高科技被广泛应用于电商交易的各个环节当中。农村电商的发展也不例外。在线上消费者越来越追求产品质量保障的时代，农村电商产品品质溯源成为发展趋势，区块链、云计算、大数据等技术的发展为保障农商产品质量添砖加瓦。但农村电商一直没有一个属于自己的、独创的科技，一方面因为缺乏相关科技人员的研究，另一方面因为农村电商本身的发展就是依赖于模仿现有电商成功的发展模式。概而言之，"三农"电商的发展能否实现突破，最终要依赖于技术和人才双重引进的合力成果。

（三）关注电商社交圈对人际关系的影响

农村电商在一定程度上扩大了农村居民的交际圈，是与外界沟通接触的桥梁，有利于改变村民现有的人际关系。然而，调查结果却显示，农村居民对互联网交际圈变化的满意程度并不高。可见，尽管交际的范围扩大了，但是人与人之间沟通交流的质量和诚信度反倒下降了。在互联网这个广大的交际平台上，会遇到形形色色的人，农村居民在交易沟通的过程中，应当保持警惕，提升"信息素养"，不断适应网络交际的新方式，熟练掌握电商平台的交易流程，提高自己的反应能力和自我保护意识。

而对于邻里的密切程度而言，农村电商的引入在一定程度上改变了农村居民的生活方式和思想理念，人与人之间的关系不再像过去那么简单纯粹，邻里关系逐渐疏远。为了提高居民的凝聚力，改善邻里关系，当地政府和村委会可以利用农村范围较小的特点，定期举行联欢和团建活动，帮助居民更好地进行沟通和交流。

（四）利用电商平台提高村民收入

从回归分析中可以得出，随着农村电商的发展，农民对收入的满意度和对电商平台的满意程度对总体的满意程度影响最大，可见，在其他条件相对不变的情况下，若提高农民的收入满意度或提高农民对电商平台的满意度，可以更为明显地提升总体的生活满意度，让乡村振兴达到更好的效果。

电商的引入为农村带来了一些新型的职业，如民宿、手工艺品和餐饮等。根据上述调查结果可知，民宿能为乡村带来更多的收益，对乡村振兴最有效。但通过调查受访者使用的电商平台可以发现，与民宿相关的电商平台使用的较少，为提升经济效益，快速增加农民的收益，政府应该鼓励有条件的村民发展民宿产业，并将民宿和电商平台紧密地结合在一起，使民宿入驻更多的电商平台，扩大其影响力，从而快速增加农民的收入，提升总体生活的满意程度。

手工艺品作为民宿产业的相关产业，由于其发展势头不足，影响力较小，对乡村振兴的作用也较弱，而农产品作为乡村的传统产业，其发展过程较为缓慢且稳定，因此从事农业生产的村民的收入并不是很高，对于上述两种产业，为扩大其影响力，让更多的消费者了解知晓，需要对提供这两种产品的电商平台进行改善，通过"直播带货"等形式提高大众的关注度，加大宣传力度，一方面可以提高农村居民对该类产品电商的满意程度，另一方面还能够增加从事相关职业的农民的收益，从而提升总体的满意程度，为乡村振兴的发展助力。

（五）深化农村电商发展，促进乡村产业融合

德清县乡村发展水平程度较高，是许多县（市）开展乡村建设的学习榜样。不难发现，自习近平总书记在浙江提出"八八战略"（2003）和"绿水青山就是金山银山"发展理念（2005）以来，德清县始终把美丽乡村建设摆在发展的非常重要的位置，开展了一系列省级以上涉农改革，由此还衍生出了国内现阶段发展最好的民宿产业集聚带，伴随农村民宿旅游的发展，相关产业如餐饮、乡村特产、农家乐体验项目等相继发展，呈现出"洋家乐""农文旅"等新型发展模式。

2020 年 3 月和 4 月，习近平总书记分别考察了浙江省湖州市有关乡镇以及陕西省乡镇发展情况，在考察后他表示，乡镇建设目前发展迅速，但如何提高乡镇农民的参与度，加快农村产业融合，促进乡村持久稳定发展是目前存在的问题，实现乡村振兴一定要走持久稳定的发展道路。2020 年 5 月 25 日，阿里巴巴集团创始人马云前往德清县莫干山镇考察调研当地在生态文明建设和产业发展等领域的经验和做法。作为电商界的老前辈，阿里巴巴集团考察团也对乡村产业融合发展充满兴趣。而这些足以说明乡村产业融合发展将成为乡村发展下一个阶段值得奋斗的方向。

农村电商有助于推动乡村一二三产业的融合发展，帮助农民更好地解决就地就业难题，拓宽农民增收致富渠道，在提高抵抗市场风险能力的同时，还能够促进产业链、价值链的分解、重构和功能升级，增加了农产品的附加值[9]。

农村电商的发展可以很好地助力乡村产业融合发展，电商平台的宣传也可成为乡村创业者的一个优选。无论是当地的产业融合，还是外来商家的项目筹办，都需要大量的人力资源，这也为当地居民创造了更多就地就业机会。同时，多样化产业的发展也可以吸引更多技术人才带来新的技术、信息等资源，推动乡村电子商务生态服务中心、创业中心和文化中心的建设，通过信息网络技术为乡村发展赋能，加快生产要素的回流[10]。农村电商可以促进当地经济的发展与美丽乡村的建设，从而提高当地居民的生活质量水准，为乡村振兴谱写可参考的"样本"。

注释

［1］王小兵、钟永玲、李想、康春鹏、董春岩、梁栋、马晔：《数字农业的发展趋势与推进路径》，《经济日报》2020 年 6 月 11 日，第 8 版。

［2］石全胜、余若雪、寒洁：《农村电子商务可持续发展模式探讨》，《商业经济研究》2018 年第 12 期。

［3］孟昭兰：《普通心理学》，北京大学出版社，1994 年。

［4］James Obadiah Bukenya. An Analysis of Quality of Life, Income Distribution and Rural Development in West Virginia. Morgantown：West Virginia University, 2001.

［5］冯立天：《中国人口生活质量与国际比较》，《人口学刊》1995 年第 6 期。

［6］李丽：《基于 SEM 模型的农村居民生活满意度调查分析——以山西省为例》，《长沙大学学报》2020 年第 1 期。

［7］李翔、宗祖盼：《数字文化产业：一种乡村经济振兴的产业模式与路径》，《深圳大学学报（人文社会科学版）》2020 年第 2 期。

［8］冯天璐：《农村电子商务的发展与分析》，《电子商务》2020 年第 4 期。

［9］盛瑛莺、扶玉枝、祁慧博：《农村电商发展趋势下产业融合模式研究——基于浙江省的案例分析》，《商业经济研究》2018 年第 5 期。

［10］陈婷：《"互联网＋"背景下农村电商发展的现实意义及对策分析》，《农业经济》2021 年第 2 期。

（责任编辑　方晨光）

杭州与海宁水上旅游一体化研究

——以上塘河为纽带*

◎查苏生

提　要： 上塘河因其天然的地理区位优势，直接贯通杭州城区与海宁盐官景区，然而由于目前两地城市能级差距大、潜在市场不均等，上塘河仅杭州城区段开通水上旅游项目，海宁段至今没有任何旅游开发。若以上塘河为纽带，通过串联方式进行开发，不仅能够直接带动杭海两地商业、人员、信息、文化的沟通与交流，还能快速提升海宁城市能级和城市形象。上塘河水上旅游航线不仅能直接带动杭海两地旅游业的发展，还能与杭海城际铁路共同构成"一陆一水"的一体化通道，成为长三角地区具有典型性、引领性的深度融合样板。

关键词： 上塘河　水上旅游　第二通道　杭州与海宁

作者查苏生，浙江省海宁市交通运输综合行政执法队职员。

上塘河位于杭州市东北部与海宁西部，是京杭运河重要支流，起点为杭州拱墅区施家桥，穿越临平区后进入海宁，终点为海宁盐官景区西侧的盐官上河排涝闸，全长 51.37 千米，流域面积 455 平方千米，河面宽 30～50 米。上塘河前半段位于杭州市区，现为六级航道，杭州市境内 27.30 千米（城区段 17.30 千米，余杭境内 11.38 千米，界河部分重叠），流域面积 283 平方千米，城区段河面宽 30～40 米，余杭境内 20～25 米（临平城区段 16～20 米），常水位 3.30～3.50 米，高出运河

　＊ 2021 年海宁市社科研究预立项规划课题；2021 年嘉兴市社科研究入围课题"杭海水上旅游一体化研究——以上塘河为纽带"的研究成果。海宁市港航管理服务中心的邱秦君、海宁市上塘河流域水利管理服务中心的夏冰提供了资料和数据帮助，谨此致谢。

2.00 米左右。上塘河后半段位于海宁市内，现为七级航道，海宁市境内 23.50 千米，航道已经多年不再有货船通行，并经多次拆除违建、剿灭劣 V 类等措施，沿岸生态有所修复、水体环境有所提升，为水上旅游开发提供了良好的生态景观条件。上塘河杭州段与杭州城区的上塘河（京杭运河长江南段通称）交汇，上塘河海宁段与盐官景区无缝衔接，地理区位优势无与伦比。此外，从城市地缘角度看，杭州作为浙江省省会，既是副省级城市，又是人口超大城市，旅游资源丰富、旅游市场巨大，通过上塘河连接海宁旅游资源后，市场在"溢出效应"下可惠及海宁盐官景区并辐射周边；从发展战略看，上塘河海宁段所经区域是海宁的杭海新城、连杭经济开发区腹地，上塘河的水上旅游航线可作为与陆路并行的"第二通道"，直接将杭海一体化落到实处。因此，无论是从地理条件、城市地缘层面还是政策层面来看，以上塘河为纽带直接将杭州城区与海宁市的主要旅游资源串联，实现一体化发展，均具有可行性和可操作性。

一 上塘河沿岸知名旅游资源汇总与梳理

上塘河横贯杭海，自西向东贯穿杭州拱墅区、临平区而进入海宁许村镇、长安镇、周王庙镇最终到达盐官景区，上塘河两端连接杭州城区与海宁盐官的重大旅游资源。因此，下面将通过传统的旅游资源两分法，对上塘河沿线旅游资源进行汇总梳理（见表 1）。

表 1 上塘河沿线主要旅游资源

	物质性旅游资源	非物质性旅游资源
上塘河杭州段	元代运河图、上塘河风情小镇、皋亭千桃园、天都公园、杭州半山国家森林公园、泰欣农业植物园等	白蛇传传说、"龙舟盛会"、"运河灯会"、庙会、"潮王"传说、"石栏长阵"传说、余杭滚灯、绿茶制作技艺（西湖龙井）、古琴艺术（浙派）、江南丝竹、十番音乐（楼塔细十番）、杭州摊簧、"皋山十景"、"湖墅八景"等[1]
上塘河海宁段	王国维故居、金庸书院、海神庙、孔庙学宫、宰相府、长安闸、大运河（长安闸）遗产展示馆、长安西街等	钱塘江潮、皮影戏、灯彩、云龙桑蚕文化、海宁三把刀技艺、民间信俗（潮神祭祀）、何文秀传说、蓝印拷花头巾制作技艺、海宁缸肉制作技艺、斜桥榨菜制作技艺、海宁摊簧、五梅花（传统舞蹈）、车水号子、敲鼓亭、元帅庙会、海宁思情山歌等（根据海宁民俗文化网整理）

通过表 1 可以看出，上塘河沿岸的物质性旅游资源和非物质性旅游资源，无论是总量还是类别都极为丰富，且这些旅游资源均存在一个共同点——都在上塘河沿岸，甚至登船上岸即达。这就使以上塘河为纽带，串联沿岸旅游资源具有了天然的基础和可行

性。下面，我们来梳理一下当前河流沿岸城市对于旅游资源线路的保护开发现状。

二　水上旅游开发模式

（一）西方国家水上旅游开发模式、思路和特点

西方国家对于水上旅游资源的开发侧重于生态的恢复与保护，他们将工作的重点放在恢复和保护，而不是功利导向的开发。相比中国无处不在的河道污染，在欧美西方国家看到的更多的景象是繁忙的游轮行驶在风景如画的河面上。[2]部分典型保护模式归纳汇总如表 2 所示。

表 2　西方国家水上旅游开发模式、操作和案例

开发模式	操作思路	具 体 操 作	典型案例
功能定位匹配模式	政府主导，市场参与	建立管委会，整治水质，转变泰晤士河的功能，将其与城市目标联系，制定法律法规及相应执法机构	英国泰晤士河
恢复性保护模式	政府主导，恢复生态	政府精心维护，恢复运河两岸茂盛植被，作为文化遗产，发挥教育与休闲旅游功能，世界上首个被列为文化遗产的运河	法国南运河
建设与使用两分模式	政府建设，市场经营	对河道及其周边古建筑进行考察、分析和规划，然后由政府负责硬件的建设和维保，使用权公开对外出租，市场化运营	荷兰阿姆斯特丹、鹿特丹水上旅游[3]
综合整治开发模式	服务公众，政府建设	综合整治水生态环境，提高水质，优化生态，建立中小学环保教育基地，带动巴黎旅游经济	法国塞纳河[4]

（二）国内水上旅游开发模式、思路和特点

城市水上旅游开发，既要考虑城市空间功能定位，又要考虑资源的差异性，还离不开对自然和人文旅游资源的整合。我国很多水上旅游资源占据着城市中心的宝贵土地，居住、工业、码头、仓储等用地交错混杂，功能分区不明晰。[5]针对水上旅游资源的开发面临复杂的多元诉求，如何统筹市场开发、城市规划、生态修复等多元目标，成为开发成功与否的关键。我国部分典型的保护案例归纳汇总如表 3 所示。

表 3　国内水上旅游开发模式、操作和案例

开发模式	操作思路	具 体 操 作	典型案例
统筹规划模式	政府引导，市场开发	最先规划，注重地方特色，将沿岸景观连缀成完整画卷，全长 15.3 千米的古运河水上环城游览线已全线开通，主打枫桥段至宝带桥段这条远期水上游线	运河苏州段

续表

开发模式	操作思路	具 体 操 作	典型案例
水城联动模式	政府规划，市场经营	根据地域水文化特色和水系资源优势，政府合理规划，打造水城旅游"三圈八线"上的主题线路，推进绍兴旅游市场从观光到休闲的转型	绍兴城区水上旅游[6]
组团凝聚模式	政府牵头规划，市场经营	在梳理各自核心竞争力的基础上，按"大品牌、小板块"的发展思路，形成"小板块"中心组团式的格局，突出地方特色，发挥小板块的凝聚力，从而逐步向外扩散，最终通过整合资源获得最大效益	长三角水上旅游之东海旅游体系[7]
休闲旅游开发模式	政府主导，市场建设	在杭州市政府主导规划下，杭州市早在 2004 年开始就陆续开通运营多条"水上巴士"航线，同时成立了负责运营的水上旅游企业[8]	上塘河杭州段（根据杭州市人民政府网整理）

三 上塘河水上旅游开发面临的问题

(一) 跨河桥梁众多，部分桥梁净空尺度较低，阻碍游船通行

上塘河所经区域为杭嘉湖平原，河网密布、桥梁众多。上塘河杭州段现为六级航道，航道等级要高于上塘河海宁段的七级，说明杭州段航道水深、宽度、弯曲半径（总称航道尺度）以及桥梁的通航净高、净宽（总称通航净空尺度）均要普遍高于海宁段。根据"木桶原理"，上塘河发展水上旅游的"短板"是海宁段，下面将重点来看上塘河海宁段的跨河桥梁参数（见表4）。

表 4 上塘河海宁段跨河桥梁参数

序号	桥名	距航道起点（千米）	所在区域	结构型式	孔数	跨径（米）	标高（米）	净高（米）	建设年份
1	公路大桥	0.07	盐官	梁桥	1	23	7.3	2.6	1994
2	西门桥	0.26	盐官	梁桥	1	30	7.91	3.21	1997
3	地毯厂桥	1.17	盐官	拱桥	1	30	7.91	3.21	1997
4	陈桥	1.40	盐官	拱桥	1	30	7.91	3.21	1997
5	珠船港桥	1.78	盐官	拱桥	1	30	7.91	3.21	1997
6	上塘河桥	2.05	盐官	梁桥	1	30	7.3	3.5	2007
7	春富庵桥	3.27	盐官	拱桥	1	30	7.91	3.21	2002
8	双涧桥	4.49	盐官	梁桥	3	20×1+7×2	7.46	2.76	—

续表

序号	桥名	距航道起点（千米）	所在区域	结构型式	孔数	跨径（米）	标高（米）	净高（米）	建设年份
9	双涧桥（危桥）	4.68	盐官	拱桥	1	25	7.91	3.12	1986
10	桑梓大桥	3.29	周王庙	梁桥	3	—	—	—	—
11	石井桥	6.60	周王庙	梁桥	1	20	7.3	—	2008
12	石井桥	6.96	周王庙	梁桥	1	25	8	3.3	1999
13	青春桥	8.05	周王庙	拱桥	1	23	7.7	3.04	1976
14	邹家渡桥	8.89	周王庙	拱桥	1	29	7.57	2.87	1987
15	龙安大桥	9.11	周王庙	梁桥	1	20	8	3.5	1999
16	万渡桥	9.96	长安	拱桥	1	34	7.85	3.25	1999
17	环镇东桥	11.06	长安	拱桥	1	30	7.51	2.81	1976
18	仙鹿桥	11.62	长安	拱桥	1	29	7.22	2.52	1984
19	修川桥	12.01	长安	梁桥	3	15	8	3.3	1998
20	长安新桥	12.29	长安	拱桥	1	25	7.58	2.88	1999
21	环镇西桥	12.77	长安	拱桥	1	30	7.41	2.71	1998
22	城西大桥	13.30	长安	梁桥	3	16	7.26	3.46	2005
23	小渡船桥	14.29	长安	拱桥	1	30	7.7	3	1997
24	杨渡桥	16.42	许村	拱桥	1	28	7.61	2.91	1985
25	报国桥	—	许村	梁桥	1	20	7.26	3.46	2002
26	绕城公路桥	—	许村	梁桥	1	23.5	8.5	4.7	2002
27	上塘河桥	18.29	许村	梁桥	1	30	9	5.2	1997
28	上塘河桥	18.10	许村	梁桥	1	32	8.86	4.16	2005
29	沪杭高铁桥	18.64	许村	梁桥	1	49	8.85	4.15	—
30	硖许公路桥	19.00	许村	梁桥	3	25.5	7.86	3.16	—
31	许村大桥	20.01	许村	梁桥	1	16	7.1	3.3	—
32	天顺桥	20.51	许村	梁桥	1	23	7.2	3.4	1999
33	东风桥	21.68	许村	拱桥	1	30	7	3.2	1999
34	人民桥	22.57	许村	拱桥	1	30	7	3.2	1999
35	渡船桥	23.30	许村	拱桥	1	30	7	3.2	2000

注：该数据为几年前统计，由于近年社会发展需要，部分桥梁可能新建、重建、维修、改造甚至拆除，以致部分数据有所变动。但是，根据笔者对部分桥梁的实地调研以及经验观察，总体变动不是很大，该数据依然具有研究价值。

通过表 4 可以看出，上塘河海宁段现有桥梁 35 座，这些桥梁的净高普遍偏低，净高低于 3.0 米的有 8 座，占比 24.2%（2 座数据缺失）；这些桥梁的跨径整体偏低，按照多孔跨径低于 30（含）米、单孔跨径低于 20（不含）米的被归为小桥，小桥共 4 座，占比 11.8%（1 座数据缺失）；一般来说，中小桥梁的设计使用寿命是 50 年，青春桥和环镇东桥这 2 座桥建设于 1976 年，已经非常接近设计使用年限；另外还有危桥 1 座。因此，上塘河水上旅游开发的基础性要求是对这些桥梁进行提升、改造、重建，以适应游船对桥梁的要求。

（二）上塘河海宁段当前功能定位是排涝灌溉，船闸上下游落差较大，不利于游船频繁通行

上塘河杭州段流域相对周边地势较高，多数地块（78.15%）高程在 5.20 米以上。该地段水系所处区域地形可分为两部分：一部分为山区，位于区域西北部，面积约 9.1 平方千米，地势均在 6.0 米以上，分水岭处高程最高达 150 米；另一部分为平原地带，面积约 161.9 平方千米，平原地带中地势较高处为南部钱塘江沿岸，大多数在 6.0 米以上，最高达 9.0 米；地势较低处为北部上塘河沿岸附近，半山、丁桥、星桥、临平等处部分高程在 4.8 米以下。上塘河杭州段干支流主要排涝闸有五堡闸、姚家坝闸、德胜坝闸、日晖坝闸和施家桥闸，主要翻水站有德胜坝翻水站、姚家坝翻水站和备塘河翻水站。因上塘河水系地势上高于运河水系，钱塘江一带地势稍高于腹地，雨洪经上塘河汇集后，以向运河排涝为主。[9] 上塘河海宁段至今仍然是七级航道，只是已无货船通行，主要原因包括：一是船闸造成大吨位船舶通行不便；二是这条航线地理位置不利于货运。海宁段的常水位在 4.6 米左右，船闸主要有许村船闸、长安船闸和盐官船闸，船闸造成的水位落差明显，以许村船闸上下游为例，落差在 1~1.5 米，不利于游船频繁通行（见表 5）。同时，该地段受亚热带季风气候影响，夏季雨水较多，台风影响频繁，汛期发生高水位的风险较大，洪涝威胁严重。[10] 台风、暴雨等不利天气因素对旅游业冲击极大，市场前景受自然因素、人工建筑物的影响。

表 5 长安、许村船闸（排涝闸）参数

名称	建设时间	地理位置	上下闸首宽	其他参数
长安船闸（排涝闸）	始建于 1975 年 12 月，现工程于 2008 年 12 月改建完成	海宁市长安镇公庆街李家井 18 号	6.5 米	闸门为钢闸门，闸门采用动水启闭，启闭方式为 2×16 吨卷扬式启闭机，配套电机 11kW×2
许村船闸（排涝闸）	始建于 1966 年 12 月，现工程于 2007 年 7 月改建完成	海宁市许村镇凌家堰 3 号	6.0 米	

（三）京杭运河二通道的建设，造成上塘河河道中断，杭州段与海宁段不再连贯

正在建设中的京杭运河二通道呈南北走向，它将东西走向的上塘河几乎拦腰截

断，从此上塘河不再是一个连贯的整体。从水文特征来看，京杭运河二通道开通后，其水位、水质与上塘河杭州段、海宁段势必产生差异（据海宁市上塘河流域水利管理服务中心的王宇副主任估计，京杭运河二通道的水位将比上塘河海宁段水位低0.4~0.5米），为解决水位不同、改善水质、排涝灌溉等问题，根据先前的实践经验，上塘河杭州段和海宁段都可能在与二通道交汇处新建船闸（翻水站），以在洪水时期排涝、平时改善水质和灌溉。这对于杭海水上旅游一体化发展又增设了人为障碍，需要借助技术手段予以缓解。但是，如若借此通道将运河纳入水上旅游进行统筹开发，或许将打开另一片视野，由于这不是本文写作的对象与旨趣，不再赘述。

（四）沿岸旅游资源分布不均衡，难以连贯

通过表1可以发现，上塘河所经的杭海地区沿岸旅游资源存在较大差异：从资源数量、旅游市场角度来看，杭州旅游资源众多、旅游市场巨大且成熟，毫无疑问占据绝对优势；从开发时间来看，上塘河杭州段最先开通"水上巴士"，影响深远，随后就是上塘河海宁段的盐官景区开发，具有一定知名度。上塘河过临平后自西向东至盐官景区，相对而言此航段的旅游资源较少、保护开发力度不够等问题会瞬间凸显。上塘河两端景点较为集中、集聚效应好、市场潜力大，而一旦到了中间地段的许村镇、长安镇、周王庙镇就马上进入了"稀薄区"，从古色古香、景色如画的杭州进入两岸景色单调、了无生趣的中间地段，直接导致游客体验感瞬间降低。

（五）沿线城市能级差距大，潜在旅游市场不均

从商业开发的角度来看，杭州的"重商"氛围＋省会城市的双重加持，使其自身具有巨大的市场前景；而上塘河海宁段所经区域为许村镇、长安镇和盐官镇，这三镇位于海宁（中）西部地区，离海宁市区有一定距离，产业密度和人口密度都不高，当前自身市场体量也不大，对于水上旅游所需的潜在游客资源缺少支撑。当然，这种现状并非一成不变，随着杭海新城、连杭经济开发区的深入发展，市场前景将会逐渐被打开。

四　上塘河水上旅游开发模式的选择

（一）上塘河水上旅游线路开发现状

上塘河杭州段水域已经部分开通"水上巴士"旅游航线，其中"水上巴士"3号线全线都是沿着上塘河而设计的。3号线途经打铁关码头、朝晖码头、工大码头、大关码头、城北体育码头、西文码头、皋亭坝码头、欢喜永宁码头、杭玻码头等。随着京杭运河二通道的建设，杭州市可将二通道作为货船通道，实现货船从城内向城外转移，减少杭州城区的噪声污染、水体污染和大气污染，进一步提升杭州城区水域环境，同时也为大力发展水上旅游提供足够的空间。上塘河海宁段水域主要的功能定位

是排涝灌溉，至今未曾将其纳入旅游规划，随着工业化、城镇化进程的加速，灌溉功能已经名存实亡，单剩一个排涝功能，而这并不能成为阻碍水上旅游发展的理由，毕竟上塘河杭州段同样承担着排涝功能，而其水上旅游依然发展得有声有色。

（二）上塘河水上旅游开发模式可行性比较研究

针对上塘河水上旅游开发，应当在借鉴国内外实践经验的基础上，分析多种开发模式与本土资源的匹配度，选出最适合杭海两地协同发展的最优方案（见表 6）。

表 6　上塘河水上旅游开发模式可行性比较研究

开发模式	优　势	劣　势
恢复性保护模式	货船不再通行后，沿岸生态已经得到一定的恢复，现有基础较好；生态的恢复不仅促进水上旅游，而且有利于提升城市形象、改善居民生活环境、带动水陆旅游联动	需要杭海两地设定同一标准、统一协作；现有的生态基础需要调研、整理并统一规划；短期内经济收益不明显
统筹规划匹配模式	根据各自规划，将水上旅游资源作为城市整体的一部分，匹配城市的发展规划，融入自己的地方特色	每个城市的发展规划不同，对于水上旅游业的定位、期待也不同，城市间存在竞争关系
休闲旅游开发模式	能够有效植入商业，将陆地商业活动嫁接到水上，对陆地游客极具吸引力，具有较好的兼容性，促进经济发展	缺乏与众不同的特色，区分度不大，可能覆盖地方历史文化的展示
综合保护开发模式	有利于上塘河历史文化的保护与传播、水上文明与现代生活交融、多种模式之间形成互补	缺乏主干模式，无法凸显旅游特色；多种模式之间主次不分、位序不明，模式之间容易冲突

（三）上塘河水上旅游开发模式选择

根据表 1 对于旅游资源的梳理和表 6 对于各种模式的优劣势比较，综合考虑杭海两地的开发现状、经济文化水平、城市发展规划、潜在旅游市场、现有基础设施等因素，笔者建议以休闲旅游开发模式为主导模式，以恢复性保护模式、统筹规划匹配模式、综合保护开发模式为辅助模式。下面将对具体操作进行详细分析。

五　上塘河旅游资源开发模式的具体操作

根据上文的分析，上塘河水上旅游开发所面临的问题主要来自地势、船闸等造成的水位落差、气候因素的影响以及人工建筑物的碍航。除了气候因素等不可抗力外，其他都存在解决的可能性。下面将根据上文所提到的问题、开发现状、可行性比较研究，提出自己的操作建议。

（一）基础前提：恢复生态＋梳理旅游资源

欧美国家水上旅游开发的前提是保护和恢复，即对沿岸历史文化的保护、对沿岸生态的恢复，那是真正的"青山绿水＋金山银山"模式。囿于上塘河沿岸经济发展需要，上塘河水质早已被污染，至今仍未完全恢复。根据 2017 年浙江省环保部门的数据，上塘河的半山桥断面水质是省控劣Ⅴ类，保障桥断面水质为市控劣Ⅴ类。2017年 7 月，浙江树人大学的研究人员参照环保部门的检测站位，选取了上塘河杭州段四个水样采集点（香积寺路桥、半山桥、皋城村、保障桥）进行取样，以水生节肢动物卤虫作为水环境状况的指示生物，检测上塘河水系中不同水域位点污染毒性（急性毒性和 DNA 损伤），最后发现：皋城村断面水体污染毒性最小，香积寺路桥断面次之，半山桥断面排第三，保障桥断面水体污染毒性最大，卤虫的校正死亡率高达53.33%。[11] 从 2000 年起，杭州市利用原有水利交通设施进行配水以改善水质，配水路线为：经三堡引入钱塘江优质水源到上塘河，再由运河经德胜坝翻水站进入上塘河，最后由七堡配水泵站排入钱塘江。配水的目的是稀释上塘河流域的污染浓度，提高河网自净能力，恢复该流域的水生态环境。现在给上塘河流域配水的频率为 3 天左右更换一次，通过配水使上塘河的水质得到显著改善。[12] 水质达标＋沿岸生态的恢复是上塘河水上旅游开发的基础性前提，没有这个前提一切都无从谈起。另外，沿岸建筑、道路、空地、附属设施是否能够成为景观的一部分也需要斟酌。同时，旅游资源的调查、梳理也是一项基础性工作，只有做好资源的梳理、分类，才能更好地将其与水上旅游衔接、契合、植入。

（二）核心环节：杭海两地政府的精诚协作

当前，杭海两地都对各自的旅游资源进行了"精耕细作"，杭州甚至早已开通"水上巴士"，但无论是杭州还是海宁，视线一直围绕在自家的"一亩三分地"，市场需求和潜力没有得到充分释放和挖掘。为解决这种困境，再依靠原来的"单兵作战"模式可能收效甚微，它更需要两地的"协同作战"，包括资源整合梳理、统一生态环境标准、旅游开发投入、旅游品质管理、品牌形象打造与维护等一系列问题的协商解决。2019 年 10 月，海宁与杭州钱塘新区签订全面战略合作协议，钱塘新区将海宁"杭海新区"纳入钱塘新区战略规划范围，并提出推动区域休闲旅游的发展规划。另外，海宁作为杭州都市圈（紧密层）成员，笔者认为，可以借助这类平台，对上文所提到的诸如建立标准、恢复生态、开发航线、打造品牌等问题进行更深入的探讨，为实践提供可行的方案。

（三）质量保证：统一而高水平的管理

可以毫不夸张地说，当前各行各业的"头等大事"都是安全生产工作，水上旅游行业安全管理更加不容忽视。1994 年发生的"千岛湖"事件，不仅严重损害了千岛湖的旅游形象，甚至一度造成浙江旅游业的衰退，它成为我国湖泊旅游区一块永远的伤疤，它时时警示着人们注意安全管理的重要性。[7]水上旅游行业作为服务业，应当尊重服务业的基本规律、规则，服务质量来自游客的体验，要有好的体验必须具备高水平的管理。我国水上旅游主要采取"政府 + 企业经营"模式，即政府主导规划建设、企业参与经营管理，这种协作模式在一定程度上发挥了市场的作用。但是，这种模式也存在问题，如旅游协会等行业组织如何发挥行业监管职能，这些都有赖于两地有效协商基础上统一而高水平的管理。

（四）特色存在：地方历史文化 + 风俗民情

上塘河沿线有着丰富的历史文化和本土风俗民情资源，需要认真整理挖掘。没有本地特色的融入，上塘河水上旅游与其他地方水上旅游又能有何区别？没有区别怎能让人过目不忘而声名远播？没有这样的游玩体验，就很难树立自己的品牌。例如，当碛石灯彩装饰的游船航行于上塘河时，可以将袁花镇的"水龙会"开发为游客体验项目；可以将长安船闸的悠久历史融入旅游产品中；沿岸的展览馆可以将海宁的蚕桑文化、皮影戏、灯彩等文化借助现代的 LED、VCR、VR 技术进行动态展示，游客可进行亲身体验。正如研究人员所言，水上旅游的主线是文化，资源是文化的化身，产品是文化的载体，因为对旅游者而言，享受精神文化是旅游的主要目的与动机。[13]

（五）资金来源：可采用 PPP、BOT 模式

总体思路为：以 PPP 为主导模式，通过政府向借贷机构做出承诺，承担部分风险，减轻投资方的风险，提高投资方的积极性，在具体运作中可兼采 BOT 模式的长处，通过社会公开招标方式选择社会投资方，与政府出资方签订协议共同设立项目公司，政府授予特许经营权，明确项目合作期限。这样既能保证水上旅游开发项目前期论证的高效性，避免因单独 BOT 模式导致周期过长，同时又能降低投资方的风险，使其乐于参与，政府在承担部分风险的同时获得一定的决策权和控制权。[14]

总之，上塘河所流淌的大地，正是杭州城区、杭海新城、连杭经济开发区核心区域，其潜力巨大，正待挖掘，以优越的地理位置为基础，以地方历史文化为灵魂主线，进行恢复性水上旅游开发，具备得天独厚的优势。目前，杭州城区上塘河、钱塘江等部分航段均已开通运营水上旅游巴士，由于上塘河在行政区划上分属杭州、海宁，完整而统一的上塘河旅游资源被分割，上塘河海宁段至今也没有任何开发。当前这种"各自为政"的模式，不仅造成上塘河水上旅游资源的浪费，而且也不符合长三角一体化发展战略的具体落实。水上旅游作为一个综合型产业，集食、住、行、游、购、娱于一体，具有跨经济部门、跨产业、跨文化、跨区域特点。发展水上旅游具有多重功能，不仅可以扩大旅游业的发展空间，推动两地的经济发展，而且对河道的治理、水资源保护、生态环境的修复以及城市环境的优化能够起到促进作用。[15]

因此，笔者建议，借鉴吸收杭海城际铁路建设运营的经验成果，采用 PPP、BOT

投资模式，吸纳社会资本进行建设、运营和收益，同时吸取杭海运营管理经验，包括人员调度、平台的建设管理、信息资源的共享、支付方式的统一合作等，以现有杭州都市圈、海宁与杭州区级政府的合作为平台，两地旅游管理部门适时介入规划，以串联开发为主要方法，实现多元化、差异化开发。上塘河的水上旅游航线可作为与杭海城际铁路并行的"第二通道"，再次将杭海一体化落到实处。

注释

[1] 任树强：《京杭运河杭州主城区段滨水景观研究》，浙江大学博士学位论文，2012 年。

[2] 查苏生：《以江南运河为纽带的长三角水上旅游一体化研究》，《创意城市学刊》2020 年第 4 期。

[3] 舒肖明：《国外著名滨水城市水上旅游开发的实践与经验》，《宁波大学学报（人文科学版）》2008 年第 3 期。

[4] 安亚明：《京杭运河杭州城区段景观保护与发展研究》，浙江大学硕士学位论文，2007 年。

[5] 黄昊、贾铁飞：《古运河旅游开发及其空间模式研究——以京杭大运河长江三角洲区段为例》，《地域研究与开发》2013 年第 2 期。

[6] 杨青松：《城市水上旅游规划研究——以绍兴市为例》，苏州科技学院硕士学位论文，2008 年。

[7] 俞宗丽：《长三角水上旅游合作模式研究》，华东师范大学硕士学位论文，2008 年。

[8] 殷翔宇等：《促进京杭运河水上旅游发展研究》，《交通与港航》2019 年第 5 期。

[9] 姬战生等：《杭州市上塘河流域防洪能力分析》，《浙江水利科技》2012 年第 6 期。

[10] 王同生、周宏伟：《上塘河洪涝分析及治理对策探讨》，《防汛与抗旱》2018 年第 15 期。

[11] 陈铖等：《水资源保护评价——以杭州上塘河为例》，《资源节约与环保》2018 年第 6 期。

[12] 洪荣华等：《上塘河流域反向自流配水可行性探讨》，《浙江水利水电学院学报》2020 年第 3 期。

[13] 柴惠康：《重振古运河之旅的思考》，《旅游学刊》1997 年第 2 期。

[14] 冯锋、张瑞青：《公用事业项目融资及其路径选择——基于 BOT、TOT、PPP 模式之比较分析》，《软科学》2005 年第 6 期。

[15] 张睿：《长三角水上旅游整合研究》，华东师范大学硕士学位论文，2012 年。

（责任编辑　方晨光）

红色文化的传承和发展

——以杭州为例

◎沈 芬 徐 萌

提 要：杭州红色文化资源丰富。本文以杭州红色文化为研究对象，在分析杭州红色文化资源现状的基础上，指出了杭州红色文化传承中存在的难点和问题，提出了大力加强杭州红色文化传承的建议。

关键词：红色文化 传承路径 杭州

作者沈芬，杭州市社会科学院党建所副研究员；徐萌，杭州第四机械技工学校教务处主任。

红色文化是我国文化中最具鲜明特色和优势的文化，历来受到党和国家的高度重视和大力支持。党的十八大以来，习近平总书记就先后到河北西柏坡、山东沂蒙、福建古田、陕西延安、贵州遵义等革命老区考察，多次就"井冈山精神""长征精神""红船精神"等发表重要讲话，强调"要把红色资源利用好，把红色传统发扬好，把红色基因传承好"。可以说，在新时代中国特色社会主义背景下，以习近平同志为核心的党中央领导继承革命传统，高扬红色旗帜，兴起了研究红色文化传承和发展的热潮，受到广大人民群众的衷心拥护和积极参与。

杭州市红色文化资源是指中国共产党在杭州地区以人民群众为纽带，进行社会主义革命、建设和改革实践过程中所铸成的崇高革命精神，以及反映这种精神的历史遗迹、博物馆、纪念馆、烈士陵园、文物等物态文化[1]。杭州不仅历史文化底蕴深厚，红色文化资源同样壮丽丰富。这些红色文化资源充分展现了中国共产党带领杭州人民团结奋斗的伟大精神。杭州城市的文化自信不仅源于传统文化的历史积淀，更离不开杭州红色文化的精神传承。积极做好杭州红色文化资源的保护开发和利用工作，充分挖掘红色资源的独特价值，有利于全面推进杭州文化兴盛行动，充分彰显了杭州以高度的文化自信打造展示新时代中国特色社会主义重要窗口的城市实践。

一　杭州红色文化资源的基本情况

据杭州市委党史研究室普查和汇总统计，截至 2019 年 5 月，全市红色文化资源共计 386 个，类型丰富，包括事件发生地、人物纪念地、信息展示物、精神承载物、纪念类设施和其他六大类。其中，事件发生地数量最多，达 135 个；其次是纪念类设施，数量达 125 个[2]。截至 2020 年，杭州拥有革命遗址和纪念场馆设施共 320 处。在杭州市全部红色文化资源中，有 3 处被列为国家级爱国主义教育基地；16 处被列为省级爱国主义教育基地；30 处被列为市级爱国主义教育基地[3]。

从空间上看，红色文化资源分布广泛，遍布在各个区、县（市）内。如距离主城区较远的杭州市桐庐县，曾是浙东人民解放军金萧支队的根据地和后勤基地，这里有浙东人民解放军金萧支队纪念馆；淳安县有中国工农红军北上抗日先遣队纪念馆。热门且影响力较大的红色文化资源多聚集于主城区，例如位于上城区的浙江革命烈士纪念馆、拱墅区的侵华日军在拱宸桥缴械投降地、余杭区的仓前四无粮仓、萧山区的衙前农民运动纪念馆等。

从表 1 数据中可看出，虽然各区、县（市）都有红色资源存在，但是数量不等，最多的三位是：富阳区 68 个，占比为 17.62%；桐庐县 52 个，占比为 13.47%；余杭区 42 个，占比为 10.88%（见表 1）。富阳市的红色资源大多因为抗日战争时期共产党和党领导的活动在这一区域开展得比较广泛。桐庐县之所以红色资源多，是因为在抗战胜利后期，浙东游击队在此建立了新民乡抗日民主政府。由表 1 中可见，农村红色资源数量上明显多于城市，不过由于路远偏僻，农村红色资源在保护利用上还有所欠缺。

表 1　杭州市红色资源各区、县（市）统计[4]

区、县（市）	红色资源数（个）
上城区	29
下城区	19
江干区	19
拱墅区	12
西湖区	18
萧山区	32
余杭区	42

续表

区、县（市）	红色资源数（个）
富阳区	68
临安区	26
桐庐县	52
淳安县	41
建德市	20
总计	386

从内容来看，杭州市的红色资源整体类别齐全，分布的地域范围较广，反映的内容有着极大的研究价值。但其中国家、省、市、县四级文物保护单位共 123 家，仅占 31.87%，还有 68.13% 的重要红色资源未被纳入保护单位的范围之内（见图 1[5]）。从文化教育价值评判等级上进行划分，杭州市红色资源被列入国家级、省级、市级、县级爱国教育基地的数量呈现上升趋势。在调研桐庐金萧支队革命遗址遗迹期间，发现桐庐县新合乡目前主要围绕金萧支队革命纪念馆及其附属遗迹取得了一定成果，但其他一些年份久远、形态状貌较差的革命遗址遗迹没有得到很好的开发利用。

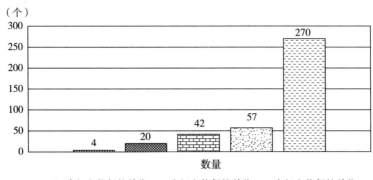

图 1 杭州市红色资源保护级别统计

二 杭州红色文化传承中存在的主要问题

（一）地域分布不均衡，保护水平不齐

杭州的红色文化资源分布地区不一，有些是位于主城区繁华区域被重点保护的红色资源，例如浙江革命烈士纪念馆、毛主席视察小营巷馆，在政府投资宣传下，保护利用良好。在农村的红色文化资源保护不均，譬如位于建德的千鹤妇女精神教育基地占地广、设施全，还被授予"全国妇女爱国主义教育基地"称号。但是位于偏远地区的革命遗迹，保护利用不尽如人意。这些状况削弱了红色文化的功能和传承价值。

（二）红色文化资源保护开发不充分，未形成群聚效应

近几年来，杭州红色文化资源的保护、开发取得了一定的成就，不仅梳理了红色资源数量，还对部分红色资源进行了抢救性的保护，但总体来讲，杭州红色文化资源的保护、开发还不充分。如红色文化遗产挖掘和收集不够，在一些红色遗址上只有刻碑，形式和内容都显得十分单薄；红色文化遗产保护不到位，农村偏远地区的红色遗址遗迹常年失修，影响游客体验感。据调研所知，杭州红色文化资源分散在杭州市的各个地方，这种具有分散性的资源，为保护和传承红色文化资源带来了诸多不便，甚至会导致红色文化资源的流失和破坏，红色文化遗产碎片化、点状化严重，未形成红色文化遗产群落。

（三）红色资源内涵挖掘不够，传承效果较差

通过对杭州红色文化资源的实地调研，可以看出杭州红色文化在传承与发展的过程中缺乏对其内涵的深层次挖掘。当前杭州红色文化的传承主要还是通过图片、革命文物、文字或者是一些标志性的纪念碑等静态展示。这些静态呈现方式在对历史人物、历史事件过程的呈现上还有所欠缺，缺乏整体动态上的直观感受，这样就会造成红色文化精神层面呈现方式单一问题，而且大部分游客都是走马观花式地参观和合影留念，缺乏精神上的震撼和共鸣。总体来说，红色文化宣传教育的内容过于严肃老旧，通过调查，大多受访者认为红色文化时代相隔久远，难以深刻体会到红色文化的精神内涵，并认为红色文化宣传内容缺少真实感。

（四）传播内容同质化，传播渠道单一

当前杭州红色文化的传播主要还是借助报纸、电视、红色电影、红色歌曲、红色旅游等传统媒介，另外还辅以少量的网络新媒体，一部分新兴媒体初步开始应用，但是局限于在公众号上以文字＋图片＋视频等方式进行传播，整体关注度较低。关于杭州红色文化的相关推送主要有两个方面：一方面是举办红色文化论坛、红色主题活动或者政府出台有关文件条例等的新闻报道，介绍活动情况；另一方面则是介绍杭州红色文化遗址遗迹现状、历史渊源等。各个平台上的内容重复较多，缺乏吸引力。

三　加强杭州红色文化传承的建议

（一）加大杭州红色文化资源整合力度

第一，建立杭州红色文化资源数据库。这是对杭州本地红色文化资源进行整合、实施统一规划开发的基础性工程，需要对其具体类别、现存情况、开发利用程度及发展前景等多方面情况进行整理说明。要注意物质和非物质形态的红色文化资源整合，

同时要收集整理老干部、老军人等的日记、书信、回忆录，撰写相关口述史。

第二，用融合发展的理念推动本地红色文化资源与其他文化资源实现整体开发。为了实现杭州文化资源的最优化配置，杭州需要把红色景点与自然风景结合起来，把散落的红色文化遗址遗迹、人文风俗体验地、自然风景所在地等串联起来，设计符合当地特色的主题形象与宣传口号，打造较为完整的红色文化产业链条，形成独特的、具有杭州特色的红色文化品牌，焕发杭州红色文化资源的魅力，让游客在欣赏杭州自然风光、民风民俗、宗教文化等的同时感悟杭州的红色历史和红色精神。

（二）加大对红色文化资源的保护力度

第一，加强杭州红色基地建设。首先，对保护和建设力度不足的红色遗址、遗迹要抓紧进行修缮和发掘，修旧如故。其次，加强新建红色纪念设施的建设。新建的红色纪念设施要有统筹思维，要把杭州的红色资源点串珠成链，要有意识地提高红色文化资源的整合程度，加强对红色文化资源的保护力度。

第二，政府投资和民间融资相结合。红色文化资源维护需要吸引更多的民间资金投入到红色文化资源的保护中。民间资金的投入，意味着投资者认同红色文化，愿意出资支持红色文化资源的保护。

（三）创新红色文化表现形式

创新红色文艺作品，在内容上，要根据当前人民群众的需要，以涵育社会主义核心价值观为导向，创新对红色人物的塑造，既体现阶级性、革命性，又体现现代性和人性；在表现形式上，文学、音乐、绘画、影视等领域又出现了新的流派和形式，文艺表现形式更为多种多样。

第一，积极开发体验性的红色文创产品。例如，通过编制草鞋、抄写革命烈士的诗词或遗书等，让消费者参与到制作产品的过程当中，让他们真正体会到革命战争时期的艰辛。

第二，把红色文化元素与时代元素融合起来。在创作红色影视作品时可以邀请经历过革命战争的幸存者参与拍摄，在聆听他们大半生真实经历的过程中真切感受时代的变迁。

（四）创新红色文化传播内容与方式

第一，挖掘红色文化精神内涵，创新传播内容。首先，依靠各大红色文化研究机构和高校，发展红色文化理论。在研究内容上，要与时代紧密结合，与杭州的历史文化相结合，与杭州的人情风俗相结合，找到红色精神与当代人的精神共振点，强化杭州红色文化的当代表达。其次，还要呼吁各大平台，注重内容的质量，切忌发布大批量相似的文章、报道，造成极大的资源占用和资源浪费。最后，将革命时期的特色语言与今天的日常用语或者热门词汇相结合，提高人们在日常生活中使用的频率，让人们在体验杭州红色文化语言魅力带来的生活乐趣的同时，无意识地对杭州红色文化进行传播。

第二，创新红色文化传播方式，拓展传播渠道。我们可以借鉴许多红色文化大省应用网络新媒体传播红色文化的优势，如红色影视、红色专访及纪实、红色精品课程、红色微博及博客等网络宣传模式，借鉴其中的经验，创新杭州红色文化的传播方式。2020年新冠肺炎疫情暴发以来，全国的博物馆纷纷闭馆，出现了网上3D博物馆。目前杭州大型的展馆拥有这项技术，例如良渚博物院等，但仅限于初步应用，只能远程观看一些文字和实物。因此，VR技术仍然需要大力推广。除了技术的应用，还可以建立一个杭州网上红色文化博物馆，将杭州红色文化相关纪念馆、展览馆、博物馆进行整合，做成网站链接，全国各地的游客只需动动手指，轻轻一点，就可以足不出户感受杭州红色文化。

注释

[1] 沈小勇：《充分挖掘杭州红色文化资源的独特精神价值》，《杭州》，2019年10月。

[2] 杭州市委党史研究室分别在2010年和2020年做过两次相关方面的数据统计。

[3] 数据来源于杭州市委党史研究室。

[4] 数据来源于杭州市党史研究室，西湖区的数据包含了风景名胜区的8个。因为是2019年的数据，行政区划分还是沿用以前的。

[5] 数据来源于杭州市党史研究室，因为保护级别有重叠，所以总数加起来是393个，大于386个。

参考文献

习近平：《习近平谈治国理政》，外文出版社，2014年。

温树峰、吴瑾菁：《2000年以来的红色文化研究综述》，《浙江理工大学学报（社会科学版）》2018年第6期。

槐艳鑫：《杭州市红色文化资源融入大学生爱国主义教育的路径探索》，《黑龙江生态工程职业学院学报》2020年第4期。

刘红梅：《红色旅游与红色文化传承研究》，湘潭大学博士学位论文，2012年。

卜逸凡：《红色文化涵育社会主义核心价值观研究》，河南理工大学硕士学位论文，2019年。

（责任编辑　方晨光）

技术创新赋能社会信用体系建设研究
——基于区块链案例分析*

◎王　岚　陈海盛

提　要： 随着我国经济由高速增长阶段转向高质量发展阶段，对社会信用体系建设提出了新的要求。可以将信用与区块链等新技术相结合，以技术解决信用建设过程中的问题，以信用赋能，探索新的融合路径。本文深入研究了区块链技术特点和信用建设的契合点，尝试通过重塑基于区块链技术的社会信用体系运行机制，有效克服当前信用实施体制中的不足，为完善我国社会信用体系建设提供新思路。

关键词： 社会信用体系　区块链　契合点　技术创新　机制重塑

作者王岚，浙江省信用中心中级经济师；陈海盛，浙江省信用中心中级经济师，浙江农林大学经管学院博士生。

近年来，随着我国社会信用体系建设的大力推进，信用信息共享和应用取得了一定的成绩，但仍然存在信用信息共享不充分、应用结果难回流、各部门信用应用协作程度不高、个人信用信息保护不足等问题。因此，亟须进一步深化社会信用体系建设，助力政府数字化改革，营造良好营商环境，提高人民群众的获得感。而区块链具有去中心化、共享性、不可篡改性、可追溯性等特点，奠定了坚实的"信任"基础，创造了可靠的"合作"机制，恰好能解决上述问题。将区块链技术应用于共享平台可实现信用信息共享，优化信息应用流程，提高信息处理效率，降低交易成本。2019年10月，习近平总书记强调：要抓住区块链技术融合、功能拓展、产业细分的契机，

---

* 浙江省软科学研究计划项目"浙江省打造国际一流信用环境研究"（2019C35078）；浙江省哲学社会科学规划课题"推动我省第三方信用服务业发展的建议"（19NDYD43YB）。

发挥区块链在促进数据共享、优化业务流程、降低运营成本、提升协同效率、建设可信体系等方面的作用。要探索利用区块链数据共享模式，实现政务数据跨部门、跨区域共同维护和利用，促进业务协同办理，深化"最多跑一次"改革，为人民群众带来更好的政务服务体验。党的十九届四中全会强调国家治理体系和治理能力建设，而社会信用体系建设为提升政府治理效能提供了实现路径。将区块链技术与社会信用体系建设有机结合，有助于进一步扩大信用在社会发展中的积极支撑保障作用。

一　区块链在社会信用体系建设中的应用研究

丁昱（2018）认为，区块链的特殊功能表现为：首先通过分布式计算解决了不同副本链的不一致问题，其次通过构建协商解决不同区块链分叉事项，最后通过工作量证明达成共识，实现选择分布式网络中唯一的最长的链条。其直接效应是在没有信用中介的条件下，解决陌生主体身份认证及信用风险等问题。张志清等（2019）认为，区块链从本质上来讲就是一个去中心化的、具有开放式特点的账簿系统，其记录的信息具有不可篡改、匿名性、隐私保护以及信任机制等特点，其最主要功能是解决了信任机制与信息传输的保真性，安全性极高，特别是智能合约等核心技术的创新，可以增加市场参与者的社会约束力。

国内许多知名学者已经认识到区块链技术在社会信用体系建设中的应用优势。丁昱（2018）认为，在社会信用体系中引用的区块链技术可以有效地降低当前的社会信用成本，打通信用信息之间的信息孤岛，有效地防范社会信用信息失密、泄密或篡改等行径。区块链在构建全社会信用信任体系方面有着广泛的应用场景。朱焕启（2018）指出，联盟区块链的准入机制、分布式数据库、多中心、脱敏映射、加密传输、智能合约和激励机制等功能属性适用于信用数据的采集、存储、传输、验证和监管等环节。郝国强（2019）从区块链与社会信用体系视角进行研究，认为人类社会信任关系经历了基于关系的人格信任—基于货币的系统信任—基于区块链技术的算法信任，区块链技术的核心在于解决互联网数字经济中陌生人之间的信任问题，致力于在"去信任"的环境中构造一种新型信任机制和交易规则。张志清等（2019）认为，构建基于区块链技术的科技信用管理体系要充分体现区块链的技术优势，在功能设计上要有业务处理、区块链管理、智能合约、查询与投诉、用户管理等模块，要对项目实行全生命周期的管理，对于记录的信用要真实可靠并要有严格的审核流程，同时要有相应监督管理、信任及信息共享机制，充分发挥信用管理在科技管理中的作用，推动科技信用制度与机制的建设。

综上所述，区块链作为一种新兴技术，其应用本身也处于探索阶段，现有的文献研究以概念设想居多，实际应用于社会信用体系建设的较少。本文在聚焦社会信用体系建设难点痛点的基础上，对区块链应用于社会信用体系建设的具体思路和实现路径做了探讨，具有较强的现实意义，对各行业持续推进信用体系建设具有借鉴意义。

二 区块链技术特征、类别与创新案例

区块链是一种按照时间顺序将数据区块以链接的方式组合成特定的数据结构，并以密码学方式加以保证的不可篡改、不可伪造的去中心化共享总账，并能够安全存储、有先后关系、能在系统内验证的数据，也是利用加密链式区块结构来验证与存储数据、利用分布式节点共识算法生成和更新数据、利用自动化脚本代码（智能合约）来编程和操作数据的一种全新的去中心化基础架构与分布式计算范式。

（一）从区块链特点看

去中心化。区块链由互联网上多个节点组成，形成一个点对点的去中心网络，网络中的任意一个节点的权利和义务都相等。区块链系统由这些节点共同维护，系统与各节点同步更新，单个节点的损坏或丢失不影响整个系统。

去信任化。区块链通过分布式账簿的方式改变由第三方机构创造信用的机制，整个系统中数据公开透明，节点间进行交易无须监管和相互信任也可进行。

集体维护。系统由所有具有维护功能的节点共同维护，任何具有维护功能的节点都可以参与维护。

不可篡改。由于区块链采取分布式账簿，每个节点都记录了整个系统的完整数据库。如果单独修改某个节点的数据库，系统会自动比较，仅在整个系统中 51% 以上的节点同时进行修改时才会进行修改，否则修改是无效的。

共识性。区块链技术的核心是参与者之间的共识，在没有中介机构的情况下，区块链的参与者需要对规则与应用方式达成统一。在各个节点达成共识的前提下，大量可信的信息可以实时且低成本地共享。

可编程。区块链可以编写脚本来设置链上的交易条件，满足条件才能实现特定功能。在区块链上设置的可编程代码称为智能合同，它无须人的干预，一旦满足触发条件即可自动执行。正是由于可编程智能合约的存在，使区块链技术可应用场景被无限放大，通过对智能合约的设定和编程，可以满足人们对于不同交易类型的需求。

（二）从区块链类别看

因为共识机制的不同，区块链间也存在着一定的差异性。根据开放程度区块链可以分为公有链、联盟链和私有链。

公有链。公有链中任何节点都向任何人开放，任何人都可以读取、发送交易，并参与协商过程。公有链能够保证完全去中心化，一般适用于虚拟货币（比如比特币）、面向大众的电子商务、互联网金融等。

联盟链。联盟链只针对某个特定群体的成员和有限的第三方开放，其内部指定多个预选节点为记账人，每个块的生成由所有的预选节点共同决定。联盟内的成员可以读写记录，参与区块链的记录维护。它是融合了公有链的完全开放性和私有链的高度集中的多中心结构，一般适用于银行间支付、结算、清算等。

私有链。私有链只对单独的个体或实体开放，它对成员做出了严格限制，只有被授权后，才能加入、读取访问、退出，具有较好的私密性，一般用于需要保护隐私的场景。

主权区块链。贵阳市人民政府在《贵阳区块链发展和应用》白皮书中创造性地提出了"主权区块链"的理论。主权区块链与其他区块链一样，具有去中心化、去信任化、不可篡改等特点。但不同的是，在治理层面，它强调在主权经济体框架下进行公有价值交付，而不是超主权或无主权的价值交付。在监管层面，它强调网络与账户的可监管，技术上提供监管节点的控制和干预能力，而不是无监管。在应用层面，它强调基于共识机制的多领域应用的集成和融合，而不是局限于单一领域。

（三）从国内区块链创新应用案例看

区块链＋医疗。浙江省依托浙江政务服务网上线了全国首个区块链电子票据平台，通过区块链技术解决纸质票据凭证保管难、数据提取不方便等问题。用户仅通过一部手机就可以完成预约挂号、缴费、取票等流程，无须再到窗口反复排队缴费、打印票据。区块链电子票据从生成、传送、储存到使用全程都盖上了"戳"，全程可溯源、不可篡改，真实性有保证，杜绝了假发票、重复报销的可能。对于医疗机构，则加快了办公无纸化进程，提高了财务管理效能。

区块链＋司法。杭州互联网法院、上海市第一中级人民法院、苏州市中级人民法院、合肥市中级人民法院、蚂蚁区块链科技（上海）有限公司共同签署了《长三角司法链合作意向书》，宣布以杭州互联网法院司法区块链平台为依托，构建长三角司法链，打造"全流程记录、全链路可信、全节点见证"的司法级别信任机制。长三角司法链建立后实现了审判执行全程上链，起诉、调解、立案、送达、举证质证、庭审、判决、执行、档案管理等影响审判质量效率、影响司法公信力的关键环节全都被盖上区块链的"戳印"。这些"戳印"包含了可信时间、可信身份、可信流程、可行环境等关键信息，并向区块链的全体节点实时进行广播，全程留痕、安全可控、不可篡改，在方便群众诉讼、服务法官办案、提升审判质效、促进司法公开等方面具有重要作用。

区块链＋公证摇号。区块链公证摇号系统的应用，有效降低了人为因素的干扰，以及利用匿名系统暗箱操作的可能。所有公证信息将被真实完整记录，并上传透明可信的区块链，方便公证员进行查询和调用，公众也可以自行查询和验证，有效提高了摇号项目的公信力。另外，基于电子签名技术和特有算法，加上第三方认证的技术，可以保障摇号的有效性和公平性，打通公证的业务流和数据流，实现自动化申办和无纸化公证。区块链技术的运用改进了公证等服务流程，可以最大限度消除服务盲区，实现资源在链上共享、数据在链上对接、认证在链上进行，推动法律服务信息流、工作流、管理流的深度融合。

区块链＋农产品溯源。区块链平台能够为每个参与农业产供销的企业或个人提供一份日志，每人都可以自由记录信息。信息一旦上链，将被打上时间戳并通过加密方式向全平台广播，于是每个人都会将这条信息记录在自己的日志上。未来查询某条数据时，平台将会对所有日志记录的这条数据进行一致性校验，最终选择一致率最高的数据作为真实值。农产品安全的任何环节操作都通过"上链"记录在案，事前提高了农产品买卖双方的契约精神，事中向消费者提供了更可靠的质量承诺，事后也为监管带来确切的法律依据。

三　区块链与信用体系建设的契合点及机制设计

（一）区块链赋能信用体系结合点

一是区块链技术助力社会信用实时在线。区块链技术融入社会信用体系建设，它不仅能保证已有的信息不被篡改和删除，而且能够实时记录新的信息，"一切数据化，数据化一切"。它不仅能够清晰地对参与者进行"数据画像"，而且这种画像还会被上链到区块链的链状数据结构中，从而提供最坚实的信用证明。而任何失信行为引起的惩戒都将对其他参与者起到警示教育作用，增加失信成本。在整个体系中，无论线下还是线上，各类信息均可溯源、纠责并永久记录，实现了记录、监管和惩戒的三位一体。

二是区块链技术降低社会信用成本。区块链技术可降低或去掉中介成本，集中平台的管理成本，提高交易效率，降低社会信用的监管成本等。通过该技术可缩短信用验证的流程，极大限度地提高社会信用的运营效率和质量，间接地降低社会信用的成本。

三是区块链技术提升数据安全性。融合了区块链技术的社会信用体系，其安全性与可靠性得益于参与者参与其中之后，需要有 51% 以上的节点同时进行修改时，才会进行修改，否则修改是无效的。"51% 攻击"的成本趋于无限扩大，降低了信用系统数据泄露、信用数据被篡改等风险，间接确保了信用系统自身的安全性与可靠性。

（二）基于区块链的社会信用体系机制设计

本文拟构建一种基于区块链技术的社会信用管理体系模型。模型将公有链、联盟链、私有链和主权区块链有机结合。基于区块链的社会信用体系框架，核心环节为信用信息归集、信用信息处理、信用信息共享和信用信息应用。

一是信用信息归集。信用信息以市场监管局或公安厅的信息为基础，以省税务局、省人力社保厅、省生态环境厅、省法院、人行杭州中心支行等部门业务数据为扩展，主要分为3类：基本信息、不良信息和守信信息。基本信息主要包括：法人和非法人组织（包括个体经济组织）在有关国家机关登记或者注册事项；自然人的姓名、身份证号码、出入境证件号码等身份识别信息；行政许可信息；法律、法规、规章规定应当作为基础信息予以归集的其他信息。不良信息主要包括：以欺骗、贿赂等不正当手段取得行政许可、行政确认、行政给付、行政奖励的信息；在法定期限内未提起行政复议、行政诉讼，或者经行政复议、行政诉讼最终维持原决定的行政处罚信息，但适用简易程序作出的除外；经司法生效判决认定构成犯罪的信息；不履行行政决定而被依法行政强制执行的信息；不履行判决、裁定等生效法律文书的信息；经依法认定的违反法律、法规和规章规定的其他不良信息。守信信息主要包括：市场主体收到县级以上人民政府或市级以上机关表彰的信息，被省级以上机关纳入"红名单"的信息。

二是信用信息处理。信用信息处理主要为数据清洗、比对、关联，并形成信用信息核心数据库，同时整合链上数据和链下数据进行校正，确保准确性。通过对信用信息的整合、设计、建立规则，形成信用档案、信用评价、信用"红黑名单"等信用产品。最后，将三类信用产品发布在公有链、联盟链和私有链上。

三是信用信息共享。信用信息共享通过三种区块链管理方式，根据不同信用信息应用的特点采取不同的节点来分流，在利用时提高效率，节约时间。其一，以公有链方式建立基础链。基础链记录市场主体的基础信息，如社会统一信用代码、企业名称、注册地等信息。这些信息只用于身份信息校验，不做评价。各节点都可以根据自身掌握的信息更新市场主体的基本信息。基础链是信息共享、应用的基础。其二，以联盟链促进数据融合。理想状态下，政府部门间的数据共享是通过公有链平台实现的，层级、部门、地域、行业之间均可打破信息壁垒，实现完全共享。但是现阶段政府部门数字化程度还不够高，区块链技术作为一种新技术也尚在探索应用中，因此可先在政府部门间采用联盟链的方式共享信息，逐步建立政务区块链共识机制。其三，以私有链方式保障数据安全。私有链仅允许在政府机构内部使用，链上信息的读写与修改权限按政府机构指定的规则执行，进而使平台可以抵御内外部的安全攻击，实现可追溯、不可篡改、自动运行的目标。其四，将主权区块链作为数字政府基础设施，尊重网络主权和国家主权，在法律框架下开展"区块链+信用"探索。

四是信用信息应用。通过区块链，将信用产品供给给政府部门和社会。推动建立事前信用查询，全面开展信用承诺制；事中综合监管与行业监管相结合开展分级分类监管；事后信用记录与反馈，规范开展联合奖惩，依法开展信用修复；形成贯穿市场主体全生命周期的信用监管工作闭环。

　　总之，区块链作为一种新兴技术，其优势显著且在各行业和产业开展了应用。但是与所有新兴技术一样，区块链技术也会存在漏洞和瑕疵，对现行的法律法规与制度规范发起挑战，因此需要前瞻性地开展监管研究，针对区块链应用于社会信用体系建设开展监管探索，进而构建技术标准和法律法规监管体系。

参考文献

时民生：《区块链技术在征信业的应用探析》，《征信》2018 年第 1 期。

张晶：《基于区块链的个人信用信息共享平台设计及应用场景研究》，《征信》2020 年第 10 期。

张忠滨、刘岩松：《区块链技术在征信业的应用实践及展望》，《征信》2017 年第 7 期。

杨杨、杨加裕：《构建基于主权区块链的税收信用体系研究》，《税收经济研究》2019 年第 6 期。

刘财林：《区块链技术在我国社会信用体系建设中的应用研究》，《征信》2017 年第 8 期。

琚春华、邹江波、傅小康：《区块链技术的大数据征信平台的设计与应用研究》，《计算机科学》2018 年第 11 期。

（责任编辑　方晨光）

楼道党支部班子生态更替的
探索与创新

——以杭州市拱墅区天水街道实践为例

◎李振华　董　颖

提　要： 楼道党支部是基层党组织工作中的一项创新工作，在实际工作中凸显出社区楼道党支部班子成员作为城市基层党建的骨干力量，担负着联系群众、宣传群众、组织群众，把党的各项方针政策落到基层的重要责任。当前，基层党建工作被赋予创新性、实践性、复杂性等更高的要求，楼道党支部班子成员也面临年龄结构不合理、总体趋向老龄化等不利于工作推进的问题。杭州市拱墅区天水街道以发展基层党组织的活力、自治能力及生态发展动能为根本，基于生态发展的视角，从加强党支部生态发展的四个层面（优化楼道党支部班子内生机制，扩大生态链；建立楼道党支部班子激励保障机制，促进生态多样；构建楼道党支部班子到龄退出机制，完善生态修复；构建楼道党支部班子循环发展机制，推动生态发展），开展楼道党支部班子生态更新的探索与创新，为楼道党支部建设发展提供参考样本。

关键词： 楼道党支部　班子建设　循环发展

作者李振华，浙江商业职业技术学院高教研究所副研究员；董颖，杭州市拱墅区天水街道办事处党群服务中心副主任。

党的十七大报告指出要"充分发挥基层党组织推动发展、服务群众、凝聚人心、促进和谐的作用"，党的十八大报告强调要"创新基层党建工作，夯实党执政的组织基础"，党的十九大报告提出"党的基层组织是确保党的路线方针政策和决策部署贯彻落实的基础"。基层党组织的地位与作用进一步增强，街道社区、社会组织等基层党组织建设已经成为推动改革发展的坚强战斗堡垒。同时，健全基层党组织领导的活力、发展基层党组织的自治能力、推进基层党组织的生态发展也是提升党组织力量的重点。

一 楼道党支部班子年龄结构情况及主要问题

2002 年 7 月，杭州市拱墅区（原下城区）长庆街道党工委借鉴战争年代党支部建在连队上的做法，在全国开创了党支部建在楼道的做法，建成了全国首个楼道党支部。当时长庆街道党工委以地域分布的就近原则，以 20 名左右的党员为单位，集中建成楼道党支部，全街道共建立 77 个楼道党支部，由此楼道党支部作为党的组织平台在发挥党员先锋模范作用、各类疫情防控等工作中发挥积极作用，不断推进基层党组织工作的创新与发展。

面向新时代基层党组织工作的要求，杭州市拱墅区天水街道认真落实中央、省、市、区关于城市基层党建的会议精神以及《中国共产党支部工作条例（试行）》的要求，强化街道社区党组织领导核心地位，坚持和加强党的全面领导并延伸落实到城市基层。在原有楼道党支部建设基础之上，把党支部建设放在更加突出的位置，突出社区楼道支部班子成员作为城市基层党建的骨干力量，担负着联系群众、宣传群众、组织群众，把党的各项方针政策落到基层的重要责任等作用，加强党支部标准化、规范化与生态化建设，不断提高党支部建设质量。然而，在目前基层党建工作创新性、实践性、复杂性要求日趋加强的背景下，楼道党支部工作的推进也存在一些问题，首要的就是党支部班子成员年龄结构不合理，趋向老龄化，由此还隐含连带楼道党支部班子成员知识结构、年龄层次单一等明显的问题，这些问题在一定程度上阻滞了党建工作的纵深化开展。表 1 为杭州市拱墅区天水街道楼道党支部支委班子年龄结构情况。60 岁以上的人数为 217 人，占总人数的 89.3%。其中，60~69 岁的人数为 113 人，占比为 46.5%；70~79 岁的 100 人，占比为 41.15%；80岁及以上的 4 人，占比为 1.65%。40 岁以下只有 4 人，占比为 1.65%；40~59 岁22 人，占比为 9.05%。总体而言，楼道党支部支委班子年龄结构趋老龄化。在此，横向比较拱墅区其他街道楼道党支部班子成员的平均年龄情况（见表 2）。石桥街道楼道党支部班子成员的平均年龄最低，为 58.07 岁；长庆街道楼道党支部班子成员的平均年龄最高，为 66.16 岁。拱墅区几乎每个街道的楼道支部支委班子成员的年龄层次都存在同样的情况，即老龄化问题已经是一个不可回避的普遍性问题。从新时代、新定位、新要求扎实推进基层党组织建设，不断加强基层党组织的活力，不断推动基层党组织的创新发展来看，该问题亟须破解。

表1　杭州市拱墅区天水街道楼道党支部支委班子年龄结构

年龄	人数（人）	比例（%）
40 岁以下	4	1.65
40 ~ 49 岁	1	0.41
50 ~ 59 岁	21	8.64
60 ~ 69 岁	113	46.5
70 ~ 79 岁	100	41.15
80 岁及以上	4	1.65
合计	243	100

表2　杭州市拱墅区部分街道楼道党支部班子成员的平均年龄情况

街道	平均年龄（岁）
天水街道	64.3
武林街道	64
长庆街道	66.16
朝晖街道	64.7
潮鸣街道	64.6
石桥街道	58.07

二　楼道党支部班子现阶段年龄结构问题成因分析

为了深入了解杭州市拱墅区天水街道楼道党支部班子现阶段存在的年龄结构问题，街道组织相关人员通过问卷、访谈等方式向楼道党支部书记、党员、群众等进行调查了解。基于此调查情况，重点分析年龄结构问题及其背后的原因，为楼道党支部班子生态更替发展提供实践参考。

（一）党支部工作权威性和有效性：楼道党支部书记年纪越大越合适

调查发现，普遍认为楼道党支部书记年纪越大越能在实际工作中体现出权威性，对于党支部工作的开展越有效。首先，老支部书记一直以来受人尊重，有感召力，大多数人是从战争年代过来的，思想觉悟也相对高一些，在党支部工作中能全力推进，支部活动的仪式感浓厚，带给支部党员的震撼力较大。其次，有些老书记一直以来乐意为党支部做贡献，一旦退出班子，自身也容易产生失落感。但是楼道党支部书记因为年龄较大，虽然身体状况还可以，但是在精力和体力上明显不如年轻党员，另外老党支部书记对于新技术、新场景的学习和把控能力还有待提高，对于新时代背景下发展年轻党员的机制、与年轻人的沟通方式等还不够灵活多样。

（二）党支部工作岗位匹配度：楼道党支部班子成员年龄偏大较合适

调查发现，大多数人认为在岗位匹配度上，五六十岁的党员是楼道党支部班子较适合的人选。这一年龄段的党员因为所处时代的原因，经历过"文化大革命"，有一些未接受过好的教育，同时还经历过上山下乡和下岗，总体而言，服务群众的思想意识不如老一辈的党员。有些党员退休以后对退休生活有着美好的规划，喜欢出去旅游散心等，因此没有过多的时间用于党支部工作中。此外，这批党员也正值上有老、下有孙辈，家庭照料任务也较重，对于党支部工作的认知与情感的触动，以及对党支部工作产生的积极主观层面动力稍显不足。

（三）时间、身体、思想等存在问题：楼道党支部班子成员老龄化的现实选择

调查发现，其他诸如自身工作时间多、身体状况不好、思想认识不同等现实问题的存在，也是影响楼道党支部班子年龄结构问题的原因。部分年轻人面对本职工作与党支部工作的选择时，从肩负家庭生计和时间分配角度考虑，大多会倾向于在前者倾注更多的精力。也有部分年轻人从身体状况、思想认识层次等角度考虑，还没有在楼道党支部班子中用情投入、勇挑重担并发挥出积极的作用，在助力党支部创新发展等层面的工作中也比较弱化。

三 楼道党支部班子生态更替的探索与创新

党内政治生态是全面从严治党的一个关键命题，是政党组织在长期政治生活中形成的政治环境与整体状态，楼道支部班子生态更替概念据此提出。楼道支部班子生态更替发挥其政治生命、价值系统的系统作用，可以支撑楼道支部班子开展参与性高、更为主动、源于楼道支部的实际工作，以支持面向未来的党建工作；同时激发楼道支部班子的更新重组，开展问题导向的协作创新，促进楼道支部工作的创新发展。

鉴于上述现状分析与成因阐述，为了进一步推进楼道党支部建设生态、健康发展，提出了楼道党支部班子生态更替的探索与创新实践。图 1 为楼道党支部生态更新发展情况的示意图。楼道党支部班子生态更替发展需要考虑到生态更替发展的复杂性、楼道党支部班子工作的实践性与创新性。从扩大生态链、促进生态多样、完善生态修复、推动生态发展四个层面，由内而外、内外结合地驱动生态发展，运用好楼道党支部这一建设优势与建设基础，大力推进楼道党支部班子生态更新发展。

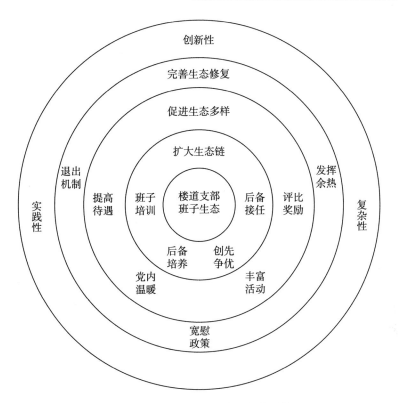

图1 楼道党支部班子生态更新发展情况

（一）扩大生态链：优化楼道党支部班子内生机制

推出楼道党支部班子"双培双带"内生机制，即加强党支部班子培训和后备干部培养，带领较年轻的后备接任和带领党支部党员创先争优。由内部实现生态链的扩张，创造集体融入生态发展的强大动力。第一，加强党支部班子培训。由街道和社区分别牵头，每年结合春训冬训、社区党委扩大会议、街道联系领导上党课、红色讲师团讲座、学习强国 APP 等线上线下多种形式开展各种培训活动，提升素质，做好"领头雁"工程。第二，加强后备干部培养。对后备干部进行分步培养，先从党支部党员中物色人选，进行组织考察，推选其为书记助理或党小组组长，让该名党员在相应的岗位上先锻炼，培养政治素养和责任心，向书记、委员学习经验，逐渐适应并发挥作用。第三，带领较年轻的后备接任。党支部书记平时工作时要有帮带精神，将自己的工作经验、方法传授给两位支委或年轻后备干部，从而在换届过程中能实现平稳过渡。第四，带领党支部党员创先争优。党支部班子要带领党支部队伍有计划地开展工作，并且确保工作落到实处，充分发挥先锋模范作用，积极投身基层社会治理、建设美好家园等工作中。

（二）促进生态多样：建立楼道党支部班子激励保障机制

鉴于适龄党员对于参选党支部班子各种各样的顾虑，建议建立一个激励保障机制。第一，增加经费，提高待遇。从 2019 年 7 月起，楼道党支部书记津贴从每人每月 100 元增加到 200 元，支委从每人每月 50 元增加到 100 元。第二，党内温暖，优先受惠。增强组织关怀力度，关爱帮扶困难党员，慰问生病党员。在有条件的党群服务中心开辟幼托中心，党支部活动时，党支部班子的孙子女、外孙女可以优先享受托幼照管，或对于优秀支委的孙辈给予名额参加银天书院小候鸟夏令营活动。为党支部班子成员所需照顾的老人、病人提供家政服务享优惠政策。诸如健康咨询、各类讲座、餐饮旅游等党建联盟资源给予党支部班子成员优先优惠政策。第三，丰富活动，团队凝聚。街道社区帮助楼道党支部多开展一些诸如书画、摄影、观影、趣味运动会等活动来增强团队凝聚力，从而使支部党员间加深认识，便于更好地开展工作。第四，评价机制，评比奖励。制定天水街道党支部工作评价体系，为每个党支部的各项工作依据评价体系的工作细则给予赋分，最后作为考核依据，从而每年"七一"前夕评选出"两优一先"，并给予精神和物质奖励。

（三）完善生态修复：构建楼道党支部班子到龄退出机制

要改善党支部班子年龄结构，需保证老中青梯次结构的逐步过渡和改善，一方面要在社区中发展新党员，培养后备干部，将年轻党员纳入班子成员中，另一方面则要构建到龄退出机制。第一，年龄考量。目前，根据《中国共产党支部工作条例（试行）》第二十一条规定，"村、社区党支部委员会每届任期 5 年"，所以在换届选举时 70 周岁以上党员不建议参加选举，设置 75 周岁到龄退出的机制，以年龄设限机制保障党支部班子成员的年龄层覆盖面。第二，宽慰政策。对退下来的党支部支委开展慰问工作，鼓励老书记继续为社区和支部工作做贡献。重视聘请老书记为楼道党支部名誉书记、成立天水街道楼道党支部名誉书记智囊团等工作，以此指导楼道党支部的建设工作，并为街道社区建设出谋划策。第三，发挥余热。接收身体康健、有兴趣、有口才的老书记为红色讲师团讲师，开设"天水红讲台"，每月定期在各个社区中进行巡回讲课，将红色革命故事、励志故事等分享给党员、群众，从而进一步发挥老党员的先锋模范作用。

（四）推动生态发展：构建楼道党支部班子循环发展机制

由扩大生态链、促进生态多样以及完善生态修复实现了多层次的楼道党支部生态更替发展，对照具体体制机制建设发展及天水街道楼道党支部的实际做法，可以验证上述三部分生态更替策略的有效性。然而，仍需要在如下几个方面进一步努力发展，带动往复循环的生态发展：第一，专项规划。街道社区等基层党组织在"十四五"发展规划中不仅要体现出党建规划的重要地位，同时还要以专项规划等形式将楼道党支部建设列入其中，注重专项规划与总的发展规划之间的承前启后。第二，迭代推进。楼道党支部班子生态更替要依托多方内容资源、平台资源、人力资源等要素以实现生态化发展，要具有循环发展的迭代思维，将扩大生态链、促进生态多样、完善生态修复等在纵向上实现链接，将各部分的具体策略在横向上实现对接，实现生态布局既要有专深发展目标，又要有开放性的合作推进、迭代持续的发展视野。第三，建设标准。从党支部建设的总体进程来看，生态标准的建设已势在必行。2021 年 4 月，浙江省公共政策研究院组织专家开展红色文化遗产保护立法与标准体系研制工作，这已经在一定程度上体现出立足特色开拓党组织工作生态发展项目的重要性，也预示着党组织工作的中国方案、中国技术、中国标准的广泛推行，该行动将激发基层党组织的生态创新发展，并为其发展道路指明方向。

参考文献

宋晟、邓思佳：《新时代高校基层党组织制度建设探析》，《学校党建与思想教育》2021 年第 6 期。

李美茹、曾盛聪：《党领导基层社会治理的逻辑理路与实现路径》，《理论探讨》2021 年第 2 期。

曹海军：《目标、实践、重心：基层社会治理的"三基建设"专题研究》，《治理研究》2021 年第 2 期。

曹海军、梁赛：《基层社会治理现代化的"三基"取径——基于平安中国建设的思考》，《治理研究》2021 年第 2 期。

李斌雄、杨竹芸：《中国共产党支部工作制度建设的百年历程和经验》，《理论与改革》2020 年第 6 期。

何锡辉、陈平其：《村级党组织标准化建设探析——基于 L 县的考察》，《长白学刊》2020 年第 6 期。

石维富、李东：《新时期基层党组织的执行力建设研究》，《人民论坛》2013 年第 8 期。

程毅、王爱祥：《学习型领导班子和学习型党组织建设路径研究》，《思想理论教育》2012 年第 9 期。

梅丽红：《基层党组织领导班子选举改革的演进及其启示》，《中共中央党校学报》2011 年第 6 期。

王凤志：《论基层党建工作科学化及其对策》，《求实》2010 年第 8 期。

（责任编辑　方晨光）

法律论证的程式建构

◎石东洋

提　要： 法律论证是保障立法、司法合法性和有效性的关键。立法和司法需要法律论证，重视法律论证理论和法律论证方法是当前亟须培育的法律意识形态。演绎模式是法律论证的核心。法律论证在理解定纷止争的法条、公众商谈辩论、确定推论规则并建构事实、评价渗透演绎论证中进行，在规则价值理解、法律商谈合意、推论规则确立、演绎论证证立、结论评价证成中完成。

关键词： 法律论证　演绎逻辑　规范证立　结论证成

作者石东洋，山东省聊城市司法局备案审查科副科长。

　　法律论证首要面临法律定纷止争的功能，法律论证的过程是以法律条款作为解纷依据、"裁剪"具体事实、证立裁判结论的过程。"法官可以何种理由（或不可以何种理由）支持他的裁判；是否他可以考虑除了直接关涉法律（文义）或立法者意志之外的其他论据；如果可以的话，是否在不同理由之间存在顺序；等等。所有这些都是落入法律论证理论处理范围的问题。"[1]法律论证在理解规则、法律商谈、理性论证与公正评价中完成。

一　规则理解的价值取向

　　法律定纷止争。"法律是针对道德的目的的"[2]，法律论证的基础是法律和道德伦理之间的相对区分。无论怎样推进法律论证，都摆脱不了法律与伦理之间的价值判断。

　　（一）法治预期的正当化

　　"法律适用是没有精确的方法可以依循的。在法学三段论中，不管是在规范前提方面，还是在事实前提方面，都可能出现法律适用的不确定性。"[3] 在法律确定的情形下，认识法律所提供的预期，认识过程即可正当化预期中提供的权利和程序。在合法性论证的过程中，制度设计或者司法结论应当显示其与立法者的目的或者上位法的意图是一致的，论证的目的就是证立结论与上位法不冲突、一致或者符合立法精神。法律实施后，有时不能完全摆脱立法者的意志，立法者的意志中包含民族精神和社会公众的共识。法律论证的范围包括但不限于处理支持证成的理由、立法目的之外的论据、不同理由之间的排序等问题。

伦理秩序的事实渗透。道德伦理已经渗透到立法者、司法者的思想意境，在难以论证科学性的情形下，对于合法性和合理性，凭内心直觉和先见积累，便可相对容易论证。法律论证的根本意义在于，其认为司法裁判不仅是法律的实施与适用，也不仅是司法者主观任意而为的意志行为，其不能完全由法律确定，但作出的决定却是理性的。法律论证不是形式主义，也不仅是司法者意志的表面掩饰，其包括司法者内心复杂反复思考的循环往返过程，其思维过程涵括多种方式方法，以论证或者证立结论，认可事实。

（二）心证的主观目的

法律论证贯穿于司法结论发现的认知过程，司法结论产生证立的过程中，法律论证与司法结论的理由说明有着密切的联系。在司法结论证立中的表述，与司法结论背后的目的有着关联。司法者秉持公正维护公众权利的立场，在司法结论正确性得到证立的过程中，提高司法结论的公信力，论证的标准和一贯的模式得到权威的认可。

司法者、制度设计审查者不主动表达影响其得出审查结论的情感因素，此谓内心秉持的法律理念体现在行动过程中，而不直观立体显示在书面材料或者交往行为中。司法者有时在汇报相关案情过程中，表述结论不同而引起效果不同的认识，其并不主动诉说结论背后隐含的审查者的主观目的。立法者、司法者的现实主义立场，有时决定其不仅追求合法性，而且还追求解决具体的实际问题。以法律为准绳，且以理性的思考和公正的要求来衡量利益取舍，法律论证就存在于此判断过程中，基于各个参与主体的商谈讨论产生合意，以证明结论的正确性。

（三）以认定事实为核心

作为既定发生的事实，不是法律论证的对象，事实的认定以证据的有效采信为基础，法律实施的定性才涉及法律论证。事实认定是法律论证的前提和基础。法律论证结论的得出以正确的认定事实为核心，全面正确地认定事实是法律适用的关键。事实认定不全面，法律定性准确性会受到严重影响。事实认定是法律具体化的基础。若事实认定不全面，法律论证和价值判断的正确性、合理性都在根本意义上失去正当性。

面对事实，处理、判断、说明的可接受性影响结论的可接受性。海量的个案处理，影响判断者的正常心态。法律实施流程的倦怠，有可能导致职业使命所包含的定纷止争问题的处理被忽视。法律职业倦怠、日益减少的工作兴致和缺少有效正向激励的工作状态都可能主观影响事实认定。若初从事法律职业时的怜悯已经磨灭，则有可能使判断者主观认为某些因素可以不予考量。正如每个当事人都认为自己的个案问题是最应当受到司法者重视的，并认为其诉求是最重要的，但对于处于职业麻痹状态中的判断者而言，尽管每个案件不尽相同，但多数以固定模式类似问题进行类似处理，往往忽视其中的情节情境差异，忽略当事人认为其个案问题是最重要的想法。若没有共情的意识，则难以达成合意的可接受性。

二 法律商谈的公众合意

真理越辩越明。理性的法律商谈是立法和司法过程获得合理性的捷径，是典型的法律思维的具体化、法治方式的有效运用。

（一）公众的法治价值观

"法律中贯穿了诸多政治价值，当广大公众赞同这些价值时，这些价值就为假设和前提提供了背景，而不是争论不休的战场。"[4]法律商谈是制度设计和裁判结论达至合法性共识的有利方法。在广泛的法律商谈过程中，部门单位利益倾向和私人私利目的的想法，会公示于众。在公共事件中，尤其舆论高度关注的事件，公众关注的是公共事件的处理是否符合伦理秩序。与倡导的自由、平等、公正、法治的价值观相关，价值评价更为关注立法、司法结论背后民族意识形态的建构。通过公共事件的处理，宣示法律公正融合伦理秩序，法律论证与伦理秩序在此处理过程中紧密结合。

公正能够在新时代新时期得以建构，需要较高的成本。在经济社会剧变，以及社会改革对传统社会仪式冲击之后，对于公共法律问题，公众较难发出同一种声音，但面对伦理秩序利益之中人的本性问题的考验时，法律问题的处理结论有可能激发一种共同体认同或者集体不认同。尤其面对舆论的渲染，公众在网络空间表达共同体的伦理意识，为正义而集体发声，其实质是公众希望法律判断权力持有者、掌控者善待权利。终极意义实质上是善待人类自己，维护几千年来形成的渗透在基因中的理念。集体共同意识的发生，不仅要求建构或者重构新时代法律公正，更重要的是对传统伦理秩序和天理人情的传承。

（二）说服论证

理论上，法律论证的目的不在于通过说服公众取得一致，而在于说服论证者。论证者对论证过程中表达的理性予以认可，论证者对自圆其说的证明能够让自己满意。论证者因此相信受众也能够满意。公众信任论证者，司法结论才能够取得公众一致认可。公众信任立法者和司法者，法律实施才能够树立权威。法律论证的结论能够获得普遍的认同，这要求司法者是合乎理性地进行判断。

法律判断者同情法律问题所涉多方中的一方，可能引起其他方对判断者偏袒的误解。结论得出是多数达成一致意见的民主做法。公示结论得出过程中的不同意见，是透明的理性，亦是法律实施公开化的基本要求，其既维护法的安定性，又让公众明白遭遇类似问题如何做出类似化的处理，从判断之中显示应当遵守的规则。

（三）建构商谈合意

"在正常情形（在法治国家），法律秩序的效力建立在社会公示之上是可能的。"[5]法律判断在根本上由规则决定，通过对公众关于法律判断的反应后果进行考量，可初步得知，法律判断是否获得道德的良好支持。若未提供理性和公正的视角，让公众窥视内心可接受的结论，则系不考量后果的法律判断，乃不明智和不理性。因此，法律判断不得不根据将来有可能发生的后果作出决定。补充遗漏的事实，全面正确认定各种情节，将公众认为最重要的情节依法予以认定。法律判断者可能认为以上情节与其认定情节无异，但全面衡量则可能改变法律定性的基础，法律适用的大前提则可能需要调整，某些行为和状态被后纳入法律论证大前提的调整范围，则法律评价就会发生改变。

立法和司法判断中的任何论述都要维护法秩序，判断背后的公正考量以及考量所依据的原则和理念是否产生于法秩序。立法设计和司法判断中的理由都以公正为出发点，维护公共利益，因维护公共利益而进行的论述和论辩均在广义上成为法的渊源。立法设计者和司法判断者，在法律问题的处理中处于居中的位置，以去判断者私益以及部门利益的立场行事和论证法治。维护法秩序应定位于通过法律实现对社会的控制，通过运用规则定纷止争，给公众以稳定的法治预期。

三　演绎结构的理性证立

确定事实构成。演绎模式是法律论证的核心。法律论证应当接受逻辑规则的约束。逻辑规则和语言规则设定了界限。结论在逻辑上应当是可以推导得出的，其应与推导前提的逻辑结构是一致的。

（一）演绎的逻辑结构

法律论证能够提供证立，但是证立应当是循环的，遵循了或者说理解了逻辑证立的循环证明结构，逻辑上的推论不仅是对逻辑结构的说明，也是对主张的证立。逻辑对于如何获得推论的前提并不关注。司法三段论讲究的决定核心是前提证成结论，获得和证立前提是法律发现，法律解释是关注的前提。法律论证的过程是运用多种法律方法获得结论的过程。因为法律论证、证立和证成不仅依托司法三段论逻辑，还包括事实认定和前提理解的环节，事实认定和前提理解分别是司法三段论大前提、小前提建构的过程。大小前提完成建构，才得以启动司法三段论论证。

"将事实涵摄于法律规范，就是检验事实是否满足法律规范的实施构成并因此产生规范所规定的法律后果。"[6]演绎模式是法律论证的核心，可遵循此系统的论证规则。"如果事实上（迄今为止，在我看来对此还没有提出证明）一个法律规整如此得不透明，以致需要逻辑手段以重构其内涵，那么这也和法律三段论无关。"[7]若论证遵循演绎的逻辑结构和规则，追求实际的效果，则需要法律解释和法律论证相结合。"法律解释需要论证，这也是为了克服解释者的前见所形成的消极影响所必需的。"[8]在法律论证中将事实归入法律适用的前提，前提需要被理解和解释。前提是各种事实的抽象提炼，单纯推论而不明确理解前提的意义，法律论证是无法完成证成证立的。法律适用过程中，事实的认定和证据的分析需要深入理解法律条款背后的传统文化底蕴。在法律判断的过程中，被忽视的情节，有可能是舆论高度关注的焦点，有可能是公众在情感上所不能容忍发生的事实。若在职业反复动作中忽视了上述情节，有可能引发法律舆情，法律论证中的直觉以及基于普通常识产生的"义愤"等是非观念或许不可或缺。

（二）前提的外部证成

通过借助形式的逻辑推论，且单纯运用逻辑推论方法无法获得前提中未隐含的主张。理解发现前提中的主张，不可视为这一主张被予以证立。通过逻辑推论规则能够确定一定主张的内涵，但该规则不是证立主张的规则，证立主张需要论证。主张的证立需要逻辑推论规则融合于论证推论过程中。逻辑规则对于法律论证的意义在于，通过规则运用可扩张或者限缩一定的主张，扩张或者限缩论证前提的外延范围。论证的过程是主张证立一个主张，且亦是从一个明确的论点过渡到另一个明确的论点结论，在这个过程中主张的证立与主张隐含的主张被澄清有着明显的差异。

正当防卫的目的应当是维护合法权益，人身自由、人格尊严等合法权益亦是正当防卫保护的对象。实施防卫针对的是正在实施的不法侵害行为，持续性、复合性、严重性的现实不法侵害行为亦是防卫的前提。正在进行的不法侵害前提是行为正在实施，致防卫人于更加危险的境地，是为防卫适时。以上因素应当纳入正当防卫的调整要件范围，亦符合正当防卫的标准，是为前提的分析论证。我国刑法并未将正当防卫规定为一种"不得已"的应急措施，并未要求防卫人穷尽一切手段之后才能实施正当防卫。允许正当防卫对不法侵害人的人身、财产等权益造成一定损害，甚至可以致伤、致死不法侵害人。个案发生时，若存在实施正当防卫所要求的不法侵害，且正在进行，行为人可以采取措施制止不法侵害行为，刑法并未要求紧迫性。在个案中，如果认定事实、情节不全面，必然影响防卫行为的定性。法律定性不准确，则法律适用可能有错误，法律论证则失去了有效的前提。不法侵害他人人身自由、人身尊严的行为违背伦理，应受到法律制裁。法律保护合法权益、合法利益，衡量法益秩序保护，超出法律容许的范围限度则要承担责任。

（三）推论规则的过渡

从前提、论据到结论，中间须有推论规则，其为真实的有意义的论证过渡载体。不提供信息的推论规则，是论证的过渡，此为规则的功能，并非论证的前提，前提是法规范。发现司法三段论的前提，推论判决均是循环地往返于分析法条和确定前提之中。人身自由和人格尊严是正当防卫所要保护的对象，可确立一条正当防卫的规则，作为论证的载体和遵循。为了保护人身自由和人身尊严，而制止持续地对于人身自由和人格尊严权益所实施的不法侵害，该制止不法侵害的防卫行为是正当的，当不法侵害的危险升级时，进一步防卫也是适时的。

"为了将法律事实涵摄于法定的构成要件，法律的适用者也必须依由其首度具体化下来之必须加以补充的标准，判断系争事务或过程。"[9]通过确立推论过渡的规则，将之作为论证过渡。证据分析和质证所得出的事实，涵盖各种能够证明的需要法律调整的情节，系案件事实和法律事实，据事实归入之前确立的前提，可推导出结论。"事实上，法律适用的中心不在最终的涵摄，毋宁在于：就案件事实的个别部分，判断其是否符合构成要件中的各种要素。"[10]个案中，针对不法侵害人对其本人和亲人实施的侵犯人身自由和人格尊严的持续的不法侵害行为，其本人实施防卫是正当的，其防卫行为应得到法律的正面肯定。

四　司法评价的结论证成

评价渗透论证。"法律审理的本质特征，一如已解释的，为论证与判决。一方面，具体的判决发生在论证之前，另一方面，须对判决进行证立。"[11]理性的论证包含但不限于演绎论证，对于现实的理性评价也应纳入其中。论证的价值的确定，必须通过理性评价、论述而取得听众的信服，与公众的价值相符合。即使不能突破社会的相对性，论证和评价对现实的描述，也要在释义和判断中，致力于普遍公众的赞同，以至结论得以证成。

（一）司法价值判断

"法律论证主要从应然角度说明解释结论的正当性，而不仅仅是实然的解读，因而法律论证更多注重价值衡量和判断。"[12]法律论证是为了获得正当和公正，以及司法者内心确认结论可以符合理性良知的要求。从论证的目的出发，论证的标准优先于逻辑规则的选择。在法律论证的框架内，选择逻辑规则非常必要。逻辑规则选择，要适应于法律论证的目的。从后果检验，看逻辑规则是否符合伦理的判断。对法律论证具有实践意义的，不是形式逻辑的系统，而是如何与理性论辩的规则取得一致性。事实构成与法律效果之间的关系，不是传统逻辑所能决定的。需要运用法律解释来解决事实构成与法律效果之间的关系问题，通过限缩、扩张和评价等方法，决定事实是否被纳入法律条款的调整范围。法律论证以及判断的作出是一个综合过程。

司法裁判不仅是对个案是非曲直的法律评价，也是对社会的规范指引和政策宣示。评价和论证须从法律条款的构成要件分析，从当事人行为的意图，事情的起因、行为发生时间、行为针对的对象和事情结果等方面进行整体把握，系统分析事实和情节能否纳入法律条款的调整范围。若纳入该当条款，符合该条款的构成要件，则以该当条款为依据，处理经全面认定的事实。评价和论证不是机械而毫无情感地适用法律，亦不是机械地从法律规范中逻辑推导结果。若忽视应当充分考虑的法律原则和理念，有时会引发争议。

（二）价值评价的修正

"价值判断在法律制度中所起的主要作用在于它被整合进了作为审判客观渊源的宪法规定、法规以及其他种类的规范之中。"[13]个案的司法价值关涉的，不仅是一个单独个案，还影响到了个案的案件情境和类型。司法评价虽然产生于个案，缘于个案的具体情况，但司法评价又会指向所有可能会发生的同样或者类似的情形，于正当防卫而言，当每个个案之外的人，遇到同样或者类似的情形，应激而进行防卫行为，当事人希望得到正当的公正的评价。在这个角度上，司法评价关涉每个人的利益或权益。若原司法评价与绝大多数公众认知有差异，公众希望司法评价的改变，给予防卫者公正的符合伦理的判断，其不仅是希望遇到同类问题时亦能获得公正评判，且亦是维护其内心的传统伦理认知。对于重新作出公正的司法评价的呼吁，是公正的价值观的倡导维护，这个过程是民族意识形态的建构和巩固。

"法官的主要工作是基于法律规定的一般性价值标准对具体的事实作出价值评价。"[14]基于传统伦理和民族意识形态认知，对于评价的修正、规则要件的纠正，并不是因为个案情境的存在和其引起的社会影响带来的推动，而是在个案情形出现之前，同样或者类似的案件情境和类型所涵括的事实应当被衡平考量，而纳入规则的判断范围之内。因为案件情境所表达的理性本身，是关于传统伦理和民族意识形态认知的因素，所以规则的要件构成和司法评价，应当尊重并承认其情境是法律论证理性所倡导和维护的。

（三）论证适应公众

"论证者必须适应其听众"[15]之前而生，而在当今社会传承的传统伦理秩序，是法律规范所要维护的秩序对象之一。违背传统伦理秩序的行为，当然违背法律的精神。对侵犯传统伦理秩序行为的防卫，应当得到法律规范的肯定性评价，而这可以提炼为一条法律论证的过渡规则。法律规范倡导对侵犯传统伦理秩序的行为进行积极防卫。当社会发生侵犯传统伦理秩序的行为的事实时，事实构成应当纳入法律效果的评价范围，这对于传统伦理秩序情结浓厚的社会公众而言，至关重要，对于法律适用者而言，则能体现法律的温暖和司法的人文关怀。传统伦理秩序和司法人文关怀构成的良知，应共生融合于社会主体的共同的价值体系中。

恪守法律规范和遵循伦理秩序的常识并不矛盾。经过听取公众意见，且意见经过法律论辩商谈，"法律论辩要受实在法的约束"[16]，进而考量后果，选择具有相应效果的法律依据和推论规则，融入法律论证。在法律论证过程中，注重体现法律发展带来的稳定预期，且符合公众持有的朴素的法律观。违反伦理道德、侵害人格尊严的行为，不仅是违反了善良风俗的问题，而且其行为侵害了受害人的法益，即人格权，而法律规范中此种权益是受到保护的，当事人对此种侵害行为的防卫是法律规范所肯定的。

（四）善化法治意识

善良风俗是法律实施过程中不得违反的规则理性的真谛，伦理的维护融合于公众内化于心的几千年的传统规则。无论制定法完善到什么程度，民族化融合世界化，又或者世界化融合民族化，民族意识形态中的伦理是法律规范设计和法律论证的基础。法治的实施应维护民族意识形态中的伦理，理性地贡献，积累经验，因此善良风俗亦应成为法律论证的论据。若法律判断注重和维护善良风俗，则巩固公众之符合伦理秩序的朴素的法律思维体系，使其在头脑固化，亦做到了注重公众的内心体认，促使其形成善良的心智，此为良善法治的实践。

法律的实施通过理解判断，沟通法的效果与生活事实。注重法律实施的情境，根据情境差异，选择相应的规则，使规则具体化融合于社会运转之中。不同时期和时代的公众的价值观，通过说明接纳于法律规则之治前提之中。法律规范通过被运用，在论证中不断得到理性发展，理性实践能促进制度正义发展，此种思维方式和观念的建构，是社会正向发展所需要的动力，亦是民族理性的动因构造。法律发展的过程中，给予所有进入法律实施过程中的争议问题以解决方案。法律规范的调整范围、概念体系和规则内涵等，则不断地扩充，通过说明所有的问题都被给予答案，个案中的事实被法律规范调整，则促进公众记忆的制度化。

总之，"法律适用者必须使对法官中立性的偏心看法相对化，并且必须知道在自己身上也存在着不可避免的偏见"[17]，公正是能够通过改变表达出来的。规范之于批判，面对舆论的评价，单纯依靠逻辑，理性论证不能解决所有问题，判断者应当坚持规范的标准，结合各种因素综合评价得出公正的结论。法律规范的发展是和伦理秩序、自然法以及公众秉持的正义观互动的，法律论证的过程中，伦理秩序、自然法以及公众秉持的正义观等因素不可忽视。司法者、立法者历经几十年的法律职业生涯，若仅依据日常的制度设计和法律适用技能，能够保持初始从事该职业时的专业敏感、正义追求、事业抱负和职业定力，则其完全有能力考量、分析所有的事实情节，尤其注重和关注那些未经职业固化思维过程的，普通公众以及作为立法司法活动局外的主体所考量的情感因素，此种考量不是法律的偏见，而是理性之中的法律感性。法律论证应当考量现实理性，将价值论证标准融入其中。法律规则的具体化与生活事实的制度化，是在论证过程中完成融合的，其创造产生的价值是对生活伦理秩序的维护，最重要的交往功能是其外化向公众表达情感，宣示倡导的价值，从而使结论得到公众认可。

注释

[1]〔德〕乌尔弗里德·诺依曼：《法律论证学》，张清波译，法律出版社，2014 年，第 4 页。

[2]〔德〕阿图尔·考夫曼：《法律哲学》，刘幸义等译，法律出版社，2011 年，第 232 页。

[3]〔德〕齐佩利乌斯：《法学方法论》，金振豹译，法律出版社，2009 年，第 145 页。

[4]〔美〕波斯纳：《法官如何思考》，苏力译，北京大学出版社，2009 年，第 214 页。

[5]〔德〕阿图尔·考夫曼：《法律哲学》，刘幸义等译，法律出版社，2011 年，第 221 页。

[6]〔德〕伯恩·魏德仕：《法理学》，丁晓春、吴越译，法律出版社，2013 年，第 293 页。

[7]〔德〕阿图尔·考夫曼：《法律哲学》，刘幸义等译，法律出版社，2011 年，第 23 页。

[8] 王利明：《法律解释学导论》，法律出版社，2009 年，第 632 页。

[9] 黄茂荣：《法学方法与现代民法》，法律出版社，2007 年，第 262 页。

[10]〔德〕卡尔·拉伦兹：《法学方法论》，商务印书馆，2013 年，第 165 页。

[11]〔德〕阿图尔·考夫曼、温弗里德·哈斯默尔：《当代法哲学和法律理论导论》，郑永流译，法律出版社，2013 年，第 504 页。

[12] 王利明：《法律解释学导论》，法律出版社，2009 年，第 638 页。

[13]〔美〕E. 博登海默：《法理学：法律哲学与法律方法》，邓正来译，中国政法大学出版社，2004 年，第 528 页。

[14]〔德〕伯恩·魏德仕：《法理学》，丁晓春、吴越译，法律出版社，2013 年，第 295 页。

[15]〔德〕乌尔弗里德·诺依曼：《法律论证学》，张清波译，法律出版社，2014 年，第 77 页。

[16]〔德〕阿列克西：《法律论证理论》，舒国滢译，中国法制出版社，2020 年，第 223 页。

[17]〔德〕阿图尔·考夫曼、温弗里德·哈斯默尔：《当代法哲学和法律理论导论》，郑永流译，法律出版社，2013 年，第 310 页。

（责任编辑　方晨光）

宋高宗御笔石经俗字研究

◎卢英振

提　要： 现有俗字研究多以社会基层文献作为来源，上层俗字的使用情况较少涉及。宋高宗御笔石经由南宋书法家赵构亲笔书写，数百年来石经先后庋藏南宋太学、仁和县学、杭州府学，虽一部分招致损毁，至今尚有一部分碑文清晰完整，可资俗字研究。通过研究既可以看出俗字流变的共性，也可以窥见一些由书法家本人个性导致的差异性，而且还能够感受到书法家在俗字使用与创新发展中的推波助澜之功。石经的书写和俗字的使用，充分反映了宋高宗对儒学复兴、对浙学发展的推动作用，体现出代代传承的浙学基本精神。

关键词： 御笔石经　俗字　书法　宋高宗

作者卢英振，杭州市文物保护管理所副研究馆员。

《敦煌俗字研究》综合各家所说，认为"汉字史上各个时期与正字相对而言的主要流行於民间的通俗字体称为俗字"[1]。文中认为"俗字的流行有时会波及上层社会"，但是限于敦煌文书材料制约，对于古代上层社会的俗字使用情况并无研究。古代皇帝御书是反映上层社会俗字使用情况的重要材料，本文以宋高宗御笔石经作为专题开展研究，可以补充说明南宋时期上层社会俗字的使用情况。通过研究宋高宗俗字使用情况，有助于认识宋高宗对儒学复兴、浙学发展的重要推动作用，有助于理解浙江学者所倡导和积累起来的浙学基本精神——求实精神、批判精神、兼容精神、创新精神。

宋高宗御笔石经由宋高宗赵构在位期间亲笔书写，因此称为宋高宗御笔。其书写题材为古代经学典籍，以全文照录形式誊抄，历经数年时间完成，交由临安府镌刻于碑石，故称石经。南宋时期这些石经一直安放在由岳飞府邸改建而成的南宋最高学府太学内，故有人称其为太学石经。因石经于南宋时期问世，故而也有人将其称为南宋太学石经。宋高宗御笔石经现藏于杭州孔庙石经阁，现存石经并非全貌，且普遍存在漫漶风化情况，严重者几乎无字可辨。由于大部分石经得以幸存，镌刻文字为小楷，粗略估计，留存字迹达一二十万字之多，为俗字的研究提供了丰富字库。

我国古代关于俗字谱的编辑专著早已有之，如唐颜真卿著《干禄字书》等。对于宋以来俗字谱的编辑和结构类型理论研究，迟至民国才有重要著作问世，如刘复、李家瑞《宋元以来俗字谱》、唐兰《中国文字学》。而对于俗字结构类型的系统研究，迄今最有代表性的作品更要晚到当代以张涌泉先生著《汉语俗字研究》为扛鼎之作。宋代以后，随着版刻书籍的盛行和流传，以正楷为主的印刷体的地位不断得到巩固和加强，字体逐渐趋于一尊。人们的书写有了可遵循的范本，从而大大减少了俗字存在的机会和市场。所以从总体上来看，宋代以后俗字的使用有不断下降的趋势。传统的经史子集刻本俗字仍然有限，宋元以后俗字较为集中的是以下两类材料：一是坊间俗文学作品刻本；二是碑刻文字。宋元以后的碑刻文字中，俗字的数量也很可观。[2]张涌泉先生对于宋代以后字体渐趋一统、俗字数量渐趋下降的结论是对汉字发展脉络的客观总结。定格在古代经典书法作品中的俗字，以其不可替代的书学临摹价值，往往与正字一样成为代代流传的书写方式，即便是皇帝御书也难免使用，尤其是宋高宗这样的书法家。宋高宗出于推广书法学习目的誊抄石经，采用诸多俗字写法，充分说明，追求变化的书法创作群体在俗字的使用和创造中发挥着推波助澜的作用。

宋高宗御笔石经虽为碑刻文字，但它是以墨本作品作为底本刊刻。石经有别于坊间俗文学作品刻本，它是传统经学典籍的抄本。石经中出现数量众多的俗字，虽然不是文字发展趋势的主流现象，却充分反映书法家的书写共性，以求变为宗旨，以书法美感为宗旨，不计较正字俗字的区分。我们参考《两浙金石志》《南宋石经考异》和本人编辑的《高宗御笔石经书法字典》，穷尽考察出宋高宗御笔石经中的俗字 1000 多个，参考张涌泉先生的分类法，对这些俗字结构类型加以分析。张涌泉先生著《汉语俗字研究（第二版）》将俗字分为增加意符、省略意符、改换意符、改换声符、类化、简省、增繁、音近更代、变换结构、异形借用、书写变易、全体创造、合文十三种类型，笔者依此分类标准，对宋高宗书法中俗字的结构类型分析如下：

（一）增加意符

反—返

《春秋左传》第二十五通碑石中"返隊"。按："反"与"返"二字通。

（二）省略意符

厭—猒

《尚书》第五通碑石"《洛诰》：万年猒于乃德"。"厭"作"猒"，省略"厂"字偏旁。

　　菽—叔

《毛诗》第八通碑石"执之荏叔","菽"省略艹字头。

（三）改换意符

　　狸—貍

《孟子》第六通碑石"狐貍食之"。这是意符意近换用的例子。

　　协—恊

《春秋左传》第三十二通碑石"三年不恊而盟"。偏旁部首加以改换。这是意符形近换用的例子。

　　鐘—鍾

《毛诗》第五通碑石"宾之初筵，鍾鼓既设"。这是改意符为声符的例子。

　　災—灾

《周易》第一通碑石"穷之灾也"。这是改旁便写的例子。

　　答—荅

《尚书》"昏弃厥肆祀弗荅"。这是改旁便写的例子。

（四）改换声符

　　—虧

《春秋左传》第四十五通碑石"八年我未及虧"。将"分"更换为"亏"，是改为与字音更为接近的声符的例子。

　　耶—邪

《春秋左传》第三十八通碑石"不知天之弃鲁邪"。这是改为与字音更接近的声符的例子。

　　饑—飢

《孟子》第四通碑石"凶年飢岁"。这是改为形体较为简单的声符的例子。

　　溼—濕

《春秋左传》第三十通碑石"则恐濕之不时"。这是声符同音或近音替换的例子。

　　趨—趍

《论语》第四通碑石"子罕过必趍之"。这是改形声为会意的例子。

（五）类化

　　願—

《孟子》第一通碑石"夫子辅吾"。这是内部类化的例子。

（六）简省

　　覆—

《中庸》"故栽者培之，倾者之"中，将"西"字的两竖省略为一点，是用简笔代替繁笔的例子。

繼—继

《中庸》"柔远人以继绝世"。"米"字是简省符号。这是符号代替的例子。

舉—举

《中庸》"举废国","刂"是简省符号,这是符号代替的例子。

蕭—萧

《春秋左传》第十九通碑石"王怒,遂围萧。萧溃"。"米"字是简省符号。这是符号代替的例子。

嘗—尝

《春秋左传》第十一通碑石"且君尝为晋君赐矣"。"尝"省略"匕"字,这是省略某些"不重要"的部分的例子。

●—觐

《中庸》"去远色觐"。两个"免"字,书写中有合并相同部分的现象。《汉语俗字研究》中所说合并相同或相近构件的类型,主要是笔画省略。石经中有一种略为不同的合并方式。合并但是并不省略相同或相近笔画,改变正字原来形态,也是简省的方式之一。如《孟子》石经中"疆"书写为"疆","當"书写为"當","戴"书写为"戴","勇"书写为"勇"。《论语》石经中"異"书写为"異","翼"书写为"翼",都是这个形式。

出—出

《中庸》"溥博渊泉,而时出之"。这是草书楷化的例子。

以—以

《中庸》"声色之于以化民,末也"。这是草书楷化的例子。

凝—凝

《中庸》"苟不至德,至道不凝焉"。这是草书楷化的例子。

伏—伏

《中庸》"潜虽伏矣,亦孔之昭"。这是草书楷化的例子。

定—定

《中庸》"道前定则不穷"。这是草书楷化的例子。

撮—撮

《中庸》"今夫地,一撮土之多"。这是草书楷化的例子。

致—致

《中庸》"致广大而尽精微"。将反文旁改写为支字旁,这是草书楷化的例子。

足—足

《孟子》第九通碑石"地非不足也","足"写为"足",是草书楷化的例子;

"■取诸彼以与此"，"徒"写为"■"，是草书楷化的例子。

《汉语俗字研究》中将草书楷化归入简省这个类型中的一个类别，由此来看，作者认为草书楷化一定是笔画数有所简化，其实未必，如"分"字草书为"■"，《孟子》石经中"盼"字书写为"■"，是对草书楷化的例子，笔画并未简省。

省略某些不重要的部分的简省现象，在书法创作中十分常见，并不视作错字，在石经中可谓比比皆是。减少一点的文字，如"流"的右半部分缺少上面一点，王羲之《黄庭经》中"■"字的书写也是如此。《孟子》石经中"■"也有采用省略一点的写法。宋高宗并非不知道楷书流字的正确写法，例如，同一部经书中也有正确的书写"■"。类似情况还有很多，《孟子》石经中还有■、■、■、■、■、■、■等。

减少一横的书写文字也有不少，例如《孟子》石经中"■"的写法，缺少一横；此外，如■、■、■、■、■、■、■、■、■、■等。

减少一撇的有《孟子》石经中■、■、■、■、■、■、■、■、■、■等。

减少一竖的有《孟子》石经中"■"缺少一短竖。此外，如《中庸》石经中"豫"字书写为"■"，"焉"字书写为"■"，在王羲之《普觉国师碑》中"■"有类似写法。减少一捺的有《孟子》石经中"肉"字书写为"■"。

减少笔画的书写中，还有省略两画以上的做法，如《孟子》石经中"爲"字书写为"■"，"龍"字书写为"■"，《中庸》石经里"專"字书写为"■"；《春秋左传》"寵"字书写为"■"。

（七）增繁

《汉语俗字研究》中归纳了繁化以区别形近的字、把罕见与生僻的偏旁改成常见的偏旁、出于书写习惯或字形的整体协调和据俗体偏旁繁化四种增繁情况。就石经俗字增繁的现象而言，主要可以归纳在繁化以区别形近的字以及出于书写习惯两种类型中，具体分析写法则有多种增添笔画丰富变化的做法。

鳥—■

《论语》第四通碑石"■之将死，其鸣也哀"。"■"增加一横，可以将其归入繁化以区别形近的字。

类似添加一笔的做法十分常见，如《论语》石经中"升"字书写为"■"，"民"字书写为"■"。添加一横的有《论语》石经中"就"字书写为"■"，"危"字书写为"■"，"酒"字书写为"■"；《中庸》"厭"字书写为"■"；《孟子》中"阨"字书写为"■"。

"睪"字在与其他偏旁部首组合形成文字时，常被添加一撇。如《孟子》中"澤"字书写为"■"，"擇"字书写为"■"；《论语》石经中"繹"字书写为

"▓","鐸"字书写为"▓"。

叙—▓

《孟子》第五通碑石（由于民国时期第一通碑石已经佚失，现为第四通碑石）"长幼有叙"，"又"字写为三笔，是出于书写习惯的例子。将一撇分为两笔的书写方式也很常见，如《论语》石经中"磋"字书写为"▓"，"羞"字书写为"▓"。

（八）变换结构

本—▓

《论语》第一通碑石"君子务▓，▓立而道生"。这是将整体结构分解为上下结构的例子。

所—▓

《论语》第一通碑石"北辰居其▓"，"▓"是将左右结构改变为整体结构的例子。

嚻—▓

《毛诗》第六通碑石"选徒嚻嚻"，这是将上中下结构改为左中右结构的例子。

僤—▓

《毛诗》第九通碑石"韩奕▓革金厄"，"▓"是将左右结构改为上下结构的例子。

䴱—▓

《孟子》第九通碑石"今夫▓麦，播种而耰之"，"▓"是将左右结构改为半包围结构的例子。

哲—▓

《中庸》"既明且▓，以保其身"。这是将字体的上下结构改为左右结构的例子。

货—▓

《中庸》"▓财殖焉"，这是将字体的上下结构改为左右结构的例子。

惑—▓

《论语》第四通碑石"四十不▓"，这是将上下结构改为半包围结构的例子。

（九）异形借用

狠—很

《春秋左传》第二十七通碑石"二十六年，大子痤美而很"。这是字形变化所致的例子。

（十）书写变易

汜—汜

《春秋左传》第九通碑石"处于汜"。正如《敦煌俗字研究》中也提及，俗书"己""已""巳"三字混同不别，这一现象在宋高宗御笔石经中随处可见。此外，通过伸长或者缩短笔画的方式，实现书写变易，也是石经俗字常见形成方式之一。一横伸长的情况，如《论语》石经中"席"字书写为"▨"，"吉"字书写为"▨"，"志"字书写为"志"；《中庸》中"尊"的写法。一竖伸长的情况，如《孟子》石经中"章"字书写为"章"。一横缩短的如"典"字，早在怀素《草书千字文》中"▨"字的写法就是如此。这个书写方式在宋高宗书法作品中屡见不鲜，如《春秋左传》石经中"曲"字的写法正是一横缩短的例子。还有一撇不出头，如《论语》中"邦"书写为"邦"。《中庸》中"在"字一撇不出头，书写为"在"，"存"字书写为"存"。

（十一）全体创造

乃—迺

《毛诗》第八通碑石"绵延慰迺止"，这是完全抛开正字，另起炉灶，用全新构件创制新字的例子。

在宋高宗俗字写法中，还有少量文字，笔者认为难以归入《汉语俗字研究》中提到的十三种类型。

戒—戒

《孟子》石经中"戒"字书写为"戒"。在《干禄字书》中有列举"戒"，并认为这是通用字的写法，[3] 在欧阳询《九成宫醴泉铭》中"戒"字也写为"戒"。

从石经中俗字书写规律来看，虽然宋高宗誊抄的是传统儒家经典，而且是颁赐地方州县的经书，宋高宗并没有刻意让这几部抄本成为标准教科书，也没有试图使这些抄本成为最新最全的点校本。正如秦桧奏议时所说，刊刻御书石经期望达到两个目的：一方面使天下士子得知皇帝潜心学习，另一方面让天下士子得以观瞻皇帝的书法。绍兴十三年（1143 年）十一月丁卯，"秦桧奏，前日蒙附出御书《尚书》，来日欲宣示侍从官，不惟观陛下书法之妙，又令知陛下圣学不倦如此"[4]。这几部抄本不仅难以称为善本，而且在科举考试对于俗字写法有惩罚性措施的情况下，依然大量使用俗字写法，确实不适合承担科举应试教科书的功能。通过分析书写俗字的结构类型，发现宋高宗鲜有使用异形借用、全体创造的构造方式，没有发现使用合文的构造方式，其书写的俗字多源自他借鉴临摹的前人书法作品，并不妄自臆造、借用奇怪生僻俗字，其行事稳健、书尚复古的风格可见一斑。石经可贵之处在于小楷书写经典，数量如此之多，书法如此精妙，在古代王朝的皇帝中，宋高宗做到了前无古人、后无来者。秦桧希望当世士子深知皇帝好学不已，通过观摩皇帝精妙书法，提高自身书法水平的两个目的，从文献记载看，显然已经得到实现。而且宋高宗御笔石经经受了时间的考验，在 800 多年历史长河中，熠熠生辉，成为我国古代经学典籍的一个组成部分，也是我国书法史上不可忽略的重要作品。御笔石经的书写，体现出宋高宗在南宋时期对儒学复兴所起到的垂范作用，宋高宗在南宋首善之地崇文抑武、尊师重教、倡导儒学的做法，对浙学发展产生巨大的推动作用。俗字使用中表现出来的种种传承历史、有所创新的做法，是对浙学基本精神的充分体现。

注释

［1］张涌泉：《敦煌俗字研究（第二版）》第一章《绪论》，上海世纪出版股份有限公司、上海教育出版社，2015 年，第 6 页。

［2］张涌泉：《汉语俗字研究》第二章"古今俗字大观"，商务印书馆，2010 年，第 31 页。

［3］（唐）颜真卿：《干禄字书》，载《四部丛刊四编经部》，中国书店出版社，2016 年，第 50 页。

［4］（南宋）李心传：《建炎以来系年要录》（卷一百五十），上海古籍出版社，2008 年，第 327 页。

（责任编辑　方晨光）

西湖诗词与"双西"文化的探索与研究

◎单雪雯　单金发

提　要：西湖诗词主要是隐逸精神，是西湖文化和西溪文化多元内涵的重要一端，从唐宋至清代发展不辍，及至晚清民初。西湖诗词对其隐居的志行，向其心灵世界的开掘亦是颇为深入的。因此，隐逸精神和目前提倡的"慢生活"也是一脉相承的。

关键词："咏景"　西湖诗词　隐逸精神

作者单雪雯，杭州万向职业技术学院通识教育系讲师；单金发，西湖区人民政府方志办执行副主编、西溪文化研究会会长、高级政工师。

西湖诗词，是指反映杭州城市和西湖、西溪区域的自然景观、气候物产、民俗风情、城市生产生活、诗人交往，以及城市文化艺术生产的诗词。西湖和西溪的开浚与修葺，以及西湖和西溪胜景的恢复，使西湖和西溪重新成为市民聚集的场所，为文士诗词创作提供了客观条件。

一　唐宋两代的"咏景"风习和元明清民初的诗词特色

唐诗宋词作为中国文学的巅峰，将西湖诗词"咏景"的书写推向了极致，成为中国文学史上至为灿烂的篇章。西湖诗词中"景观"的书写，渗透着中国文人的精神传统的承继、延续与创新，唐宋诗词的"咏景"风习，是唐宋的政治风云、历史文化等在文人心灵上的映射。以"景"之书写观照时代，可以触探到"咏景"诗词中寄寓的唐宋文人对于精神传统、理想人格的追往与坚守，以及唐宋之际对于美的极致的崇尚与痴迷。从审美文化史、中国美学史、中国思想史、文人心态史、中国绘画史等多领域的文化背景去审视，可以窥见从唐到宋的文化转型，其间积淀了怎样的文化底蕴和人格形态，以及文化轨迹的转型、文人心态的嬗变等诸多问题，揭示出唐宋人文精神、文化精神、文人审美趣味对西湖的流变。

宋词，是文学中最风情妩媚的一段，用精美的文字，抒写词人真挚的赤子之心。宋代杭州是"地上天堂"，是江南风情最淋漓尽致的所在。春风十里香的江南名郡，笙鹤瑶天般的浅酌低吟，当杭州遇到宋词，是天堂之地迎来了天籁之音。宋词与杭州，是艺术世界与现实地理最流光溢彩的交会，这一交会是通过词人这一中介来完成的。杭州在宋代作为"地上天堂"步入了辉煌时期。宋词从江南佳丽之地、东南繁华之都、文人雅集之所、风月温柔之乡、世俗宜居之地五个方面全面再现了宋代杭州西湖的天堂盛况，对广为流传的谚语"上有天堂，下有苏杭"做了充分的注解。白居易《忆江南》从景和情两大角度展现了杭州的江南风貌，以及词人行走杭州西湖的游踪。对词人而言，杭州为他们提供了"疗伤"的乐土和安享人生的福地，同时也一度是他们施展抱负的舞台。以范仲淹、苏轼为代表的词人，一方面作为官员，为当时杭州的城市建设、民生改善做出了贡献；另一方面作为文士，他们所创作的作品提升了杭州名气，其自身的人格魅力和人文修养也为杭州增添了深厚的人文气息，推动了城市的形象建设。对于杭州而言，宋词更是记录了杭城在两宋时期变迁的整个过程。宋词与杭州之关系是词人共同选择的结果，也是宋词与江南关系的一个缩影。

明代西湖诗词在明词发展史中起着承前启后的作用，上接元末明初词的余势，下开明末清初词创作的繁盛。中晚明期间诗词人的文化性格、价值观念、生活方式发生变迁，正是这种变迁导致了中晚明词具有不同的意蕴，并且体现出了张扬人性、关注个体价值的文化内涵。以沈周等人为代表的江南词人过着娴雅潇洒的隐逸生活。他们的词灵动多彩、充满个性，在一定程度上突破了理学体的枯淡无味与打油体的浅俗俳谐。马洪作为明代的专业词手，他的出现显示出明人创作词的自觉性。其浓艳的词风也正是明中期词的特色之一。以陈子龙为代表的云间词人，以古为新，瓣香南唐，北宋。他们具有尚情、尚真的"感性写实"倾向，以隐喻、托喻的方式表现家国之思，对明末清初的词风转变具有重要的影响。徐士俊、卓人月二人编辑的《古今词统》婉约与豪放并重，既以情论词，认同婉丽流畅之美，又尚刚健词风，赞赏慷慨豪放之气，扭转了词风单一的局面。中晚明词体现了词"由乐而文"，走向案头化的过程。中晚明时期，文学复古思潮也影响了词的风貌。中晚明词的复古风气，实际上体现出中晚明人对词之风格的理解，词风的好尚，也隐含着对某种文化的认同。

晚清民初，由于时代变迁、社会转型等缘故，此精神与前代相比产生较多新变。西湖诗词，试图绘出这一历史阶段西湖隐逸文学发展的轨迹，深味西湖隐士的文化心灵，既而解决隐逸文化与社会转型、传统消亡的关系等问题。太平军攻夺杭州，对西湖士人隐居场域的破坏使隐士诗词中对乱离的书写蕴含着文化忧患意识。这是西湖文化从丧乱走向复振的时代背景，也为下文西湖隐士的文化功业张本。战后西湖文化恢复，隐士结社之风的兴盛，也推动了西湖文化的复苏。当湖山风物恢复旧观后，他乡、异族的诗人来此游赏，受到隐逸精神的影响而萌生隐遁之志。诗人胡俊章编辑《西湖诗录》等内容，由此可见异乡隐士对西湖文学的贡献。《清代诗文集汇编》中的诗歌选集展现了清代杭州诗人对西湖诗词创作的一定的意义和价值。辛亥革命后，杭州隐逸文化的中心有从西湖转向西溪的趋势。

二　西湖诗词名家

（一）唐宋时期

唐朝时，释皎然（730～799年），中年在灵隐寺出家。皎然诗文经史兼工，号为释门伟器。其虽出家为僧，却又钟情诗文之趣。他想"脱却文字累，免为外物撄"，徘徊于禅诗之间，作文一生，《全唐诗》收录他的诗有474首。

白居易（772～846年）在杭州为官时，悠游湖山，创作出《钱塘湖春行》《西湖晚归回望孤山寺赠诸客》《杭州春望地》《春题湖上》《夜归》等歌咏境域之美的诗歌。其中"孤山寺北贾亭西，水面初平云脚低，几处早莺争暖树，谁家新燕啄春泥？乱花渐欲迷人眼，浅草才能没马蹄。最爱湖东行不足，绿杨阴里白沙堤"，全诗结构严谨，衔接自然，对仗精工，语言浅近，用词准确，气质清新，成为历代吟咏西湖的名篇。

张祜（？～853年前后），创作有《早春钱塘湖晚眺》《观杭州柘枝》《题杭州天竺寺》《题杭州灵隐寺》《中秋夜杭州玩月》《题天竺寺》等诗。

北宋隐逸诗人林逋（967～1028年），世称林处士，隐居西湖孤山，终身不娶不仕，唯好"梅妻鹤子"。他工于诗歌，其七律《山园小梅》一诗中的"疏影横斜水清浅，暗香浮动月黄昏"两句，成为咏梅的传世作。

杨蟠（约1017～1106年），诗文名闻天下。北宋元祐四年（1089年），杨蟠到灵隐寺拜访高僧契嵩，盘桓数日，相与游吟，共得诗64篇，结为《山游唱和诗集》1卷。苏轼《东坡集》中录有杨蟠梅花诗20首。

北宋苏轼（1037～1101年），两次到杭州为官。第一次任杭州通判，在宋神宗熙宁四年至熙宁七年（1071～1074年），历时近三年。第二次是宋哲宗元祐四年至元祐六年（1089～1091年），历时近两年，以龙图阁学士任杭州知州兼浙西路兵马钤辖。苏轼在杭期间，创作了大量有关西湖的诗词。苏轼于熙宁年间在杭州任通判时期，正是其意气风发、精力最旺盛的时期。西湖秀丽，钱江壮阔，民情淳厚，辉映诗人的豪情彩笔。苏轼此时的诗歌创作，既有现实，又有浪漫，这标志着他创作的成熟，"俊逸豪丽"为苏轼此期诗词创作特色。其中诗作《饮湖上初晴后雨》——"水光潋滟晴方好，山色空濛雨亦奇。欲把西湖比西子，淡妆浓抹总相宜"，重点写"西子"的"淡妆"，比喻贴切传神，写出西湖的宁静、淡雅、妩媚，别有一番风韵，从此西湖多了"西子湖"这一美丽的名字。

秦观（1049～1100 年），以婉约之词驰名，著有《淮海集》、《淮海词》（又名《淮海居士长短句》）、《劝善录》、《逆旅集》等传世，为"苏门四学士""苏门六君子"之一，其有作品《游龙井记》。

南宋时期西湖境域的文学，极一时之盛，无论是作家队伍、创作数量还是文体建构、艺术质量诸方面都得到提升。

南宋诗坛巨擘、爱国诗人陆游（1125～1210 年），主要诗作有《剑南诗稿》《渭南文集》。他的西湖之作很少作纯山水讴歌。他痛悼岳飞冤狱——"惊心六十余年事，双塔依然在翠微"（《西湖》）；叹喟韩世忠晚年寂寞生涯——"清明后，上已前，千红百紫争妖妍；冬冬鼓声踘场边，秋千一蹴如登仙，人生得意须少年。白发龙钟空自笑；君不见灞亭耐事故将军，醉尉怒呵如不闻"（《西湖春游》）。

李清照（1084～约 1155 年），她在西湖边寂寞居住 20 年，其中创作有《菩萨蛮》："归鸿声断残云碧，背窗雪落炉烟直。烛底凤钗明，钗头人胜轻。角声催晓漏，曙色回牛斗。春意看花难，西风留旧寒。"

韩玉父（约 1126～1162 年），因北宋靖康之变，宋室南渡，随父迁徙钱塘（今杭州），在西湖边偶遇李清照，获李清照帮助教学诗文，成为南宋著名西湖女诗人。

朱淑真（1135～1180 年），南宋女词人，是唐宋以来留存作品最丰盛的女作家之一，与李清照齐名。遗作有《断肠诗集》《断肠词》。她在《夜留依绿亭》诗中写道："水鸟栖烟夜不喧，风传宫漏到湖边。"这皇宫边上的"湖"，应指临安西湖。诗中描写的生活环境，多处出现南宋临安的影子，如"坠翠遗珠满帝城""沉沉春雨暗皇州""天街平贴净无尘"之类的句子。其墓在玉泉青芝坞。

俞灏（1146～1231 年），进士，授吴县尉，知招信县。筑室西湖九里松，著有《青松居士集》《绝妙好词笺》等，有《湖堤晚行》诗："暝色才从草色生，管弦罗绮尽归城。不应闲却孤山路，我自扶藜月下行。"

张镃（1153～1221 年），南宋文学家，为宋南渡名将张俊曾孙，学诗于陆游。尤袤、杨万里、辛弃疾、姜夔等皆与之交游。张镃工于诗词，著有《南湖集》10 卷传世。

刘克庄（1187～1269 年），淳祐六年（1246 年）以"文名久著，史学尤精"，赐进士，历任枢密院编修、中书舍人、兵部侍郎等，作有《后村别调》和《后村先生大全集》，创作有《泛西湖》等以西湖为题材的诗作。

赵汝谈（？～1237 年），字履常，余杭（住地今属西湖区）人，进士，作有《介轩诗集》《杜诗注》等近十种，着重名物训诂，为宋代经学名家。

赵汝谠（1173～1236年），余杭（今属西湖区）人，进士，与兄赵汝谈齐名，有诗《懒庵集》等。

宋伯仁（1199～1267年），南宋诗人，于南宋嘉熙元年（1237年）秋移居西马塍，有《雪岩集》《雪岩吟草》《耕砚田斋笔记》《梅花喜神谱》《书敏求记》等著作问世。

俞桂（1201～1274年），进士，诗擅绝句，著《渔溪诗藁》《渔溪乙稿》一卷等，作有《南湖·每忆西湖上》诗："每忆西湖上，青帘卖酒亭。柳条鱼颊翠，花片马蹄声。寒食经行路，晴窗入梦屏。因循春又晓，风絮搅空冥。"

贾似道（1213～1275年），官至枢密院事，能诗文，著作大部散佚，尚见《悦生堂随钞》。佚诗佚文有数十篇，著有《奇奇集》等。

王洧（1220～1288年），任浙江帅参，度宗时，出任道州。他创作西湖十景诗，被称为西湖十景人物。

汪元量（1241～1317年），进士，南宋末诗人、词人、宫廷琴师，有《志雅堂杂钞》《浩然斋视听钞》《澄怀录》等书刊，留下许多西湖作品。早期，他曾用《木兰花慢》词调分咏西湖十景，著有诗集《草窗韵语》即《蜡屐集》，词集《草窗词》即《苹洲渔唱谱》，又编有《绝妙好词》。他是宋室"遗民文学"的代表。

（二）元明时期

元代，西湖地区文学创作依然兴盛，最为著名的诗文大家为杨维桢（1296～1370年）。元至正初年（1341年）其携妻儿到杭州，后于吴山铁冶岭筑楼。其好以口语、通俗语入诗，名擅一时，人称"铁崖体"。杨常与友人去西湖各处游览。西湖山水的优美风光，使他激情满怀，倡以"竹枝词"形式描摹西湖世态风情。由于内容清新，富有生活情趣，雅俗共赏，很受人们欢迎，很快流传开来，互相唱和，影响所及，当时诗坛名流、释道诗人等纷纷创作这一民间风格的诗歌。杨维桢后汇编《西湖竹枝集》，收入自己首倡的9首以及其他119人的诗。从此，这种描绘风土民情等地域特色方面具有优势的竹枝词与西湖自然风光有机融合，形成硕果累累的西湖竹枝词。无论总体数量还是文学价值，西湖竹枝词都赢得学术界的重视，成为西湖诗歌文化的重要组成部分。

张雨（1277～1350年），元代诗文家，擅长书法、绘画，年二十弃家为道士，居茅山，晚年初居杭州菌阁，后移马塍，现存《木兰花慢和黄峰闻筝》《避暑图》《题仲穆墨兰》等词50余首。

钱惟善（1302～1369年），工诗文，作品有《幽人诗帖》《田家诗帖》等，事迹收录于《续弘简录》，还著有《江月松风集》12卷传世，书中收录"定山十咏"诗。

明代，杭州成为国内最早产生资本主义萌芽的区域之一，在明代社会经济全面发展的背景下，西湖区诗歌创作也取得新的进展。

于谦（1398～1457 年），其《石灰吟》——"千锤万凿出深山，烈火焚烧若等闲。粉骨碎身浑不怕，要留清白在人间"，为警世名诗。同时，他在西湖周边也多有诗词创作，《岳忠武王祠》——"匹马南来渡浙河，汴城宫阙远嵯峨。中兴诸将谁降敌，负国奸臣主议和。黄叶古祠寒雨积，清山荒冢白云多。如何一别朱仙镇，不见将军奏凯歌"，即以诗言其报国之志，为西湖文学创作带入刚烈之气。

僧雪浪（1545～1608 年），诗篇脍炙人口，被推为明代第一诗僧。他曾到杭州住云栖寺、净慈寺，晚年于望亭结茅饭僧，建舍茶庵，在青芝坞有雪浪精舍或名雪浪院。《西溪梵隐志》卷三《纪诗》收录他《山居闲咏》二首。

释大善（1570～？），俗姓魏，明朝诗僧，在西溪古福胜院住三十年，作《西溪百咏》。

严调御（1590～1660 年），明余杭蒋庄（今西湖区蒋村）人，诗作悲感慨慷，多忧时叹世之言，与弟严武顺、严敕齐名，并称"余杭三严"。严氏三兄弟的诗作合选为《作朋集》三卷。

张纲孙（1619～？），曾讲学马塍，曾与毛先舒诸诗人在南楼赋诗为乐，时称"南楼三子"，又称"钱塘三子"。张纲孙旅游诗尤为奇崛，诗作丰富，有《苦岸行》《秦亭山》等传世。弟振孙，著有《两峰楼集》《江行草》。

张煌言（1620～1664 年），为明遗民士子中成就、影响最大的一位。他在被俘后押解杭州时，留下著名诗篇《入武林》（一名《甲辰八月辞故里》）："国破家亡欲何之，西子湖头有我师。日月双悬于氏墓，乾坤半壁岳家祠。惭将赤手分三席，敢向丹心借一枝。他日素车东浙路，怒涛岂必属鸱夷！"这首诗借西湖岳飞、于谦两座高坟和钱江秋涛，表达视死如归的爱国精神。在关押杭州时，张煌言作绝句《忆西湖》，再次明志——"梦里相逢西子湖，谁知梦醒却模糊；高坟武穆连忠肃，添得新祠一座无？"为西湖诗歌以婉约、清丽为主的风格平添几分激越铿锵之风。

柳如是（1618～1664 年），明末清初女诗人。明崇祯十五年（1642 年）四月，钱谦益携柳如是来杭州游览西湖山水，住高士坊巷数月。柳如是为明清易代之际的著名歌妓才女，词作有《江城子·忆梦》《金明池·咏寒柳》《梦江南·人去也，人去夜偏长》《南乡子·落花》《梦江南·怀人》《梦江南·人去也，人去画楼中》《杨白花·杨花飞去泪沾臆》《杨花·轻风淡丽绣帘垂》等。

胡彦远（1625～1673 年），明末战乱，彦远避居西溪河渚，建宅取名"旅园"。工诗善画，诗歌多咏西溪风物，文字清新自然，生动活泼。

（三）清代与民国时期

明末清初，西湖境域诗社频出，文人寄兴适情，以为风雅之举，先后有西湖八社、西泠十子、孤山五老会等诗社，虽规模不大，但遍地开花，使西湖文事呈现兴盛之象。

厉鹗（1692～1752 年），钱塘（今杭州）人，清代著名诗人、学者，浙西词派中坚人物。厉鹗推崇姜夔、张炎等人为首的宋词南宗，以"清""雅"作为词品高下的标准。他主张，在艺术特点上，词应该是幽隽清绮，婉约淡冷；在作品蕴意上，词要适度表达作者纯正的情感，寄以不含俗态的清高志性。他与查为仁合编的《绝妙好词笺》成为继朱彝尊《词综》之后推崇南宋词方面最有影响的著作。此外，厉鹗长于写诗，特别是五言诗，与杭世骏齐名。叶衍兰、叶恭绰汇编的《清代学者象传》称其："为诗精深峭洁，截断众流，于新城（王士禛）、秀水（朱彝尊）外自树一帜。"其诗文作品集有《樊榭山房集》《宋诗纪事》《南宋杂事诗》等。其中，《樊榭山房集》几乎"十诗九山水"。全祖望评价厉鹗的诗"最长于游山之什，冥搜象物，流连光景，清妙轶群"，准确地指出厉鹗诗词创作的主要内容及其成就。《南宋杂事诗》则采诸书为之注，征引浩博，为考史事者所重。

清雍正、乾隆年间，杭世骏、厉鹗与里中耆旧、方外之侣等二三十人结成南屏诗社，吟咏创作诗词。袁枚《随园诗话》卷三记载："乾隆初，杭州诗酒之会最胜。名士杭、厉之外，则有朱鹿田樟、吴瓯亭城、汪抱朴台、金江声志章、张鹭洲湄、施竹田安、周穆门京，每到西湖堤上，揿裳联襼，若屏风然。有明中、让山两诗僧留宿古寺，诗成传抄，纸价为贵。"清人陈衍《石遗室诗话》卷二十三在论及"浙派"时认为："浙派诗喜用新僻小典，妆点极工致，其贻讥饾饤即在此……此杭州南屏诗社一脉也。"这个以南屏诗社成员为主的创作风格，被后世冠以狭义"浙派"之名而流传。

袁枚（1716～1798 年），诗人、散文家、文学评论家，其诗文集《小仓山房集》八十二卷，录诗五千首，西湖之作不下百首。其中有《湖上杂诗》描绘二月天中的葛岭美景，《谒岳王墓》中写出名句"赖有岳于双少保，人间才觉重西湖"。

清顺治至康熙年间，一群闺阁才女在西溪结成清代著名的女子诗社——蕉园诗社，她们游历于西湖西溪之间，相互赋诗酬唱，雅集切磋，对女子诗词的发展起到积极的作用。近代著名学者梁乙真在《清代妇女文学史》中认为："自来闺秀之结社联吟，提倡风雅者，当推蕉园诸子为盛。"

家居西溪的洪昇，虽以戏曲著名，但其诗词创作在当时亦有一定名气。其诗作主题多为纪游、赠人和感怀，感慨坎坷身世和抒发个人思愁，风格较为凄凉，间有感慨兴亡及同情人民的诗篇，虽然思想不甚深刻，却具有真情实感。其诗风接近唐人，于平淡处见工力，无雕琢矫饰之弊。

王昙（1760～1817 年），清代诗人，晚年移居杭州西溪，筑室马塍，著述甚富，但大多未刻散佚，今仅存《烟霞万古楼诗选》《烟霞万古楼文集》《仲瞿诗录》和后刻的《烟霞万古楼残稿》《烟霞万古楼诗未刻佚稿》。王庵遗址在今文二路求智巷。清洪亮吉在《北江诗话》点评阮元之诗："如金茎残露，色晃朝阳。"

陈文述（1771～1843 年），钱塘（今杭州）西溪人，西溪蒋崇仁后裔，多有吟咏，其妻姜子女皆工诗，一门风雅，以"一门之中，人人有集"自赏，著有《碧城仙馆诗钞》《颐道古堂集》《秣陵集》《碧城诗髓》等。《西溪杂咏》《西泠怀古诗》《西溪仙咏》《西溪闺咏》为其代表作，《清史列传》为其立传。

丁立中（1866～1920 年），清末民初诗人，著有《禾庐诗》《禾庐新百咏》。

苏曼殊（1884～1918 年），能诗文，善绘画。他的七言旧体经清逸见长，作《本事诗十首》。他通晓英、法、日、梵等文，多次将中外作品互译。他是新文化运动的启蒙者之一，作有《住西湖白云禅院作此》等诗。

刘大白（1880～1932 年），民国时期现代诗人和新诗倡导者，其诗侧重描写民众疾苦，作品有诗集《旧梦》《邮吻》《再造》《丁宁》《卖布谣》《秋之泪》，诗论《旧诗新话》《白屋说诗》《白屋文话》。其墓在法云弄山上。其有《一剪梅·西湖秋泛》诗描绘西湖风景："苏堤横亘白堤纵。横一长虹，纵一长虹。跨虹桥畔月朦胧，桥样如弓，月样如弓。青山双影落桥东。南有高峰，北有高峰。双峰秋色去来中，去也西风，来也西风。"

民国十四年（1925 年），现代诗人徐志摩乘火车途经西伯利亚，在车上回忆西溪秋芦飞雪之景，写下《西伯利亚道中忆西湖秋雪庵芦色作歌》一诗。

夏承焘（1900～1986 年），民国 19 年（1930 年）在之江大学任教，讲授词选、唐宋诗选等课程，抗战胜利后历任浙江大学、浙江师范学院、杭州大学教授。其一生致力于词学研究和教学，有《夏承焘词集》《天风阁诗集》《天风阁词集》《白石歌曲旁谱辨》《唐宋词路最》等著作，是现代词学的开拓者和奠基人，学术成就得到国内外高度评价，被赞誉为"一代词宗"。

三 西湖诗词的隐逸精神

西湖的文化积淀和唐、宋、元、明、清民国社会文化思潮的影响，为西湖诗词注入了丰富的社会文化内容。形成了杭州市民以西湖为主的文学生产活动、西湖山水和人文胜迹与西湖旅游产业服务形态。另外，还以西湖区域为中心的杭州城市民俗与社会消费方式及消费观念的探讨。西湖意境的营造，主要从自然韵律与情感节奏、心物交感与意境生成两个方面切入。西湖诗词中所折射出来的江南文化传统，与时代地域特色相结合。西湖诗词体现了诗性江南的审美主义，展现了追求享乐的生活情趣，突出了崇尚自由的城市文化个性，与江南文化传统和隐逸文化精神是一脉相承的。西湖诗词主要是隐逸精神，是西湖文化多元内涵的重要一端，从唐宋至清代发展不辍，及至晚清民初。千百年来，西湖山水的周围，聚集了许多隐士，他们可以是僧人，是道士，是儒生，如辩才、葛洪、洛宾王等。他们在此留下珠玑，却都还是欲说还休。这些隐士是智者，他们只是不愿参与喧闹的社会生活。或许有些人具有忍受孤独的天性，表面看是隐士逃避社会、逃避热闹、逃避温暖，自愿选择了孤独、冷清与苍凉，而实质上是隐士自己内在的性格和气质缺陷——过于强烈地追求身心自在倾向，导致了他们不得不选择孤独。但是，有西湖山水为伴，他们的生活并不会太孤单，反而让他们能在安静、美丽的环境中做自己喜欢的事情，获得自身愿望的最大满足。同时，这种天人合一的率性，也成就了他们，在西湖山水中留下隐迹。西湖的山水成就了他们的美名，而他们使西湖山水更添了隐逸性和神秘感，正所谓："西湖因人而显，人亦因西湖以传。"而在这些隐士中，林逋一定是西湖隐逸文化中最具代表性的人物，他的影响力甚至抵达朝鲜与日本。在孤山，后人因景仰林逋淡然超脱的风节而营造了纪念性景观"梅林归鹤"，其中包括舞赋刻石、放鹤亭、林墓等，并于周边遍植梅林，以梅不畏严寒、经霜傲雪的自然特性来象征君子的高尚情操。《舞鹤赋》刻石始建于清康熙三十五年（1696 年），上刻康熙皇帝临摹的董其昌《舞鹤赋》书法作品。《舞鹤赋》的作者为南宋著名文人鲍照，该文以吟咏仙鹤优雅出众的形体、高下回翔的美妙舞动姿态，比喻君子超凡脱俗的风节和情怀。林逋所代表的隐士风范吸引了其后传统文人士夫精神价值上的认同。"隐逸"作为一种东方文化独特的生活方式或生活态度，在 11～18 世纪东亚地区的文人阶层，特别是 16 世纪之后朝鲜半岛的儒生中获得影响和传播。

文章是案头之山水，山水是地上之文草。文人雅士将西湖视作人间至境，无论是唐之白居易，还是宋之苏东坡、元之杨维桢等，都是日日在西湖游玩，无春无冬、无明无夜不穷西湖之趣，都将自己视为西湖知己，竞相作诗，无不体现的是文人雅士对西湖的赞赏，表达了一种精神上的寄托。如果不理解"天人合一"，不理解中国传统知识分子在出世和入世中进退两难的人生，不理解他们在湖光山色中平复忧愤、疗治伤痛、赢得形而上的东方哲学方法，西湖再像天堂，在西方专家和游客的眼里也不过是一片湖山、一个公园。苏东坡也说："西湖天下景，游者无愚贤，深浅随所得，心知口难传。"

由于时代变迁、社会转型等缘故，此精神与前代相比产生较多新变。西湖诗词对其隐居的志行，向其心灵世界的开掘亦是颇为深入的。因此，隐逸精神和目前提倡的"慢生活"也是一脉相承的。

参考文献

潘军：《杭州，诗意城市》，《文艺争鸣》2011 年第 12 期。

（责任编辑　方晨光）

新见南宋词人苏十能父子墓志发覆

◎钱汝平

提 要：莆田苏氏是南宋著名的文化家族，著名文士兼学者苏十能就是这个家族的佼佼者。由于书缺有间，后人对苏十能的生平事迹并无多少了解。新近发现的苏十能、苏子肃墓志为我们提供了苏氏父子详细的履历以及莆田苏氏家族的一些秘密。莆田苏氏从苏十能起就由福建莆田迁居浙江会稽，并且苏氏家族还和秦桧家族联姻，这些在新发现的苏氏父子墓志中都有体现。

关键词：苏十能 苏子肃 南宋词人 墓志

作者钱汝平，绍兴文理学院越文化研究院副研究员，博士。

苏十能，字千之，福建莆田人，后迁居浙江，是南宋孝宗朝的词人兼著名文士。他有一首词作《南柯子》流传下来，是描摹严子陵钓台的，其词曰：

> 江水粼粼碧，云山叠叠奇。平生心事一钩丝。便是壶中日月、更何疑。文叔今方贵，君房素自痴。洛阳尘土浣人衣。争似归来双足、踏涟漪。[1]

这首词抒写了自己游玩富春江严子陵钓台时的所见所感，对严子陵高尚其志、不事王侯的品性做了高度评价。从中不难发现词人对这种摆落世俗羁绊的自由自在的隐士生活的歆羡。这首词用典恰当，意蕴委婉，文字不生不涩，颇耐讽诵。虽然苏十能的词作流传下来的只有一首，而且也并不出名，但此人博学多识，是孝宗朝的著名文士和学者，并不是一个可以随便忽略的人物。由于书缺有间，今人对苏十能其人其事知之甚少。对其介绍最详者，据笔者所见，是王兆鹏、刘尊明两位先生主编的《宋词大辞典》。该书列"苏十能"专条介绍云："苏十能，生卒年不详。字千之，兴化人（今属江苏）。乾道五年（1169 年）进士。知建平县。开禧元年（1205 年）为太常丞兼考功员外郎。嘉定三年（1210 年）知江阴军，被劾放罢。事迹参《嘉靖江阴县志》卷一二、《嘉靖建平县志》卷五、《宋会要辑稿》之《职官七三之三五》、《职官七四之三五》。《钓台集》录存其词一首，《全宋词》据以录入。"[2] 可见连苏十能的生卒年也不详，更遑论其他。笔者最近从专门收藏墓志古甓的会稽金石博物馆获得了苏十能、苏子肃父子的两方墓志，苏子肃是苏十能长子，这两方墓志对苏十能的生平仕履及苏氏家族的情况做了较为详细的记载，为研究苏十能及其家族提供了第一手资料。现将这两方墓志录文标点，再略做阐释。苏十能墓志 21 行，满行 41 字，共785 字。苏子肃墓志 19 行，满行 19 字，共 332 字。有个别漫漶之字，用"口"表示。两方志石均为青石质。

一　墓志释文

宋故朝请大夫知江阴军吏部考功郎中苏公窆铭

公讳十能，字千之，第七。皇曾祖诚，妣郑氏、萧氏；皇祖格，妣许氏；皇考清，从事郎、广州观察推官，累赠中散大夫，妣邵氏，赠令人。世为莆阳岩寻人，年二十四，乾道四年以词赋取广东漕司解首，五年三月赐第，授迪功郎、池州司户参军。丁父忧，淳熙元年八月服阕，差充江南东路转运司寄纳仓。至八年七月关升从政郎，九年六月差充徽州州学教授，十四年五月遇高宗皇帝庆寿，进第二赋，后省考校第一，特旨转文林郎。十六年五月庆典恩，例循儒林郎。当年该遇光宗皇帝登极覃恩，循承直郎。在任举员及格，改奉议郎。绍熙元年正月差知广德军建平县。至四年二月磨勘，转承议郎。五年八月该遇今上皇帝登极覃恩，转朝奉郎、差充提领建康府户部赡军酒库所主管文字。庆元三年三月磨勘，转朝散郎，十一月差充江南东路转运司主管文字。四年七月以前任提领所课利溢额酬赏，转朝请郎。在任日，执政、侍从、江东路诸监司荐公者，凡十八人。嘉泰元年正月特旨令大臣举人材，参知政事枢密使何公澹露章荐公词藻赡蔚、议论不诡，御笔与六院差遣。当年四月磨勘，转朝奉大夫，二年二月差监行在都进奏院，三年二月除国子博士，八月特旨改太常博士。开禧元年三月除太常丞，四月磨勘，转朝散大夫，八月除吏部考功郎官，二年八月差主管建宁府武夷山冲佑观，三年十月差知江阴军，嘉定二年四月磨勘，转朝请大夫，三年四月罢任，五月还山阴寓舍，得疾。至二十八日疾革，起衣沐浴，趺坐卒于正寝，享年六十六岁。公生于绍兴十五年乙丑八月初二日卯时，死于嘉定三年庚午五月二十八日午时。娶秦氏，太师忠献申王之嫡孙、敷文阁待制秦公堪之长女，赠宜人，继室秦氏，封宜人。子三：长子肃，迪功郎、福州连江县主簿，先公而卒；次子大，将仕郎，已铨中，未克注拟；次子又，国学生，今当受公遗泽。女一人，适进士钱处仁。孙男四人：有说、有滋、有袤、有罗。孙女一人：岘师。诸孤以今年七月二十三日迁公之枢合葬于越之山阴容山苍湾之原，从先志也。朝议大夫、主管建宁府武夷山冲佑观张震已状公行，今求观文殿大学士、参知政事、枢密使何公表志其墓，二人皆当世端洁之士，知公最深者。诸孤以远日有期，泣血哀号，姑述公生平履历大概，纳诸圹，以识岁月。嘉定五年七月日孤子子大、子又百拜泣血书（见图 1）。

图 1　宋故朝请大夫知江阴军吏部考功郎中苏公窆铭

宋故主簿苏君墓志　江陵莫子纯述并书

君讳子肃，字伯政，其先自唐许国公以下屡徙居，因贯兴化之莆田。至郎中公游学浙东，始家于越。曾大父格，故隐德弗耀。大父清，故南海从事，累赠奉直大夫。父十能，前为考功郎官，见任朝散大夫。母宜人秦氏，继即姨娣也。君天性孝谨，事继母尤加敬。动止皆有常度。从学作文，如云升川增，逮登贤关，果扬隽誉。癸亥，遇郊霈补官，相逊久之，始拜命。铨中，迟次福州连江簿，益治举业，且习宏博科，将横翔通显，以侈家传。部饷鄱阳，遽以疾卒，实开禧丙寅之元日，享年三十有六。妻荣氏，女四人，不育。讣至，立族侄有时为后。呜呼！苏氏为今名门，固多佳子弟。君处长，尤不录录，识者以远大期之。不幸止于此，岂命也夫！旅榇归，卜用三月己酉祔葬于山阴县容山先夫人之茔。铭不可阙，子纯幸忝姻联，宜叙平生，以慰郎中公钟爱之思。铭曰：

操行之全，问学之懿。所蓄既丰，千里则踬。斯人有斯，可为永忾。铭以昭之，庶其不昧（见图2）。

图2　宋故主簿苏君墓志　江陵莫子纯述并书

苏十能墓志由其子苏子大、苏子又撰写，此二人在传世文献中不见踪迹，姑置不论。墓志细大不捐地罗列了苏十能的仕履，实在是考察南宋官员迁转制度的极好资粮。比如，他乾道五年三月登第，授迪功郎、池州司户参军，这是选人四等七阶中的最低等，可知苏氏所获进士等第不高，当在五甲；从乾道五年（1169年）三月到淳熙八年（1181年）六月，十二年间一直没有磨勘，七月关升从政郎，转了两官；淳熙十四年（1187年）因遇高宗皇帝庆寿进赋而为文林郎，是"特旨"晋升的，又转了两官。此后的儒林郎、承直郎，都是依例逐级循资晋升的。承直郎已是选人的最高阶，往上就是京朝官。而此后的"在任举员及格，改奉议郎"，则又是连升了七阶。

此后的朝奉郎、朝散郎、朝奉大夫、朝散大夫，直至最后的朝请大夫，又都是逐级晋升的，不存在越级现象。[3]这为研究南宋官员的晋升制度提供了一个具体的例证。苏子肃墓志由山阴状元莫子纯撰写，其自署"江陵莫子纯"者，乃是远指其祖贯或郡望，并非真是江陵人。其人世代居于山阴，宝庆《会稽续志》（清嘉庆十三年刻本）卷五《人物》有其传，兹不赘述。从墓志可以看出，莫氏与苏氏有"姻联"之谊，具体关系待考。

二　墓志可与传世文献互证

苏十能墓志的某些内容完全可以和传世文献相互印证。比如，宋李俊甫《莆阳比事》（清嘉庆二十年宛委别藏抄本）卷一"乌石官职，莆阳朱紫"句下"岩寻"条"苏待制煜之族，江阴守十能，后寓于浙"，提到了苏十能的籍贯，与墓志所云"世为莆阳岩寻人"相合。宋项安世《平庵悔稿》（清嘉庆十年宛委别藏抄本）卷十四《次韵苏教授饭郑教授五首》，自注："苏十能字千之，郑钧字平国。"项安世称苏十能为苏教授，其事当在淳熙九年（1182 年）六月至淳熙十四年（1187 年）五月之间，因为墓志云"（淳熙）九年六月差充徽州州学教授，十四年五月遇高宗皇帝庆寿，进第二赋，后省考校第一，特旨转文林郎"，可以为证。同书卷十三《次韵苏主管青溪十绝句》也自注："十能字千之。"这与墓志所云"公讳十能，字千之"相合。青溪在建康府，此主管当是指建康府户部赡军酒库所主管文字，据墓志，苏十能曾以"朝奉郎、差充提领建康府户部赡军酒库所主管文字"。再如《重刊兴化府志》（清同治十年重刻本）卷十六《礼纪·科目》有乾道五年（1169 年）郑侨榜进士苏十能，与墓志所云"（乾道）五年三月赐第"相合。又如康熙《太平府志》（清康熙十二年修光绪二十九年重刊本）卷十九《学校》"芜湖县学……庆元三年昭武黄滋再新之，转运司主管文字苏十能记"与墓志所云"庆元三年三月磨勘，转朝散郎，十一月差充江南东路转运司主管文字"若合符契。又如《宋会要辑稿》（清嘉庆十三年徐松稿本）之《职官》七三之三五"（开禧元年）八月十七日，太常丞兼考功郎官苏十能放罢。以臣僚言十能贪黩私己，傲慢陵上"与墓志所云"开禧元年三月除太常丞，四月磨勘，转朝散大夫，八月除吏部考功郎官"相合，盖苏氏刚被任命即遭弹劾去官。又如同书之《职官》七四之三五"（嘉定三年）四月十九日，淮西运判徐辉、浙东提举孟植并放罢。以监察御史徐宏言辉营私益甚，植旷瘵厥职。同日，知处州林孔昭、知江阴军苏十能并放罢。以臣僚言：'孔昭督迫蠲税，减克军食；十能老而昏愦，狱以贿成。'"也与墓志所云"（开禧）三年十月差知江阴军，嘉定二年四月磨勘，转朝请大夫，三年四月罢任"相合。

苏十能虽是莆田人，但其年轻时就已迁居越中，苏子肃墓志云："至郎中公游学浙东，始家于越。"这一点在传世文献中也可得到证明，宋项安世《平庵悔稿》卷十三《次韵苏主管青溪十绝句》之一："与君相别若耶溪，十载湘航与蜀梯。恰到六朝行乐处，台城东畔冶亭西。"同书卷十四《次韵苏教授饭郑教授五首》之一："卧龙山下鹿门居（绍兴有卧龙山，千之自号鹿门居士——笔者注），消得幽人一草庐。更有胜如诸葛处，稻花香里看芙渠（隆中在荒疃中，无此景物——笔者注）。"项安世与苏十能分别的若耶溪、苏十能所居的卧龙山，都在绍兴，卧龙山即府山[4]，因此苏十能迁居越中一事是完全可以确定的。

苏十能之所以迁居绍兴，可能和绍兴是近畿地区且文化水准较高有关。从墓志可以看出，苏十能虽是福建莆田人，但其父苏清曾为广州观察推官，而苏十能也是应广东漕试而得解首的，或许他长期随父在广东任所生活。不管是福建还是广东，在当时政治的重要性和文化的水准上，应该都不如浙江。因此，苏十能因游学浙东而定居于此，应是最自然不过的事情。从墓志也可以看出，自苏十能开始，其子孙都安葬在越中，并未归葬莆田。只是属莆田苏氏的苏十能这一支的后裔中，似乎再也没有出现出类拔萃的人物，因此在传世文献中断了线索。苏十能迁居绍兴一事，历代绍兴方志均未记载，这两方墓志亟可补此缺失。

三　墓志文献价值

这两方墓志有多方面文献价值：

其一，它可以弥补传世文献缺记苏十能生卒年的遗憾。上述王兆鹏、刘尊明两位先生主编的《宋词大辞典》未能提供苏氏的生卒年，今可据苏氏墓志确定其生卒年。苏十能生于绍兴十五年（1145年），卒于嘉定三年（1210年）。此不必赘述。

其二，它可以纠正今人著作中关于苏氏籍贯记载的错误。上述王兆鹏、刘尊明两位先生主编的《宋词大辞典》认为苏氏是江苏兴化人。从这两方墓志可以看出，苏十能是唐初宰相许国公苏瑰之后。其祖上后来辗转迁徙到福建兴化郡的莆田县定居，因此苏十能并不是江苏兴化人，而是福建兴化人，《重刊兴化府志》卷十六《礼纪·科目》乾道五年（1169年）郑侨榜进士有苏十能，注云："太常博士，迁太常丞。"完全可以证明。因此，《宋词大辞典》所说完全错误。这个错误流传甚广，亟须改正。

其三，它也可以纠正今人著作中关于苏十能官职记载的失误。如上引《宋词大辞典》称苏十能"开禧元年（1205年）为太常丞兼考功员外郎"，其兼职是考功员外郎。也有些书认为是考功郎中，如《唐宋词汇评》"苏十能"小传云："宁宗开禧元年（1205年），（为）太常博士、太常丞，兼考功郎中。"[5]据苏十能墓志，苏氏开禧元年（1205年）出任的是太常丞兼考功郎官，郎官包括郎中和员外郎。传世文献也称其为考功郎官，如《宋会要辑稿》之《职官》七三之三五云：

"（开禧元年）八月十七日，太常丞兼考功郎官苏十能放罢。"但苏十能墓志的题目就是"宋故朝请大夫知江阴军吏部考功郎中苏公窆铭"，明确称其为"考功郎中"。其子苏子肃墓志中也一再提到"郎中公"，如"至郎中公游学浙东，始家于越""以慰郎中公钟爱之思"等，此"郎中公"就是苏十能。可见苏十能所任确实是考功郎中，《宋词大辞典》误。

其四，它也可以纠正一些传世文献记载的错讹以及今人著作因踵袭这些错讹而导致的研究性错误。嘉靖《建平县志》（嘉靖十年刻本）卷五有宋知县苏十能，云高宗绍兴年间出任。绍兴年间苏氏尚未释褐登第，不可能出知建平县。据苏十能墓志，苏氏出知建平县，是在绍熙元年（1190 年），盖"兴（興）""熙"形近而讹[6]。一字之误导致谬种流传，今人所编的一些地方志和地方通史就踵袭其误，如《郎溪县志》编有《建平县历代职官表》，其中有知县苏十能，云"约在宋绍兴年间任"[7]；陆勤毅、李修松主编的《安徽通史》云："建平县桐汭、临湖 2 乡，地势低洼，有圩田 76 所，计 56288 亩。绍兴间圩岸被水泛，知县苏十能乞常平钱修复。苏氏又主持新筑阳赛圩，得田在万亩以上。"[8]一字之差，时间隔了 60 年，据此为说，岂不是无的放矢？而雍正《建平县志》（清雍正九年刻本）卷九《田赋·圩田》则记载苏十能绍圣年间出知建平县，那更是滑天下之大稽。绍圣（1094 ~ 1098 年）尚在北宋，一字之差，时间更隔了百年。盖"圣（聖）""熙"亦形近而讹。

其五，苏氏父子墓志似乎还透露了苏氏家族联姻的某些秘密。据苏十能墓志，苏氏之妻秦氏是秦桧嫡孙秦堪的长女，也就是秦桧的曾孙女。秦氏死后，苏十能又续娶秦氏之妹，苏子肃墓志云："母宜人秦氏，继即姨娣也。"可以为证。苏子肃卒于开禧二年（丙寅，1206 年）正月初一，而莫子纯撰写苏子肃墓志在同年三月，正好是该年四月韩侂胄北伐，朝廷追夺秦桧王爵，改谥谬丑的前夕，莫氏大概为了避嫌，或不想让人知道，故只在墓志中笼统提了一下"秦氏"而已。到苏十能去世的嘉定三年（1210 年），由于史弥远执政，早已于嘉定元年（1208 年）恢复了秦桧的申王爵位及忠献谥号，因此苏氏子孙光明正大地在墓志中详细开列出秦氏的出身，以示荣宠。秦桧除开禧年间曾被短暂清算外，在整个南宋朝实际上都没被完全否定过。因此，苏氏家族并不以与秦氏联姻为耻。苏氏与秦氏联姻，有没有攀附的嫌疑，也很难说。秦桧死于绍兴二十五年（1155 年），苏十能当时只有十一岁，如果说苏氏家族为了攀附秦氏家族，那么秦桧死后，秦氏家族毕竟已经失势，即使苏氏想攀附，也无从谈起。因此，苏氏与秦氏的联姻，还是将其看作正常的普通的家族联姻为宜，不宜过作深解。苏氏开禧元年（1205 年）苏十能被罢太常丞兼吏部考功郎官，倒很有可能是受秦桧的连累，因为那时正是彻底清算秦桧的前夕，苏氏是秦氏女婿，受到牵累而遭弹劾是很自然的。

四　苏十能的词赋造诣与嘉泰四年的科场公案

南宋丁度《附释文互注礼部韵略》（宋绍定三年藏书阁刻本）卷后所附《贡举条式》曾记载过发生在嘉泰四年（1204 年）的一桩科场公案，这桩公案与苏十能密切相关：

准嘉泰四年八月十日尚书省札子：礼部状：准都省批下四川安抚制置司申：据成都府路转运司申：据儒林郎成都府路提点刑狱司干办公事度正状申照会：昨准本司牒差充避亲举人正试院考试官，后来考到戌字号诗赋壹卷，与考试官共行参校，见得上件程文比他卷颇为优长，遂取中第玖人去讫。今来点检得第肆韵"以"字韵内押"源委"字为韵，切详肆纸韵内虽收委字，却是委曲之委，有此差误，乞参详。如实差误，乞将榜内第玖人张简驳放申闻。事后批送部同国子监看详，申尚书省。寻行下国子监看详去后。据申：本监寻请博士、正、录聚议看详去后。今据国子博士苏十能等申：照对委字，《礼部韵》初止收于上声于诡切。元祐中，太学博士孙谔申明引《学记》"或源或委也"，及《周官》"牢礼委积"，并于伪切，乞于去声寘字韵附入。朝廷可其所请，已收于寘字韵内于伪切。仍具指挥，镂板颁行，载于《礼部韵略》之前，遵行久矣。据成都府申今举发解第玖人张简赋于以字韵押源委字，差误失韵，考官度正自劾，乞先驳放，行下看详。本监寻拖照嘉泰元年广西转运司申本司牒，试场出《圣王德化自近始赋》，以"德化宣流，由近而始"为韵，赋魁刘崇锡第二韵押始字头句云："治道多端，固有后先；人主一身，当明源委。"揭榜之后，词诉纷然。考官柳著强辨，以为不系引出处，止是泛用。及差官定夺，教官顾樟以为此乃考官之见，无所与决。遂申省部，亦蒙行下本监当时看详。乃谓《礼部韵》注止称《周官·宰夫》"牢礼委积"，不曾引《礼记》"源委"字，不为失韵，免行驳放去讫。今来成都府所申，与广西向来事体一同。十能等切照广西考官之强辨与本监前此之指定，实有未尽事理。且赋押韵，须有来处，六经它处，并无"源委"两字连附，惟《学记》有之，则既押源委相连，合从《释文》音义，于去声寘字内押。若于上声纸字韵押，安得不谓之失韵？《礼部韵》注虽不引《礼记》，而元祐博士申请系先引《礼记》源委，次引《周礼》委积，朝廷颁行指挥，载在《韵略》之前，不为不备，有司及举人自合详悉照应。今此一韵，广西、成都已两次谬误，若不辨正，诚恐自此递相承袭，援例无已，有误后学，实为未便。但广西前举已许作泛用，免行驳放，今若一予一夺，则远方士子必且怀疑不平。兼拖照成都府申状，即不曾声说赋题，并张简第四韵语句如何押"源委"

字，欲望行下本府，将张简真卷子及誊录草卷照验。如系从出处押，则便当径行
驳放，如亦止是泛用，则且与照广西前举已行事理施行。仍乞明降指挥，自今已
后，如连押"源委"字，合从《礼记》释文音义，于去声寘字韵内押，如于上
声纸字韵内押，即为失韵，合从不考条令。并行下本监镂板，附《韵略》指挥
件内，并遍牒诸路州军县学，令举人通知，庶几异时场屋不至疑惑。十能等今看
详上件事理，伏乞本监备申施行申监。本监今看详，欲从博士、正、录等看详到
事理施行，伏乞省部详酌，备申朝廷指挥施行。本部今看详，欲从国子监看详到
事理施行，伏候指挥。八月九日奉圣旨：依礼部看详到事理施行。

　　据上引可知，嘉泰四年（1204 年），成都府路提点刑狱司干办公事度正在参加成
都路漕试阅卷时，发现一篇考生张简所作的文理优长的词赋，遂取中张简为第九名。
后来复查发现这篇词赋连用了"源委"一词来押"以"字，按照韵书，"源委"的
"委"字应读去声，而"以"字是上声，因此有失韵的嫌疑。如果真是失韵，张简就
要被淘汰。慎重起见，此次事件被层层上报请示，先由成都府路转运司上报给四川安
抚制置司，四川安抚制置司又上报尚书省，尚书省又批送礼部，礼部又行下国子监处
理。国子监召集一批以苏十能为首的国子博士、国子正、国子学录来参详研究。苏十
能认为"委"字刚开始时只收于上声韵中，后来元祐年间太学博士孙谔认为《礼
记·学记》的"或源也，或委也"的"委"，以及《周礼》的"牢礼委积"的
"委"，陆德明《经典释文》并音于伪切，于是请求在去声韵中附入此字。朝廷认可
了他的请求，并且已将朝廷谕旨刻在了《礼部韵略》卷首，大家一直遵用不误。因
此，从原则上来说，张简的这篇词赋是失韵的，理应被淘汰。但是嘉泰元年（1201
年）广西漕试也发生过类似事件，考生刘崇锡也以"源委"来押"始"字，被取中
第一名。榜发后，舆论哗然。考官柳耆以为刘崇锡所用"源委"一词乃是泛用，并
不是引用经典，若是引用经典，自然是失韵，若是泛用，则不算失韵。而教官顾樟则
认为这只是考官的个人意见，然而他也无法决断。其事亦下国子监参详研究。国子监
认为，当时《礼部韵》去声的"委"字注只引了《周官·宰夫》"牢礼委积"，不曾
引《礼记·学记》的"源委"一句，而"委"字确实也可读上声，鉴于此，似判刘
崇锡不失韵为宜，因而刘氏得免淘汰。本来，《礼部韵》已在去声韵里收入了"委"
字，而且作为补充，又将谕旨刻在了《礼部韵》卷首，因此在"源委"连用时，
"委"字应读去声是十分明确了的，这一点每个考生都应该知道，但刘崇锡仍犯此过
失，实在不应该。但鉴于嘉泰元年（1201 年）国子监对刘崇锡事件处理失之过松，
则此次张简所犯类似过失也不应处理过严，否则会引起士子的"怀疑不平"。因此，
要将这次考试的赋题及张简的原卷和草稿一并送来，再作参详，若真是引用经典，则
应判失韵；若只是泛用，则按照嘉泰元年（1201 年）广西漕试刘崇锡事件处理，以

判不失韵为宜。但下不为例，以后考生若以"源委"连用来押上声韵，就要判定为失韵。希望朝廷颁下谕旨，以便所有考生遵照执行。苏十能等人的建议被当作国子监的处理意见层层上报，最终被朝廷采用。

　　苏十能之所以能驾轻就熟地就此事做出这样一个客观平允的处理意见，除学问渊博外，恐怕也与他精擅词赋写作有密切的关系。这一点可以从墓志得到证明，"乾道四年以词赋取广东漕司解首"，"（淳熙）十四年五月遇高宗皇帝庆寿，进第二赋，后省考校第一，特旨转文林郎"。淳熙八年（1181年），苏十能还是从政郎，属淳熙元年（1174年）所定选人十阶中的第五阶，到了淳熙十四年（1187年），因为遇高宗皇帝庆寿进赋而特旨转文林郎，文林郎属选人第三阶[9]，可知这次苏十能转了两官，这是特例，故称"特旨"，而这次晋升主要是拜其进赋所赐。因此，可以这样说，苏十能是词赋写作的大家，他就是凭词赋起家的。虽然由于苏十能的词赋作品未能流传下来，使我们无法一窥苏氏词赋创作的面貌，但从墓志中的"漕司解首""后省考校第一"这样的叙述看来，苏氏词赋写作的造诣当非侥幸而致。因此，他对词赋押韵之事就能条分缕析，说得头头是道。明乎此，我们就不难理解了。

　　总之，作为词人，苏十能只留下一首作品，自然称不上著名，但其词用典恰当，意蕴委婉，文字不生不涩，颇耐讽诵，可谓以其少少许胜人多多许。而且在南宋，他更多的是以文士和学者的面貌出现的。他的博学和文采在当时久著盛名，宋楼钥《攻媿集》（清乾隆三十八年武英殿聚珍版丛书本）卷十四《苏江阴十能挽词》云："万卷蟠胸次，千篇秀笔端。朝行期奋迅，贤路竟艰难。虽号循良守，久为文字官。遗编幸无恙，留与后人看。忆昔初倾盖，摛文已甚工。亲闻南涧语，谓有魏公风[10]。既往言多验，归来道更穷。诲言非教佞，后裔报宜丰。"对他学识的渊博、文采的秀丽、为官的循良都给予了高度的评价。其中或许有溢美之词，但其基本事实应该是有根据的，不宜一笔抹杀。因此，笔者以为，通过这两方新发现的苏氏父子的墓志，结合传世文献，来钩稽苏氏的生平事迹，纠正传世文献以及今人研究性著作对苏氏记载的错误，也不是没有意义的。

注释

　　[1][5]吴熊和：《唐宋词汇评》（两宋卷），浙江教育出版社，2004年，第2571页。

　　[2]王兆鹏、刘尊明：《宋词大辞典》，凤凰出版社，2003年，第442页。

　　[3]龚延明：《宋代官制辞典》附表10《文臣京朝官寄禄官分左、右沿革表》、附表11《选人七阶名称变化表》，中华书局，1997年，第686~687页。

　　[4]现在的卧龙山早已属绍兴市区的繁华中心地带，但在当时可能还属城郊，故有"稻花香里看芙蕖"景象。

　　[6]嘉靖《建平县志》卷一《舆地志》"放生池"条则又云"淳熙二年（1175）知县苏十能建亭其上"，

一书中自相矛盾如此。

［7］郎溪县地方志编纂委员会：《郎溪县志》，方志出版社，1998 年，第 641 页。

［8］《安徽通史》（宋金元卷），安徽人民出版社，2011 年，第 175 页。

［9］龚延明：《宋代官制辞典》附表 11 "选人七阶名称变化表"，中华书局，1997 年，第 687 页。

［10］南涧指韩元吉，魏公指宋哲宗朝的宰相、追赠魏国公的苏颂，他是苏十能的远祖。此句意谓：我曾亲耳听韩南涧说过，苏十能有魏国公苏颂的遗风。

（责任编辑　方晨光）

章太炎历史教育思想述论*

◎王 磊

提 要：国学大师章太炎是中国近代新史学的开创者之一，他在长期的革命和学术实践中形成了较为系统的历史教育思想。章太炎的历史教育思想融合中西方之经验，针对历史教科书的编写、教师的教法和学生的学法以及历史的功能与价值展开论述。章太炎强调学生学习历史应识大体并且应该以自修为主；此外，章太炎坚持历史的求是与致用的双重价值，他认为历史与培养人才、保存国性和文化复兴皆关系密切，对致用价值的强调表明章太炎与同时代的历史教育者有着相似的心路。

关键词：章太炎 新史学 历史教育思想 文化复兴

作者王磊，嘉兴学院马克思主义学院讲师，博士。

章太炎作为清代学术正统派的殿军人物，深受中国传统的经史教育之影响，成为中国近代历史上传统经学的批判和革新者，他继承并发展了章学诚"六经皆史"的思想，以此为契机开创了经学研究的新局面。与对待经学的态度相类似，章太炎既是传统史学的批判者，也是新史学的开创者之一。学界对章太炎的史学思想、史学理论方面探讨较多，近来有学者从文化自信的角度论述了章太炎的历史教育思想，虽然涉及章氏历史教育思想的价值和史学教育方法，但是，论述却不系统，不能展现章太炎的历史教育思想的全貌。[1]目前，学界对作为学科的历史教育学的研究逐步深入，这就为全面探讨章太炎历史教育思想提供了新的契机。

当代学者将"历史教育学"的性质定义为："基于历史学知识和方法，以养成公

* 浙江省 2018 年哲学社会科学规划课题项目"章太炎报刊实践与传播思想研究"（18HQZZ04）后期成果。

民智识和健全人格为目标的人文历史教育。"[2]依照这个定义我们可以推断出历史教育思想的含义大致是：历史教育者（学者）利用历史知识和方法，在进行教育（包含教学）的过程中所形成的思想观念，这些思想经过沉淀与归纳也可能成为历史教育理论。当然，历史教育思想明显区别于历史学者在研究历史过程中所形成的编纂历史的思想与理论，历史教育的受众可以分为广大民众和学生两大类。中国近代历史上的学者对"历史教育学"概念的探索处于起步阶段，与当代学者对"历史教育学"的定义有一定差距，但是，像章太炎、梁启超等学者在清末已经较早地开始了对历史教育问题的探索，他们的历史教育思想具有鲜明的近代特征。

一 辛亥革命前章太炎历史教育思想简述

在辛亥革命以前，章太炎就初步形成了自己的历史教育思想，他认为历史教科书的编写应该注重历史常识的普及，普及常识还是要靠全国几十个独到精微的学者，利用简明的道理和深入浅出的方式传授给民众。[3]因此，历史教科书的编写应该遵循简约原则，使学生易懂易学。在教法与学法方面，章太炎强调历史教师应该系统阅读四史，即《史记》《汉书》《后汉书》《三国志》，又因为后世的正史较为繁碎，所以像《通鉴辑览》这类当时通行的通史类著作也是必须看过的，此外，历史教师对于诸如《日知录》等经典的学术类专著也应该有选择地涉猎。[4]在学生学的这个层面，章太炎已经认识到中小学历史教育的目的乃是"晓得大概"，"不是要真成就史学家"，[5]这也是他面向大众进行历史教育宣传的目的。由于比较推崇中国传统书院和学会的教育价值，章太炎更加重视师生之间的互相熏陶和教学相长，学生应该多下苦功"求智慧"，最终还要有自己的心得。[6]在历史的价值方面，与梁启超猛烈抨击中国传统史学不同，章太炎则充分肯定传统史学中的合理成分，发掘其现代价值。章太炎认为历史有诸多致用的价值，能够激发爱国心就是历史最大的作用，此外，章太炎还强调历史具有可以通古今之变的价值，章太炎举例指出，唐代刘知几所著的《史通》对各朝代的史书体例和编纂方法进行评述，非常精密，这样不可多得的史学理论著作的问世，又怎能说中国的历史不符合科学？[7]

章太炎的晚年，从 1916 年 6 月到 1936 年 6 月逝世，是其人生的最后二十年。在这段时光里，章太炎为国事奔走于南北；继续与欧化主义者论战，成为传统文化的护持者；开展国学研究、培养国学人才并为国学传播做出重要贡献。章太炎晚年的历史教育思想日臻成熟，面对专门的国学（涵盖史学）教育和民众的历史普及，章太炎在五四运动之后更加集中地探讨了历史教育问题。

二　历史的教法与学法

（一）学习历史应识大体

民国之后，章太炎对学校教育中各学科教科书的编订依然持不满态度，1920年11月他在演讲中强调："做科教师的宜在教科书外指导学生，学生也要自己多方参考，务必要求得学问的大体。"求得学问的大体成为章太炎教育思想的总括，这是因为学校教育（中小学），科目很多，就不能专精一门，学习历史也应该知道大体。章太炎指出，中国古代正史有三千多卷，不可能要求人们全读，像《资治通鉴》《通典》《通考》合起来不过六七百卷，是能够读完而且是不得不读的。具体而言，史书里的五行、天文等类可以不读，而兵制、官制、食制、地理等重要门类，应该熟读详考。所以，学习历史的途径就是识大体，不必考究繁琐。[8] 所谓识大体，就是研究历史能够做到提纲挈领。可以说，识大体成为学习历史首要的门径。

（二）历史之学宜自修

章太炎认为历史（史志）是当时的切要之学，有鉴于此，他系统地阐述了历史的教法与学法，他认为："历史之学宜自修，不适于讲授。"因此，"历史一科之教员应专讲解史志之条例及其中深奥的地方，其余易解之处统由学生去自修。盖研究学问有二法：一、有必须讲解者，如史学之条例是也。二、有必须自修者，则史志之全文是也"。章太炎认为学习历史所应遵守的规则及方法应该讲解，而对于历史文本还得依靠学习者自修（阅读并理解）。章太炎针对社会上出现诸如《史学通论》《史学研究法》这样的指导性著作指出：不能因为有了这些书就不看史书了，理论方法类的著作仅可以作为参考和辅助。[9] 在1933年3月名为《历史之重要》的这篇演讲中，章太炎进一步阐释了历史作为学科为何不适宜讲解的原因，他指出："大约学问之事，书多而文义浅露者，宜各自阅览。书少而文义深奥者宜教师讲解。历史非科学之比，科学非讲解一步，即不能进一步。历史不然，运用之妙在乎读者各自心领神会而已。"章太炎进一步阐述道：中国的正史有二十四部，约三千卷，仅《资治通鉴》就有六百卷，如果要讲完《资治通鉴》就需要不止五年时间，更遑论讲完全部正史了。但是，如果学习者自修，最多四年就可以阅读完全部正史。章太炎认为要弥补因为历史不适宜在学校讲授所带来的"史学浸衰"的局面，历史教学必须采用道尔顿制，才能够对师生皆有益处。[10] 同年5月，章太炎在演讲中再次表达了他对道尔顿制的赞赏，他指出："外国道尔顿制，即使学生自习之法，国人虽知其制而行者盖寡，余谓此制施之史学，厥效最伟。"其实，章太炎之所以倡导学生自修，还有一个原因是对当时历史教师的水平并不满意，他认为当时的历史教师读书太少，仅粗略诵读一遍《纲鉴易知录》便可称为良师，实在荒唐。[11] 因此，对学生来说，提倡道尔顿制可以弥补教师之不足，同样也可以促进教师加强自我学习。

1934 年 2 月，章太炎在章氏国学讲习会上发表题为"略论读史之法"的演讲，这是他最后一次较为系统地阐述自己对如何学习历史的看法。首先，他再次重申了读史应该"先明史之大体"；其次，他认为学史之人在读完二十四史之后，应该有一个整体性的比较，明了各部史书之间的优劣；最后，章太炎指出读史有两大忌讳，第一，"妄论古人之是非"，第二，"借古事以论今事，所谓借题发挥者"。[12]章太炎列举了前人对二十四部书的评价观点，综合比较后形成他自己的评价，目的也是抛砖引玉，提供给学习者作为参考，鼓励人们形成自己独到的议论和评价，最终，各取所需，有所收获。

三 历史的功用与价值

1919 年 3 月，章太炎曾论述了学问的两种类型，指出："学有求实、致用二途。求实之学，但期精诣确当，不论适用与否。此在承平之世，所当竭力，乱世虽当有其人，而不必望其多也。致用之学，为乱世所当预储。"将学问分为求实（是）与致用两种类型，章太炎的这种思想在清末就已经萌发和形成，与他的国粹思想是密不可分的，语言文字和历史成为章太炎保存国性不灭的两大根本所在。[13]章太炎晚年坚持历史的求是与致用的双重价值，1931 年"九一八事变"后中国面临日本侵华的民族危机，历史致用的价值在乱世中则更加明显。于是，到 1932 年 3 月，章太炎在燕京大学演讲时直接明确称作为今日切要之学的历史，包括两条道路：求是与致用。[14]

（一）普修历史之学以致用

1. 培养实用人才

在上述 1919 年在重庆的演讲中，章太炎全面观察了近代以来中国历史人物在政治方面的得失，指出民国以来的六七年"所见国中人物，皆暴起一时，小成即堕"，原因正是不修习历史所致，造成诸多性格之弊端，如"胸襟浅陋""小智自私，小器自满，背逆形便，而不知违反人情而不顾"。因此，当时国家没有可以长久依赖的政治人物。章太炎还认为晚清的曾国藩、胡林翼、左宗棠、张之洞因为储备了历史知识皆算得人才，相比之下，袁世凯则不具备此种才能。仅举例还不够，章太炎在演讲的后半部分阐明了为何依靠历史可以"涉世应变"。首先，他指出晚清排满革命思想的兴起就是依靠历史资源发掘而来；其次，他认为"历史知识，譬如稻米面麦，其味不如珍馐，时当荒歉，则亟宜储蓄矣"。章太炎强调历史的致用性，其目的是通过学界中人造成"普修历史之学"的教育氛围，最终在全国可以达到"激发远志，以成大业"的目的。[15]为了通俗易懂，章太炎做了一个比喻，将历史与做事的关系比喻成棋谱与下棋的关系，做事之前读史可以克服妄行之弊，最终可以无往而不胜。

2. 发扬志趣和保存国性

五四运动爆发前，章太炎在对重庆学界的那篇演说里重提清末革命中以保存国性相号召的旧事，表明他对中国兴起的新文化运动以及教育界存在的问题很不满意。针对当时的史学，章太炎认为存在五种弊病，即"取文舍事，详上古略近代，详域外略内政，详文化略政治，以及疑古太甚"。对于疑古思潮的兴起，章太炎进行了评述，"古事致疑，本为学者态度，然若以一二疏漏而遽认为伪造，欲学者群束书不观，则未免太过耳。"章太炎的意思很明确，古史可以质疑考订，但不要吹毛求疵，二十四史不可不看。针对教育界，章太炎指出"保存国性"和"发扬志趣"是教育的根本，但是，辛亥革命以来的学校教育并不能贯彻这两种目标。至于如何达到上述两种目标，章太炎认为"要点则重在读史"。原因在于，"无史之国，每易沦亡。国家之建立也愈远，史乘所载，其足以激发志趣，影响国民性之势力，至为伟大"。最后，章太炎言明治史时需去除上述五种弊端，史学的价值才能够得以彰显，国民志趣不至堕落，国性不至沦亡，全国教育才有希望。[16]

当然学习历史还有一层更深的目的，就是激发国民的爱国心，章太炎认为："若一国之历史衰，可占其民族之爱国心亦必衰。"因为国家的历史就像家庭的家谱，家庭不看家谱不明世族则不能兴盛，国民不明了国家的史志，国家也难以兴盛，所以，"历史上之陈迹即为爱国心之源泉"。1932 年 3 月，在燕京大学的演讲中，章太炎举出当时一些国人盛唱"弃了东三省"的例子，就是为了表明不明史志才会导致这种论调。[17]因此，从另一角度，章太炎还认为："读史之效，在发扬祖德，巩固国本，不读史则不知前人创业之艰难，后人守成之不易，爱国之心，何由而起？"[18]可见，民族危机迫使章太炎重新拾起辛亥革命时期用国粹激发爱国心的主张，这是他始终未变的心迹。

（二）读史以促进文化复兴

新文化运动兴起之后，章太炎曾就东西方文化之优劣做过评述，在《救学弊论》一文中他指出："中国人治之节，吾所固有者已至文，物用则比于远西为野。"意为中国精神文明较为发达，物质文明较西方逊色，因此，"今之学子慕远西物用之美，大半已不能处田野"。章太炎担心的是国性至此而灭亡，只有"守其国性"才能使中国文化得以延续。[19]章太炎还就那时的青年有过评论，指出青年有三个弱点，其中就包括虚慕文明，即"虚慕那物质上的文明"[20]。在新文化运动中，"全盘西化"思潮获得很多拥趸，对中国传统文化进行抨击的声音非常猛烈。在这种历史背景下，章太炎先是提出历史乃"今日切要之学"，随后，又论述了读史与文化复兴的关系。1932 年秋，章太炎在苏州做了题为"读史与文化复兴之关系"的演讲，面对"国事日棘"的形势，章太炎指出国家无史之害，他举例印度因为没有历史记载，"至今印人不能追念其前代政化"，西域三十六国同样因为没有历史，致其人种"茫无可考"。他进而阐述道："国家之安危强弱，原无一定，而为国民者首须认清我为何种民族，对于本国文化，相与尊重而发扬之，则虽一时不幸而至山河易色，终必有复兴之一日，设国民鄙夷史乘，灭弃本国文化，则真迷失本性，万劫不复矣!"[21]章太炎之所以坚信读史可以保存国性并可以促进文化复兴，原因即在于他所持的"文化多元论"之认知，"文化即各各相异，各有其特性，惟有相互尊重，而不能也不必要求甲文化臣服于乙文化"。[22]这个论述是汪荣祖教授对章太炎文化观的归纳，更有助于我们理解章太炎努力"保存国性"和促进文化复兴的合理性。当然，因为坚持经史的统一性，章太炎晚年倡导读经教育，他认为读经的益处在"修己"和"治人"两个方面，与读史一样，读经同样可以达到"保持国性"的效果。[23]

综上所述，章太炎的历史教育思想涉及教科书的编写、教师的教法和学生的学法、历史（教育）的价值与功用等方面；章太炎强调学习历史应识大体，学生应该以自修为主；此外，章太炎坚持历史的求是与致用的双重价值，在致用的一面，他认为历史与培养人才、保存国性和文化复兴皆关系密切，这正是历史的功用与价值的体现。章太炎的历史教育思想在近代历史上并不孤独，通过检索 20 世纪 30 年代的报刊可以看到，那个阶段研究历史教育的文章普遍与现实联系密切，大多与民族问题或抗战关联，历史与教育、历史教育的价值、民族复兴、历史教育革新等主题成为学者最为关注的方向。1939 年，苏沉简在《论历史教育》一文中，指出学历史有三种目标：一为学术的——完全是客观研究；二为应用的——我们可以说历史是社会科学的基础；三为教训的或教育的——一部历史便是一个民族或全人类的经验的总积。[24]将历史的教训和教育目标单独列出，表明时人更加注重历史学的经世致用价值，以寻求摆脱民族危机的方法。抗战时期，诸多学者皆对历史教育与民族复兴的问题做了探索，正如吴绳海所言："我国教育的目标是着重在复兴民族这一点上，欲达到民族复兴的目的，则国民的教育素养最重要者，非使之明了先民过去奋斗的往迹不可。那么历史教育在现时的我国自然成为极重要的课程之一了。"[25]章太炎所指出的文化复兴与读史的关系，也正符合民族复兴的题中之义。学者钱穆对历史教育的态度与章太炎较为相似，他同样也对当时的学校历史教育表示不满，指出："不幸而中国的现教育，只求能升学乃至留学，以习得一门技术为主，于是而本国史之在各级学校里，遂至绝不占到教育意义上的地位。我想中国学校里，所以还有中国史一科目，或许因世界各国现行教育制度全有本国史一科目之故。并不是中国的教育界确知道本国史在教育上的真实地位及其使命。"钱穆具体到中国历史，指出其教育意义是："应该首先使其国民认识本国以往历史之真价，而启发其具有文化意味的爱国精神，同时培养其深厚的奋发复兴之想像与抱负。"[26]可见，近代历史上很多学者都有着相似的心路，他们注重历史的教育功能与价值，他们所形成的历史教育思想为当代学者和学术界研究历史教育问题提供了丰富的资源和可以借镜的方法，当然，章太炎等学者是否放大了历史的教育功能，则需要进一步地审视与研究。

注释

[1] 贺国强、魏中林：《文化自信与章太炎的教育思想》，《高教探索》2020 年第 6 期。

[2] 赵亚夫：《中学历史教育学》，北京师范大学出版社，2019 年，第 14 页。

[3][5] 独角：《社说》，《教育今语杂志》1910 年第 2 期。

[4][7] 独角：《社说》，《教育今语杂志》1910 年第 1 期。

[6] 独角：《庚戌会衍说录》，《教育今语杂志》1910 年第 4 期。

[8] 章太炎：《研究中国文学的途径》，引自马勇编《章太炎讲演集》，河北人民出版社，2004 年，第 76 ~ 77 页。

[9] 章太炎：《论今日切要之学》，引自章念驰编订《章太炎演讲集》，上海人民出版社，2011 年，第 301 页。

[10] 章太炎：《历史之重要》，引自章念驰编订《章太炎演讲集》，上海人民出版社，2011 年，第 349 页。

[11] 章太炎：《关于史学的演讲》，引自马勇编《章太炎讲演集》，河北人民出版社，2004 年，第 170 页。

[12] 章太炎：《略论读史之法》，《制言》1939 年第 53 期。

[13] 章太炎：《对重庆学界的演说》，引自马勇编《章太炎讲演集》，河北人民出版社，2004 年，第 74 页。

[14] 章太炎：《论今日切要之学》，引自章念驰编订《章太炎演讲集》，上海人民出版社，2011 年，第 300 页。

[15] 章太炎：《对重庆学界的演说》，引自马勇编《章太炎讲演集》，河北人民出版社，2004 年，第 73 ~ 74 页。

[16] 章太炎：《在金陵教育改进社演讲劝治史学并论史学利弊》，引自章念驰编订《章太炎演讲集》，上海人民出版社，2011 年，第 281 ~ 284 页。

[17] 章太炎：《论今日切要之学》，引自章念驰编订《章太炎演讲集》，上海人民出版社，2011 年，第 302 ~ 303 页。

[18] 章太炎：《论读经有利而无弊》，引自章念驰编订《章太炎演讲集》，上海人民出版社，2011 年，第 407 页。

[19] 章太炎：《救学弊论》，《章太炎全集·太炎文录续编》，上海人民出版社，2014 年，第 92 ~ 93 页。

[20] 章太炎：《在四川演讲之一——说今日青年的弱点》，引自章念驰编订《章太炎演讲集》，上海人民出版社，2011 年，第 180 页。

[21] 章太炎：《读史与文化复兴之关系》，引自马勇编《章太炎讲演集》，河北人民出版社，2004 年，第 107 ~ 110 页。

[22] 汪荣祖：《从传统中求变：晚清思想史研究》，百花洲文艺出版社，2002 年，第 383 页。

[23] 章太炎：《论读经有利而无弊》，引自章念驰编订《章太炎演讲集》，上海人民出版社，2011 年，第 408 页。

[24] 苏沉简：《论历史教育》，《经世（战时特刊）》1939 年第 35 期。

[25] 吴绳海：《历史教育之本质》，《教与学》1935 年第 4 期。

[26] 钱穆：《历史与教育》，《历史教育》1937 年第 2 期。

（责任编辑　方晨光）

"举高第"考

◎刘晨亮

提　要："举高第"为汉代察举制度的一个科目，在东汉时期由制科走向了常科，但学界对此科在东汉时期的作用与意义的关注不足。以历史学方法考证《后汉书》中关于"举高第"的记载，可知"举高第"的应选者以公府掾属为主，且孝廉郎（郎中）、为官者与去官者亦可由此途跻身仕途；"举高第"具有涵盖广、主观性强、标准模糊等特点，并在察举制中形成了高于"故吏—府主"的"举主—被举者"关系，此关系下结成了中古士族的初步交际网络，同时产生了中古士族的核心群体；在此制下亦形成了中古士族的雏形——东汉末年"清流集团"，同时此制之遗意也为九品中正制所继承吸收。

关键词：举高第　察举制　选举制度　东汉

作者刘晨亮，西北民族大学历史文化学院中国史专业硕士研究生。

日本学界以内藤湖南的"唐宋变革论"为理论基础，将中国的封建社会划分为古代、中世、近世三段。此分期将中国 2000 余年的封建社会几乎均匀地分成三个时期，更有利于在相对较短的时段中观察中国社会性质的改变。[1]内藤湖南也关注到九品中正制与贵族制形成的关系，冈崎文夫在继承其师内藤湖南学说的基础上，将北朝与南朝对照研究，认为贵族制是南朝特有的。[2]贵族制的形成与选举制度的变迁存在密不可分的关系。东汉为古代与中世的分界线，此一朝出现了贵族制的雏形，如乡评、坞堡、经学世家的出现，以及豪族的儒学化。贵族制的出现必然借助了某些现成的"汉制"（尤以选举制度为重点），关于此点，宫崎市定《九品官人法研究：科举前史》中探讨了汉朝"任子"之制对于魏晋起家之制的影响，同时分析了"辟举"对于贵族社会形成的意义，但着墨并不多。[3]

渡边义浩将贵族制的属性划分为五个方面。"其一，与农民相对的直接或间接支

配者的一面；其二，作为世代世袭国家高官的政治统治者的一面；其三，持有与
'庶'相对'士'身份的身份性优位者的一面；其四，与一般庶民无关的文化担负者
一类的文化性优越者的一面；其五，拥有对皇帝权力保持有自律性这一属性的一
面"[4]。这五个方面分别为经济、政治、身份、文化特权与对皇权的自律性（独立
性），此观点对日本史学界的先行研究具有较强的概括性，而永田英正、福井重雅将
研究的重点放在了征召之上（征召可以说是东汉皇帝直接"招聘"三公候补官的选
举方法，参见渡邊将智《後漢時代の三公と皇帝権力：宦官の勢力基盤と徵召の運
用を手がかりとして》，此与辟召性质、目的皆不同，故行文时候仅在最后论述其群
体形成中并而述之），而对辟召（"举高第"为辟召后之察举科目）的笔墨并不算多。

　　国内学界对于东汉选举制关注度极高，比如阎步克的《察举制度变迁史稿》、黄
留珠的《秦汉仕进制度》，陈仲安、王素的《汉唐职官制度研究》都对东汉一朝的选
举制度做出了深入细致的探讨。阎步克在《察举制度变迁史稿》一书中将汉代的察
举之制分为：一、贤良方正直言极谏等科；二、明经、明法以及"能治河者""勇猛
知兵法者"等科；三、秀才、孝廉二科；四、尤异、廉吏二科。[5]其一般可分为制科
（贤良方正、直言极谏等科）与常科（秀才、孝廉等科）两类。但是国内学界对东汉
末年三公制，尤其是三公察举辟召制在士族形成中的意义的研究并不是很多，此问题
因涉及中古士族群体形成而颇有研究价值。

　　三公制作为东汉中央政府的枢纽，在中国社会转型中的作用非凡，因篇幅有限，
故本文尝试探析东汉末年三公辟召制下形成的一种特殊的察举科目"举高第"与中
古士族的形成的一隅，因"辟召—察举（举高第）"为一整套选举流程中有机的、重
要的组成部分，若将其割裂破坏，则无法较好地把握历史脉络，故在部分论述中将其
结合讨论。

一　"高第"与"举高第"考辨

　　选举制度是沟通社会与政治最重要的桥梁。"举高第"是公府向中央政府引荐人
才的重要手段，可以说，"举高第"是建立在公府辟召之上的察举，但《后汉书》中
还有"高第"之语，其为"举高第"之省文？或另有他意？总之，分析"高第"与
"举高第"之异同对我们理解"举高第"之制有着重要的意义。首先，《汉书》中
"高第"之语极多，多用于考课之用，但"举高第"仅一见，《汉书·循吏列传》：
"（召信臣）以明经甲科为郎，出补穀阳长。举高第，迁上蔡长。"[6]此"举高第"之
举主并不明确，存在两种可能性：一是沛郡太守（穀阳为沛郡属县）；二是中央官
吏。笔者认为，既然存在跨郡迁转（上蔡为汝南属县），应以后一种为准。

　　东汉初年亦有辟公府"举高第"之例，且升迁速度极快，如《后汉书·郭丹传》

"（建武）十三年，大司马吴汉辟举高第，再迁并州牧，有清平称"[7]；《后汉书·董宣传》"（董宣）初为司徒侯霸所辟，举高第，累迁北海相"。举主为三公（大司马、大司徒），举高第后，很快就升为二千石的州牧、国相。《后汉书·鲁恭传》有"恭再在公位，选辟高第，为列卿郡守者数十人"之语，但并未有"举"字，此"高第"应为本意，即"经过考核，名列前茅；官吏的考绩优等"之意，亦《汉书》中频繁出现的"高第"之义。《后汉书》一书中"高第"出现了四十九次，"举高第"出现了十九次，由以上可知，"高第"在东汉一代有察举制下之科目与官吏考核、门生、对策、诸生课试优秀两种含义。"高第"可用于门生考课，《后汉书·桓荣传》章怀太子李贤注引谢承《书》"（桓）荣门徒常四百余人，汤为高第，以才明知名"；用于官吏考课，《后汉书·冯鲂传》"（建武）二十七年，（冯鲂）以高第入代赵憙为太仆"；用于上书对策，《后汉书·鲁丕传》"时对策者百有余人，唯（鲁）丕在高第，除为议郎，迁新野令"。由《后汉书·质帝纪》"岁满课试，以高第五人补郎中，次五人太子舍人"，以及《后汉书·献帝纪》"试儒生四十余人，上第赐位郎中，次太子舍人，下第者罢之"两条可知，《后汉书》中的"高第"往往与"上第"同义，东汉时期，课试一般分为上第（高第）、中第、下第三等。《后汉书》中还有"以高第"之语五例，如上引《后汉书·冯鲂传》，也为课试优秀之含义。

东汉时期，三公还拥有举茂才、孝廉、直言、有道、尤异、治（理）剧等察举方式，但数量与重要性不如"举高第"这一途径，且以上诸多察举方式有很明显的临时性、随意性（除茂才与孝廉），迁转方式并不如举高第稳定。张寅潇认为："尤异和高第在西汉时期同属于封建时代对官吏的考语，后来到东汉逐渐演变成了选拔人才的察举科目。"[8]建武二十七年，罢大司马，以太仆赵憙为太尉，并去大司徒、大司空之"大"字，真正意义上的三公（太尉、司徒、司空）制自此建立，后虽有部分调整，但是整体的结构并未再发生巨大变化。三公制的确立意味着基于三公制的"举高第"之制性质的再次重塑。东汉的三公制为"举高第"之制提供了常制化所必需的稳定环境，是其走上常制之路的必要条件。

二 "举高第"的对象

上文已对两汉时的"高第"与"举高第"之词义做出一定的考辨，明确了"举高第"在东汉时期逐渐由制科走向了常科这一历史现象。"举高第"之制作为一选举科目，首先应考察其应选者之政治身份。

（一）公府掾

至阳嘉改制之后，辟举之制渐滥，且其人选多集中于汉末的"清流"集团，举高第后几乎必为侍御史，之后再出为州刺史，迁太守，升为公卿。《续汉书·百官三》侍御史条注引蔡质《汉仪》曰："公法府掾属高第补之。初称守，满岁拜真，出治剧为刺史、二千石，平迁补令。"[8]上文已对"高第"与"举高第"做出较为详细的考证，"高第"为掾属考课之成绩，"举"为察举，"举高第"即察举公府中考课上第者，举高第为侍御史后，出为刺史（六百石）、太守（二千石），或平迁补同秩令（六百石）。则东汉末年公府"举高第"后，士人的迁转过程可分为两种：其一，侍御史（六百石）—州刺史（六百石）—太守（二千石）—九卿（中二千石）—三公（万石）；其二，侍御史（六百石）—县令（六百石）—太守（二千石）—九卿（中二千石）—三公（万石）。前者之升迁速度明显要比后者快很多，《后汉书》诸传中之绝大多数"举高第"之例为侍御史后以前者之路径升迁。为解释此现象不得不对"治剧"做出考证，东汉之诸县分为剧县、平县两种，《后汉书·安帝纪》：（永初元年秋九月）"丁丑，诏曰：'自今长吏被考竟未报，自非父母丧无故辄去职者，剧县十岁、平县五岁以上，乃得次用。'""治剧"一词之原意应为才能足以处理紧急繁重事务，《后汉书·王堂传》："永初中，西羌寇巴郡，为民患，诏书遣中郎将尹就攻讨，连年不克。三府举堂治剧，拜巴郡太守。"笔者认为，此处之"治剧"与下文之"平迁补"为一对语，公府掾属举高第为侍御史后，还需要进行一次才能选拔，能力出众者为刺史（六百石），较次者为同秩县令（六百石），刺史数量少、权力重，频繁迁转积累阀阅之机会较多。《后汉书》诸传中之"举高第"之例，大多为其传主在辟召前即已获得较高之名望，故大多数得以循前者之路径升迁。

根据蔡质《汉仪》，举高第之对象应指"公府掾属"，那么就存在一个问题：是否拥有开府之权即"举高第"之权？司徒"举高第"：《后汉书·张纲传》"（张纲）举孝廉不就，司徒辟高第为侍御史"；《后汉书·桓典传》："（桓典）辟司徒袁隗府，举高第，拜侍御史"；《后汉书·阳球传》"辟司徒刘宠府，举高第"。司空"举高第"：《后汉书·杨秉传》"年四十余，乃应司空辟，拜侍御史，频出为豫、荆、徐、兖四州刺史"；太尉"举高第"：《后汉书·陈翔传》"太尉周景辟举高第，拜侍御史……为冀州刺史"。举主不明：《后汉书·徐璆传》"（徐）璆少博学，辟公府，举高第。稍迁荆州刺史"；上公太傅：《后汉书·法雄传》"辟太傅张禹府，举雄高第，除平氏长"。根据以上材料，三公、太傅拥有"举高第"之权毋庸置疑，那么其他拥有开府之权的职官是否亦拥有"举高第"之权呢？

由《后汉书·梁冀传》"建和元年，益封冀万三千户，增大将军府举高第茂才，官属倍于三公"和《续汉书·百官一》注引《汉官目录》"建武十二年八月乙丑诏书，三公举茂才各一人，廉吏各二人"可知，三公之"举茂才"存在定额，而且《后汉书·梁冀传》中"举高第"与"茂才"连用，三公"举高第"必然亦存在一定额。此句中还存在一个疑点，那就是如何理解"增"字。若"增"为"增加"，梁冀因定策有功，增加了"举高第""茂才"的数量，则大将军府过去就存在"举高第"之制；若"增"为"新增"，则大将军府在梁冀之前并无"举高第""茂才"之权，梁冀因定策有功后，才特例新增"举高第""茂才"两科。为了解决此问题，不得不将目光上移至汉安帝之世，由《后汉书·陈禅传》"车骑将军邓骘闻其名而辟焉，举茂才"和《后汉书·杨震传》"大将军邓骘闻其贤而辟之，举茂才"可知，大将军、车骑将军两府在邓骘（汉安帝）之时即已拥有"举茂才"之权，故此"增大将军府举高第、茂才"中之"增"字应如"增加"之理解，即原已有此科，今增其额。因《后汉书》中没有梁冀之前诸将军有"举高第"之先例，故此推断无法作为确论，但是至少可以确定梁冀之前诸将军即已有辟举之权。

《续汉书·百官志一》注引《汉官目录》"建武十二年八月乙丑诏书，三公举茂才各一人，廉吏各二人……监察御史、司隶、州牧岁举茂才各一人"并不见"举高第"之语，"举高第"一科在东汉发生了由"制科"到"常科"的转变，且有"将兵将军岁察廉吏各二人"之语，"将兵"应指率军出征之将军，其麾下有大量军吏存在，故"察廉吏各二人"，这也能反证在建武之世非"将兵将军"是没有察举之权的，那么长期居留京师由诸外戚充任的将军是从何时开始拥有察举之权的呢？

笔者认为，诸非"将兵将军"拥有察举之权与将军开府之制出现有着直接关系，《后汉书·光武十王传》："及即位，拜为骠骑将军，置长史掾史员四十人，位在三公上。"只有拥有固定的属吏才能拥有察举之权，若无固定的属吏则察举之事无从谈起。由上引《桓帝纪》可知，大将军府"举高第"一科至少在建和元年之前已拥有定额。自梁冀后，大将军、骠骑将军、车骑将军似乎都得到"举高第""茂才"之权。大将军何进亦有"举高第"之权，《后汉书·孔融传》："（何）进然之，既拜而辟融，举高第，为侍御史。"《后汉书·应劭传》："灵帝时举孝廉，辟车骑将军何苗掾……三年，举高第，再迁，六年，拜太山太守。"应劭举孝廉后辟车骑将军何苗掾，至中平三年（186 年）前不见迁转，应由车骑将军掾举高第。《续汉书·百官志》中车骑将军位在骠骑将军之下，由此可以推知，此时骠骑将军可能亦有"举高第"之权。

（二）孝廉郎（郎中）

不仅平民可辟公府"举高第"入仕，举孝廉为郎（或以其他途径为郎）后亦可复辟公府，再举高第。东汉初年公府就可以辟郎中为掾，《后汉书·儒林列传》："命（尹）敏待诏公车，拜郎中，辟大司空府。"东汉末年此制尚存：《后汉书·李膺传》"（李膺）初举孝廉，为司徒胡广所辟，举高第，再迁青州刺史"；《后汉书·羊陟传》"举孝廉，辟太尉李固府，举高第，拜侍御史。复举高第，再迁冀州刺史"；《后汉书·刘儒传》"察孝廉，举高第，三迁侍中。出为任城相。顷之，征拜议郎"；《后汉书·种暠传》"遂举孝廉，辟太尉府，举高第"。王素、陈仲安所著《汉唐职官制度研究》中认为孝廉任官大致有三途：一为三署郎；二为尚书郎；三为地方官。[9] 史书皆特言其"举孝廉"后为"尚书侍郎"或"尚书郎",或"举孝廉,补某官"。兹所引李膺、羊陟、刘儒、种暠四人,皆独言"举孝廉"而后无"为某官",应该皆以孝廉为郎。此四人皆先举孝廉授郎(比三百石)后,再辟召为公府同秩掾(比三百石),举高第为侍御史(比六百石)。东汉末年,郎官之制受到极大的破坏,《后汉书·种暠传》:"时河南尹田歆外甥王谌,名知人。歆谓之曰:'今当举六孝廉,多得贵戚书命,不宜相违,欲自用一名士以报国家,尔助我求之。'"左雄于阳嘉元年(132年)对孝廉之制做出了重大的改革,史书记载此后东汉孝廉选举"察选清平,多得其人"。但是,由《后汉书·黄琬传》"时陈蕃为光禄勋,深相敬待,数与议事。旧制,光禄举三署郎,以高功久次才德尤异者为茂才四行。时权富子弟多以人事得举,而贫约守志者以穷退见遗,京师为之谣曰:'欲得不能,光禄茂才。'"可知,阳嘉改制的效果并非全如《后汉书·左雄传》所记载"察选清平,多得其人"的那样。而且,《后汉书·和帝纪》:(永元十四年)"是岁,初复郡国上计(吏),补郎官",至汉桓帝延熹五年"三署见郎七百余人"。东汉末年,通过"孝廉补郎"的仕进之路严重"堵塞",而且还受到贵戚豪族的影响,很多人在举孝廉为郎后常年得不到升迁,故出现了举孝廉后辟公府"举高第"的现象,此现象是在东汉末年选举制度崩坏的环境下形成的特殊产物。

（三）为官者与去官者

因事去官后,亦可复辟公府,再举高第。《后汉书·巴肃传》:"初察孝廉,历慎令、贝丘长。辟公府,稍迁拜议郎。"《后汉书·陈球传》:"阳嘉中,举孝廉,稍迁繁阳令……复辟公府,举高第,拜侍御史。"巴肃、陈球两人皆以孝廉郎迁为县令、长,但依然可以辟公府、举高第。张欣《汉魏之际公府掾史的迁转之变化》一文以《隶释·太尉陈球碑》对照《后汉书·陈球传》,认为陈球"复辟公府"之前应以母丧去官,[10]其说甚是。此类去官后以公府辟召举高第复起的还有阳球,《后汉书·阳球传》:"(阳球)会赦见原。辟司徒刘宠府,举高第。"还存在多次"举高第"的现象,《后汉书·羊陟传》:"举孝廉,辟太尉李固府,举高第,拜侍御史。复举高第,再迁冀州刺史。"第一次"举高第"的举主为太尉李固,第二次"举高第"的举主亦应为开府之三公。

综上所述,"举高第"的应选者以公府掾属为主,但是,孝廉郎、为官者、去官者亦可由此途跻身仕途。同时"孝廉郎(郎中)"一节所引五例,除尹敏外皆为东汉末年之人,"为官者与去官者"一节,所引之例亦皆为东汉末年之人,由此可推测,东汉末年,"举高第"的应选者的范围发生了一次扩大,此应与东汉末年他科(孝廉等科)逐渐走向崩坏的时代背景有着密不可分的关系。因"举高第"者以公府掾属数量最多,故下文在论述时,亦兼论与"举高第"之制相配合之公府辟召之制。

三 "举高第"之诸特点

首先,观察"举高第"之标准。因"举高第"作为三公察举制的一个组成部分,公府掾属、孝廉郎(郎中)、为官者与去官者皆拥有应试资格。学术界往往混淆"征辟四科"(三府辟除之标准)与"察举四科"之区别,阎步克在《察举制度变迁史稿》中关于此问题已有精彩的论述。为便于研究,故再次论述"征辟四科"之内容。《文选》卷三六王融《永明九年策秀才文》"以光四科之首"句李善注引崔寔《政论》中详细记载了"征辟四科"的内容:"诏书,故事三公察召,以四科取士。一曰德行高妙,志节清白……四曰刚毅多略,遭事不惑,才任三辅剧县令。""征辟四科"沿袭西京丞相辟召掾属的传统,《续汉书·百官一》注引应劭《汉官仪》:"世祖诏:'方今选举,贤佞朱紫错用。丞相故事,四科取士。一曰德行高妙,志节清白……四曰刚毅多略,遭事不惑,明足以决,才任三辅令;皆有孝悌廉公之行'"。根据以上之记载,三公辟召的标准可细分为道德标准、经学标准、处理政务能力标准三方面,且以"孝悌廉公"的道德标准为首要参考条件。"察举四科"诞生于"征辟四科"之中,左雄于阳嘉元年(132 年)改革察举制,定下"诸生试家法,文吏课笺奏"之制,黄琼在此两科基础之上,增加"孝悌"与"能从政者"两科,共四科。"孝悌"即道德标准,"诸生"即经学标准,"文吏"与"能从政者"即处理政务能力标准。那么"举高第"是以其中哪个标准进行察举的呢?顾名思义,"高第"本意为"经过考核,名列前茅;官吏的考绩优等",因此笔者认为,高第四科皆可举,即可举"孝悌"高第、"诸生"高第、"文吏"高第、"能从政者"高第,也正是因为高第包含了察举四科的全部内容,故其审查过程必不如其他一科察举制度(如举有道、举理剧、举孝廉)严格。察举征辟存在两种基本精神:一在举德,一在举能(参见赵沛《从选官制度看两汉宗族之隆兴》)。对于察举辟召制的两种基本精神,"能"毋庸多言,直接反映在考课结果之中,但是"德"为一相当抽象之概念,何为"有德"、何人"有德"皆是模糊、不确定的事物。如何把握"德",各举主自有标尺。对于常年仕于公府之掾属,举主可以较全面地了解其德行与才能,但是,东汉末年,从大多数人之历官情况来看,辟召为掾属迅速就被"举高第",在公府的"测试"时间并不够,举主为了保证"举高第"之质量,只能将辟召时之标准即"乡评",引入"举高第"中。"举高第"之制本身就因为察举制的本质(乡举里选)而存在模糊化的倾向,东汉末年,多种异质化的因素混入更使"举高第"之标准在无形中变得越发模糊。

其次,观察"举高第"之制的晋升路径。"举高第"之制较孝廉科晋升速度更快,兹以《后汉书·党锢列传》为例,试证此论(见表1)。

表1　《党锢列传》诸传主之入仕途径

姓名	入仕途径
刘淑	贤良方正对策为天下第一，拜议郎
李膺	初举孝廉，为司徒胡广所辟，举高第，再迁青州刺史
杜密	为司徒胡广所辟，稍迁代郡太守
刘祐	初察孝廉，补尚书侍郎
魏朗	初辟司徒府，再迁彭城令
夏馥	举直言，不就
宗慈	举孝廉，九辟公府，有道征，不就
巴肃	初察孝廉，历慎令、贝丘长，皆以郡守非其人，辞病去。辟公府，稍迁拜议郎
范滂	举孝廉、光禄四行……复为太尉黄琼所辟
尹勋	州郡连辟，察孝廉，三迁邯郸令，政有异迹。后举高第，五迁尚书令
蔡衍	举孝廉，稍迁冀州刺史
羊陟	举孝廉，辟太尉李固府，举高第，拜侍御史
陈翔	察孝廉，太尉周景辟举高第，拜侍御史
孔昱	公车征拜议郎，补洛阳令，以师丧弃官
苑康	举孝廉，再迁颍阴令
檀敷	太尉黄琼举方正，对策合时宜，再迁议郎，补蒙令
刘儒	察孝廉，举高第，三迁侍中
贾彪	初仕州郡，举孝廉，补新息长
何颙	及党锢解，颙辟司空府……累迁。及董卓秉政，逼颙以为长史

公府掾属"举高第"后之升迁过程往往为"侍御史（六百石）—刺史（六百石）—郡太守（二千石）—九卿（中二千石）—三公（万石）"（前文之途径一）；举孝廉为郎后之升迁过程为"县长（四百石、三百石）—县令（千石）—郡太守（二千石）—九卿（中二千石）—三公（万石）"。"举高第"之制与举孝廉之升迁过程最大之区别便在"侍御史—刺史"／"县长（四百石、三百石）—县令（千石）"，侍御史与刺史秩级相同，为同秩迁补，速度明显较举孝廉快，而且，东汉刺史位卑权重，由刺史升任郡太守也较县令迁郡太守速。且李膺、尹勋、羊陟、陈翔、刘儒皆举孝廉为郎后举高第，杜密"为司徒胡广所辟，稍迁代郡太守"，此处"稍迁"笔者认为应包含了"举高第"之过程，此为辟召后"举高第"之速度较孝廉科快之证据一。

接下来，应对辟召与孝廉科做出一对比。永田英正分析了桓帝已降，由辟召入仕之人，宦至三公之年限，杨秉二十八年，杜乔二十五年，陈球十五至二十年，周景四至二十九年，李固三至九年，升至三公之年份较孝廉科短七八年。[11] 笔者认为，出现此情况之原因为：诸公掾属人数较少，太尉掾属二十四人，司徒掾属三十一人（一说三十人），司空掾属二十九人（一说二十四人），太傅掾属二十四人（《汉官》），大将军掾属二十九人，辟召入诸公府之人数量较少，而且东汉末年，三署郎出现"郎吏三千人""见郎七百余人"的情况，故辟召之总体升迁速度较孝廉科快，此为证据之二。

而且，辟召与辟召后"举高第"之人选，皆由三公自行决定。且公府属吏之石数皆高于举孝廉后之郎中（比三百石），《续汉书·百官志》"本注曰：《汉旧注》东西曹掾比四百石，余掾比三百石，属比二百石，故曰公府掾，比古元士三命者也"，仅属之石数小于郎中，但仍跨过了二百石的门槛。

借助"举高第"与辟召制入仕较其他诸科具有诸多"优势"，且"举高第"为开府者之"特权"，故东汉末年以开府之诸公为中心形成了一张错综复杂的交际网络。

四 "举高第"与九品中正制的关系

"举高第"为东汉时期一特殊的察举科目，明显具有承前汉之前、启魏晋九品中正制之后之特点，若想较全面认知"举高第"之制的全貌，就不得不在讨论"举高第"标准之后，对此制与九品中正制的关系做出一定的讨论，以期从较长的历史脉络上把握此制的演变。

（一）察举辟召制中举主与被举者之关系与士人交际网络的形成

举主与被举者在东汉时期形成了一种特殊的君臣关系。为了探析举主与被举者之关系，首先要分析被举荐之前，孕育于辟召制之中的故吏与府主关系。赵翼《廿二史札记》"尚名节"条中引用了杨匡、孙斌、王允、公孙瓒、李恂、乐恢六组故吏与府主来论述东汉故吏与府主之关系，故吏不仅与府主之间存在"施恩—受恩"之关系，还存在一层隐藏的"君—臣""父—子"关系。安作璋、熊铁基从东汉末年政治现实的角度论述了"故吏—府主"关系的形成，在《秦汉官制史稿》中认为："公府州郡辟除，既为选官与入仕的重要途径，而公卿牧守又可自行辟除，他们为了发展个人的势力，皆争以此笼络士人；士人为了做官，也不得不依托权门。"[12] 日本学者五井直弘《东汉的选官制度——"辟召"》一文指出，在东汉的官僚社会中，因辟召制而形成的权门世家与其门生、故吏之间，存在着根深蒂固的师承关系，此关系带有家内奴隶属性；并进一步指出，东汉豪族与魏晋士族的重要区别之一，非自立性，以及东汉豪族对于国家权力具有极强的寄生性。[13] 徐冲《中古时代的历史书写与皇帝权力的起源》单元四《隐逸列传》第二章《"处士功曹"小论》中，通过分析王龚与李固、胡广与陈蕃两例,认为东汉末年未应辟命者依然拥有"故吏"身份。[14]以上三文皆注意到由辟召制产生的"故吏—府主"关系,但是,并没有对高于"故吏—府主"关系且"诞生"于辟召之后的"举主—被举者"关系做出论述。

笔者认为,未应辟命者对于是否认同"故吏"身份,拥有主动性,即未必与所有辟召之"府主"皆存在"故吏"的身份认同,身份认同的依据还是在于交际网络是否相近。举主与被举者的关系明显比故吏与府主更加密切,上引赵翼《廿二史札记》"东汉尚名节"条中除了五组"故吏—府主"之外,尚存傅燮(郡太守举孝廉)、桓典(国相王吉举孝廉)、荀爽(司空袁逢举有道)三组举主与被举者关系,《后汉书·傅燮传》明言"所举郡将(《廿二史札记》省称'举将',两汉以太守为郡将)"举主与被举者之间因举荐形成了连带责任关系,举主要为被举者的过失负一定责任,如《后汉书·光武帝纪》"(建武)二十年,大司徒戴涉坐所举人盗金下狱"和《后汉书·顺帝纪》章怀太子李贤注引《东观汉记》"(刘授)以阿附恶逆,辟召非其人,免"皆为明证,而掾属与府主之间则并不存在明显的连带责任关系,府主并不需要为掾属的过失负责。故"故吏—府主"与"举主—被举者"的身份具有重合性,且"举主—被举者"比"故吏—府主"关系更为亲近。

"举高第"作为东汉一种特殊的察举方式,在士族形成的初期,通过举主与被举者的关系为新贵们形成、稳固、增强自己的交际网络提供了莫大之协助。此交际网具有极强的地域性,以南阳、颍川、汝南为中心(参见胡宝国《汉晋之际的汝颍名士》),辐射至山阳、河南、弘农等郡,最北到达太原郡。此诸郡人丁众多、土地肥沃、文化昌明,故世为公卿之汝南袁氏、弘农杨氏皆以为郡壤,拥有"举高第"之权的诸公对本郡之贤达必颇了解,但是,对于他郡之士人,舆论无疑成为了居上之三公了解被举者的重要途径,而东汉末年的社会舆论往往为"清流"士人的"清议乡评"所把持,"清议乡评"的出现迟于"举高第"之制而产生的东汉末年士人的交际网络。

固定的群体把持选举,垄断仕途,必然会导致门阀政治的出现。在"举高第"之制下,形成了若干小的交际网络,小网络的中心便是享有极高声望之三公,如上文频繁出现之李固、胡广、黄琼、杨赐等人,包围着此网络的小节点便是士人集团中的核心成员。若干小的交际网络之间又交织起了一张巨大的交际网络,此交际网络的建立可以说是"清流"运动出现的首要条件,交际网络的产生也促进了中古士族本身的发展。朱子彦《论东汉末年汝南郡的月旦评》一文指出,"所谓品评人物,实际就是世家大族按政治与经济实力,参据人物才干,将士人划分成不同的等级,依次分享做官的权力"[15]。其说甚是,"依次分享做官的权力"此一结果可以说是士人交际网络固定化的产物,互相扶持、互相提携,这可以说是中古士族自我复制性的表现,也可以说顶级士族层的构建是基本建立于"举高第"之制之下的。

（二）"举高第"（辟召）在身份制社会形成中的作用

学术界普遍将魏晋时代定义为身份制社会，关于此身份制社会的起源，往往被追溯至东汉时期，"举高第"一制亦对身份制社会产生了影响。

"举高第"为"清流"士人重要的入仕途径，其迁转模式为"公府掾属—侍御史—刺史—太守—九卿"，笔者不禁联想到《梁书·张缵传》中的记载："（秘书郎）宋、齐以来，为甲族起家之官，待次入补，其居职，例数十百日便迁任。"[16] 或许东汉时期的侍御史与秘书郎为代表的"甲族起家之官"存在某种渊源关系，因为同样迁转极快并有一定的身份性。而且"举高第"之制中举主身份往往影响被举者的声誉与未来的政治取向，"清流"三公举"清流"、"浊流"三公举"浊流"下选举制已经在无形中发生了"清浊化"，但与六朝"士庶之分"依据本人身份略有不同，此时的特殊"身份制"是依靠举主的身份来确定的，此为"举高第"（辟召）在身份制社会形成中的作用之一。

《后汉书·党锢列传》范滂母以范滂名与李（膺）、杜（密）齐为荣，当时的士人以被贤能有名的三公举高第入仕为荣，而耻于为"宦党阉竖"所举，《后汉书》多有"为若干府并辟"之语，虽有沽名钓誉的嫌疑，但是，是否应举肯定也与举主之身份有关。

东汉末年出现了许多父子叔侄并为三公的情况。除了四世三公的汝南袁氏，四世太尉的弘农杨氏，还有三世为三公——许敬、许训、许相，父子叔侄为三公——李郃、李固，刘恺、刘茂、刘崎、刘宽，王龚、王畅、张歆、张延，周景、周忠，种暠、种拂；祖孙为三公——尹睦、尹颂。之所以出现此现象，无疑是曾任三公者足以对社会产生巨大影响力（其影响力是多来源的，掌握察举辟召之选举权便是其中之一）的产物。随着东汉社会的发展，此现象越发明显，这也可以反映身份制在逐渐发展，此为"举高第"（辟召）在身份制社会形成中的作用之二。

九品中正制的选官原则也直接来源于受到"清流"品议之风影响的东汉察举征辟制，王鸣盛《十七史商榷》认为汉末选官的首要原则就是"清流"评议，"大约汉末名士，互相品题，遂成风气，于时朝廷用人，率多采之"。[17] 士人互相品题的风气成为之后九品中正制州郡中正评价士人乡品的渊源。曹魏在汉末大姓、名士中选拔统治者需要的人才，汉末大姓、名士是魏晋士族的基础，而士族形成在魏晋时期，九品中正制保证了士族在政治上的世袭特权，实质上就是保证当朝显贵的世袭特权，因而魏晋显贵家族最有资格成为士族，此为"举高第"（辟召）在身份制社会形成中的作用之三。

唐长孺《士族的形成和升降》一文指出，中正品第人才根据德、才、家世三项，家世亦所谓"簿阀""簿世"，在品第中所占分量越来越重，终于成为唯一的标准。[18] 其说甚是，笔者认为，所谓"家世"实际是依靠德来发挥其作用的。换言之，德即是"家世"的亮丽外衣。正如前文所述,东汉末年"清流"集团之核心群体的形成借助了"举高第"之制,追逐名士是当时之风气,名士之形象成立与"举高第"之制存在某种暧昧之关系,或可以说时人的历史记忆往往将名士之形象与明公举其为高第之事迹联合在一起,故《后汉书》往往将"为某公所辟,举高第"列诸青史,这并不是范晔刻意所为,而是东汉末年士人群体历史记忆在历史书写上的反映,此历史记忆所产生的直接影响就是选举趋向于道德本位,而道德本位的"最终目的地"是门第本位。某些职官本身也借助社会的风气,成为时人趋之若鹜的清官,此为"举高第"(辟召)在身份制社会形成中的作用之四。

综上所述,"举高第"作为东汉末年重要的察举科目,为"清流"集团的形成提供了平台,同时也为魏晋时期最重要的九品中正制提供了制度参考。"举高第"的人选以公府掾属为主,但孝廉郎(郎中)、为官者与去官者皆可应选。东汉末年孝廉制度逐渐崩坏,很多士人在举孝廉为郎后长期无法迁转,"举高第"之制则日趋成为常制,且此制具有涵盖广、主观性强、标准模糊等特点,正因如此,"举高第"制才成为了东汉末年"清流"士人跻身仕途的重要途径;东汉"故吏与府主"所产生的第二次君臣关系,由"举高第"等察举制度升华至更高阶的"举主—被举者"关系;"清流"三公举"清流"士人,"浊流"三公举"浊流"士人,东汉末年的各政治团体对三公之位的争夺也引发了东汉朝廷的分裂。"清—浊"对立出现,但此时的"清—浊"对立是以个人为中心的,而并非魏晋时代以职官为本位;东汉末年三公察举征辟制之下初步形成了九品中正制的受益阶级,并为九品中正制提供了理论经验。

注释

[1]〔日〕内藤湖南:《概括的唐宋时代观》,林晓光译,《东洋文化史研究》,复旦大学出版社,2016年。

[2]〔日〕冈崎文夫:《南朝贵族制的一面》,《南北朝に於ける社会经济制度》,弘文堂,1935年。

[3]〔日〕宫崎市定:《九品官人法研究:科举前世》,王丹译,大象出版社,2020年。

[4]〔日〕渡边义浩:《中国贵族制与"封建"》,《东洋史研究》平成二十二年第六十九卷第一号。

[5]阎步克:《察举制度变迁史稿》,辽宁大学出版社,1997年。

[6](东汉)班固:《汉书》,中华书局,1964年。

[7]范晔、李贤:《后汉书》,中华书局,1965年。

[8]张寅潇:《"高第"略考》,《许昌学院学报》2011年第6期。

[9]王素、陈仲安:《汉唐职官制度研究》,中西书局,2018年。

[10]张欣:《汉魏之际公府掾史迁转之变化》,《史学月刊》2017年第6期。

[11]〔日〕永田英正:《後漢の三公にみられる起家と出自について》,《东洋史研究》,1965年,第298~322页。

[12]安作璋、熊铁基:《秦汉官制史稿》,齐鲁书社,2007年。

［13］〔日〕五井直弘：《东汉时代的选官制——"辟召"》，《历史学研究》1954 年。

［14］徐冲：《中古时代的历史书写与皇帝权力的起源》，上海古籍出版社，2017 年。

［15］朱子彦、李迅：《论东汉末年汝南的月旦评》，《秦汉史论丛（第九辑）》，三秦出版社，2004 年。

［16］姚思廉：《梁书》，中华书局，1973 年。

［17］王鸣盛：《十七史商榷》，上海古籍出版社，2013 年。

［18］唐长孺：《士族的形成和升降》，《魏晋南北朝史论拾遗》，中华书局，2011 年。

（责任编辑　方晨光）

投稿须知

（一）基本要求

来稿字数，一般要求在 5000～12000 字范围内。文章标题下，按顺序分别为作者姓名、提要（200 字左右）、关键词（4～5 个），以及作者单位、职务（职称）和通信地址、联系电话、电子信箱、身份证号等。

本刊不接受以课题组名义的投稿，请排好作者顺序后投稿。

属杭州市规划课题或杭州市社会科学界联合会课题的文章，需注明项目全称及课题编号，并标注于文章首页下，标题右上角及页下说明前均加"＊"。

（二）正文标题序号

一级标题用一二三……二级标题用（一）（二）（三）……三级标题用 1. 2. 3. ……四级标题用（1）（2）（3）……一段文字内用①②③……

（三）图表

一篇文章内，图表一般不超过 4 幅。能用文字表述的，尽量不用图表，尤其是图。

制表要求：①左右开放（不加线封闭）。②上、下线加粗。③表内数字个位数对齐；有小数点时，小数点对齐。④图表下注出处。

（四）著录项目与著录格式

文章注释一律为尾注，数量为 0～15 个。采用电脑 Word 文档自动生成之序号，路径为：插入—引用—脚注和尾注—尾注（编号格式为①②③……），然后选择"插入"。

注释和参考文献著录项目的格式与排列。①专著的顺序。示例，朱宏达、朱磊：《苏东坡与西湖》，杭州出版社，2004 年，第 153 页。②连续出版物的顺序。示例，徐宝余：《论两宋词对杭州诗性生文化形象的建构》，《浙江学刊》2006 年第 5 期。请严格按照示例要求标注。③国别和朝代加在作者前。国别用〔 〕，如〔美〕；朝代用（ ），如（唐）。④参考文献置于注释之后，不编序号。⑤相关专著著录项目、专著中的析出文献著录项目、连续出版物著录项目、电子文献著录项目及著录格式等，须标注引用页码。

凡年份之间及数量、数值范围的表示，一律用波浪线"～"。年份后一律加"年"字。

（五）投稿方式

文章一律通过电子邮件方式投稿。投稿后一个月内未见回复，可自行处理。

投稿邮箱：595815172@ qq. com；hzyj85811580@ 163. com。投稿文件名为"姓名＋文章名"。联系可加微信群：《创意城市学刊》智库平台；QQ 群：95723407。

编辑部地址：浙江省杭州市解放东路 18 号 D 座 909 室（电话：0571－87024625；邮政编码：310026）。

图书在版编目（CIP）数据

创意城市学刊.2022年.第2期/杭州市社会科学界联合会，杭州市社会科学院编.
—北京：经济管理出版社，2022.6
ISBN 978－7－5096－8557－0

Ⅰ.①创…　Ⅱ.①杭…　②杭…　Ⅲ.①杭州—丛刊　Ⅳ.①K925.51－55

中国版本图书馆 CIP 数据核字（2022）第 110865 号

组稿编辑：郭丽娟
责任编辑：赵亚荣
责任印制：黄章平
责任校对：王淑卿

出版发行：经济管理出版社
　　　　　（北京市海淀区北蜂窝 8 号中雅大厦 A 座 11 层　100038）
网　　　址：www.E－mp.com.cn
电　　　话：（010）51915602
印　　　刷：唐山昊达印刷有限公司
经　　　销：新华书店
开　　　本：787mm×1092mm/16
印　　　张：12.75
字　　　数：271 千字
版　　　次：2022 年 9 月第 1 版　　2022 年 9 月第 1 次印刷
书　　　号：ISBN 978－7－5096－8557－0
定　　　价：89.00 元